中等职业学校通用教材

语　文

（下）

陈一凡　李　云　主　编

王福贵　主　审

科学出版社

北　京

内 容 简 介

中等职业学校通用语文教材分为上下两册。上册延续初中语文教学的内容与风格，按文体类别分单元进行知识的复习、巩固与提高，使学生有效掌握叙述、说明、议论等基本的表达方式，提高自身的语言表达水平。课本教学的重点目标放在阅读和写作水平的提升上，在课程内容上强调的是基础性。下册则根据中职学校职业教学的专业服务性和实践性的特点，精心选择和中职学生教育密切相关和有意义的话题，精选课文分单元教学，在课程设计上突出职业教育的特色，比如人生与规划、诚信与操守、责任与义务、自然与人文、传统与时尚、和谐与创新等，使语文教学能突破传统纯文化教学的桎梏，与社会职场联系紧密；在内容上更加强调实践性与实用性，符合中职学校教学的特色。

本书为该教材的下册，内容就 6 个话题分为 6 个单元，每个单元配有单元说明、阅读提示、单元实践活动及练习。

图书在版编目(CIP)数据

语文．下/陈一凡，李云主编．—北京：科学出版社，2009
（中等职业学校通用教材）
ISBN 978-7-03-023933-4

Ⅰ．语…　Ⅱ．①陈…②李…　Ⅲ．语文课-专业学校-教材
Ⅳ．G634.301

中国版本图书馆 CIP 数据核字（2009）第 006701 号

责任编辑：王淑兰　孙　杰/责任校对：柏连海
责任印制：吕春珉/封面设计：多边数字媒体

科 学 出 版 社 出版
北京东黄城根北街 16 号
邮政编码：100717
http://www.sciencep.com
双 青 印 刷 厂 印刷
科学出版社发行　　各地新华书店经销
*
2009 年 2 月第 一 版　　开本：787×1092 1/16
2010 年 8 月第二次印刷　　印张：16 1/4
印数：4 001—5 000　　字数：250 000
定价：26.00 元
（如有印装质量问题，我社负责调换〈海生〉）

销售部电话 010-62136131　　编辑部电话 010-62130750

前　言

　　本书为中等职业学校通用教材《语文》（下），在上册复习相关语文文体特点的基础上，根据中职学校职业教学的专业服务性和实践性的特点，精心选择和中职学生教育密切相关和有意义的话题，精选课文，分单元教学。在课程设计上突出职业教育的特色，使语文教学能突破传统纯文化教学的桎梏，与社会职场联系紧密；在内容上更加强调实践性与实用性，符合中职学校教学的特色。每个单元均含单元说明，精选主讲课文三篇，精选自读课文四篇，单元实践活动训练等四个部分。

　　下册分为六个话题（即六个单元），分别是人生与规划、诚信与操守、责任与义务、自然与人文、传统与时尚、和谐与创新。这些话题对职业学校学生在步入职场之前进行的人文道德教育有良好的引导作用。每个人都要首先规划自己的人生，确定人生的目标，找到自己的职场定位，一个对自己有明确定位和了解的人才能有的放矢，朝着目标去奋斗。在职业工作中，一个人最重要的品格应该是有诚信和职业操守，忠诚于自己的职业，信守自己的承诺，有不屈不挠的精神，朝着自己既定的目标奋进。对社会对家庭对自己都应该有责任感，勇于主动承担义务，积极面对人生。去领悟人生过程中经历的一切美好的风景，包括自然景观与人文景观，让心洋溢在阳光之下，去体验人生中最美好的东西。在历史发展的长河中去审视自己的人生，感悟社会历史传统文化的积淀，让思想、目光都紧紧跟随在变化万端的时代中，去追随时尚的、美的东西。无论社会或人生都应以和谐为发展的主旋律，共建一个和谐的环境、和谐的氛围，无论政治的、学术的、观念的，追寻辩证的圆合。要勇于创新，包括思想上的创新、观念上的创新、技术上的创新，敢于质疑，跳脱固有的桎梏框架，挑战自己，才能有新的突破，才能有社会的进步。这些内容都应该是即将踏入职业生涯的学生们需要学习和体味的。我们把它融入到每篇课文中，去领会内容的精髓，引导学生从课文中去领悟职场人生所需要的哲理。

　　本书由陈一凡、李云任主编，并进行统稿和排版后初审。福建省中职语文学会理事长王福贵担任主审。参加编写的老师是：陈映红（第一单元）、黄虹（第二单元）、林义英（第三单元）、吴禹（第四单元）、陈平（第五单元）、李云（第六单元）。

由于编写经验不足，不当之处请读者指正。

目　　录

第一单元

人生与规划

单元说明

　　本单元为"人生与规划"，选择了古今中外的七篇作品，侧重对文章主旨的探寻及艺术特色的品味。

　　《枯叶蝶的最后归宿》是台湾著名作家林清玄的散文，优美的语言、恬淡的意境、深刻的哲理都值得我们仔细体味。"如果内心的蝴蝶从未苏醒，枯叶蝶的一生，也只是一片无言的枯叶。"这句话特别契合这一单元的主题。《林教头风雪山神庙》让我们深深感受到中国古典小说的韵味，在以"风雪"为主的环境描写中，推敲环境对情节的推动，对人物性格的烘托。林冲最终被逼上梁山，一个"逼"字，使人物的命运发生如此之大的转变，让我们感受到人物性格、社会环境、自然环境在命运中的巨大力量，体会到命运的偶然与必然。《谋攻》让我们领略先秦诸子散文的魅力，特别是对儒道二家于人生态度的探寻，是我们学习的亮点。在探讨谋略规划职业生涯的同时，要理解竞争与合作，对抗与双赢之间的转化关系。《我读一本小书同时又读一本大书》，联系自身的学习生活，体会课文题目中的"小书"——书本知识，"大书"——大自然和人间生活，理解作者对学校与大自然的态度。这篇课文与《比尔·盖茨的忠告》互为对峙，相映成辉。一个说要逃学，一个说要上学，一个以细节描写动情，一个以说理论述动心，但最后殊途同归，大书小书都得读好，在学在岗都要学习。《人生三境》从学生的角度，以人的一生不同阶段为深度，来品味人生，意境清新，也有自己特有的人生感悟。《迈向未来的五种人》从专家的视角，以人的不同能力为广度，阐述面向未来所应作的人生准备。语言斩钉截铁，说理简明透彻，不容置疑，大有既是人生经验，又是科学道理之感。

本单元文章让我们体会到不同时代、不同国家、不同年龄的作者写出的不同文体、不同风格的作品，阐述了人生无论精彩或平淡都需要规划。有的规划来自内心的需要，有的规划来自外在的压力。人生需要规划，规划并不是束缚人生的发展，而是能更好地放飞人生的理想。

1　枯叶蝶的最后归宿①

林清玄

阅读提示

　　这篇散文饱含着禅意与哲理，淡淡的伤感、悄然的顿悟和优美的语言都需我们静静品味。是一只蝴蝶，却似一片枯叶，枯叶蝶的一生在蝴蝶与枯叶的界限上模糊着自己的形象，但它的内心却始终是一只真正的蝴蝶，所以它隐藏，但是它也翩舞。一只枯叶蝶可以外化为一片枯叶，但一片枯叶却永远不会变成一只蝴蝶。对于人生来说，"如果内心的蝴蝶从未苏醒，枯叶蝶的一生，也只是一片无言的枯叶。"尘世生活，也许有时需要像枯叶那样伪装和隐藏，但内心一定要有鲜活的生命在呼唤和翱翔。作者从枯叶蝶飞翔为蝶，死亡如叶，联想到人生存的形态，表达出对尘世生活的理解，更体现出对理想生活的追寻。

> 不要只爱青翠的树枝
>
> 树枝是会断落的
>
> 要爱整棵树
>
> 这样就会
>
> 爱青翠的树枝
>
> 甚至飘落的叶
>
> 凋零的花

　　秋日在林间游走，一片人迹杳见②的阔叶林中，满地铺着厚厚的落叶，黑的，褐的，灰的，咖啡的，以及刚刚落下的黄的，红的，绿的叶片，在夕阳的光照里，形成了一片绵延的泼墨彩画。

　　树叶虽然凋零了，却自始至终都是如此美丽。我忍不住坐在一个树头

---

　　① 林清玄（1953～），笔名秦情、林漓、林大悲等。台湾高雄人，著名作家。他的散文文笔流畅清新，表现了醇厚、浪漫的情感，在平易中有着感人的力量。主要作品有散文集《莲花开落》、《冷月钟笛》等。他的散文集一年中重印超过二十次。

　　② ［杳见］很难见到踪影。

上，轻轻地赞叹。

突然看见一片枯叶在层层叶片中蠕动①着，灰黄的翅翼状宛若栀子叶，毫无生气的枯叶蝶。它没有蝴蝶娇艳如花的容颜，没有蝴蝶轻盈柔曼的舞姿，也没有蝴蝶轻纱般精巧华美的翅翼，更没有蝴蝶临风微颤的金色触须……似乎一只蝴蝶所应有的一切，它都没有。与生俱来的只是这么一身憔悴②的装束。它是蝶，一只失去了美丽的蝶。

为了生存，它放弃了所有的美丽，宁愿在同伴们五彩斑斓的翅影里，飘逝成一道枯黄而又孤单的弧线，宁愿在同伴们飞扬翩跹③的舞蹈中，坠落成一片毫无美感可言的枯叶。

它很明智，仿佛一个恬淡④隐忍的智者，一个在天下大乱时闲居深山的隐者。它果断地用美丽换取生命。其果断干脆，可敬可叹。

枯叶蝶却在这个时候颓倒，抽搐了几下，不动了。它竟然就这样死去了。这一生都在形塑自己成为一片枯叶的蝴蝶，最后真的化为一片枯叶。不知道当它栖息在枯枝上时，悠然地呼吸着自由的空气时，是否会怀念那缤纷的身影？是否会记起那摇曳的舞姿？它是否会从心底隐隐泛起一声怅然的叹息……

枯叶蝶，一种凄凉而又散淡的生命。它，走到了归隐的极至。我把它捧在手里，思及枯叶蝶是一生站立或者飞翔在枯叶与蝴蝶的界限上。如果说它是执著⑤于枯叶，那是对的，否则它为什么从形状，颜色，姿势都形似成一片叶子；如果说它是执著于蝴蝶的生命，那也是对的，拟似枯叶只是为了保护它内在的那一只蝴蝶。

如今，它终于打破界限了，它终于放下执著了，它还原，而且完整了。

我们谁不是站立在某一个界限上呢？很少有人是全然的，从左边看也许是枯叶的，右边看却是蝴蝶；从飞翔时看是一只蝴蝶，落地时却是枯叶。

在飞舞与飘落之间，在绚丽与平淡之间，在跃动与静止之间，大部分

---

① ［蠕动］像蚯蚓那样爬动。
② ［憔悴］形容人瘦弱，面色不好看。这里指枯叶蝶外表不美丽。
③ ［翩跹（piānxiān）］形容舞姿轻盈飘逸。
④ ［恬淡］不追求名利；淡泊。
⑤ ［执著（zhízhuó）］也写"执着"。原为佛教用语，指对某一事物坚持不放，不能超脱，后来泛指固执或拘泥。

人为了保命，压抑、隐藏、包覆、遮掩了内在美丽的蝴蝶，拟态为一片枯叶。

最后的时刻来临，众人走过森林，只见枯叶满地，无人看见蝴蝶。

只有禅行者一旦唤醒内心的蝴蝶，创造了飞翔的意志，就不再停止飞行，不再压迫内在的美丽。他会张开双眼看灿烂的夕阳，他会大声念诵十四行诗，他会侧耳倾听繁花的歌唱，他会全身心进入一朵玉兰花香。最后，或许也会颓倒在一片枯叶林间。但他内心的蝴蝶却与初生时，一样美丽。

如果内心的蝴蝶从未苏醒，枯叶蝶的一生，也只是一片无言的枯叶。

练习

一、根据课文在下面段落的空白处填上相应的词。

1. 突然看见一片枯叶在层层叶片中＿＿＿＿＿＿着，灰黄的翅翼状宛若栀子叶，毫无生气的枯叶蝶。它没有蝴蝶＿＿＿＿＿＿＿＿＿的容颜，没有蝴蝶＿＿＿＿＿＿＿＿的舞姿，也没有蝴蝶轻纱般＿＿＿＿＿＿＿＿＿的翅翼，更没有蝴蝶＿＿＿＿＿＿＿＿的金色触须……似乎一只蝴蝶所应有的一切，它都没有。

2. 在＿＿＿＿＿与＿＿＿＿＿之间，在＿＿＿＿＿与＿＿＿＿＿之间，在＿＿＿＿＿与＿＿＿＿＿之间，大部分人为了保命，压抑，隐藏，包覆，遮掩了内在美丽的蝴蝶，拟态为一片枯叶。一身＿＿＿＿＿＿的装束。它是蝶，一只失去了美丽的蝶。

二、模仿下面的句子，以"为了……放弃……宁愿……宁愿……"造句。注意单句之间逻辑的关系，尽量语言优美。

为了生存，它放弃了所有的美丽，宁愿在同伴们五彩斑斓的翅影里，飘逝成一道枯黄而又孤单的弧线，宁愿在同伴们飞扬翩跹的舞蹈中，坠落成一片毫无美感可言的枯叶。

三、说说文前诗歌的诗眼是什么？结合整篇课文，谈谈你对此诗的理解。

四、读完全篇课文，谈谈你认为如何才能唤醒"内心的蝴蝶"。

2　林教头风雪山神庙[①]

施耐庵

阅读提示

　　《水浒》是我国文学史上第一部以农民起义为题材的优秀长篇小说。这部书是作者在民间传说、话本、杂剧的基础上创作而成的，它艺术地再现了梁山泊农民起义的产生、发展、经过直至失败的过程，揭露北宋王朝朝政的黑暗腐败，歌颂以宋江为首的起义英雄的反抗斗争精神。

　　豹子头林冲，在梁山泊英雄中排行第六，早年是东京八十万禁军枪棒教头。因他的妻子长得漂亮，所以被高俅儿子高衙内调戏，自己也被高俅陷害。在发配沧州时，幸亏鲁智深在野猪林相救，才保住性命。但不愿脱逃，便在鲁智深的护送下来到沧州。节选的课文就是从这里开始的。林冲被发配沧州牢城看守天王堂草料场，又遭高俅心腹陆谦放火暗算。林冲杀了陆谦，冒着风雪连夜投奔梁山泊，为白衣秀士王伦不容。晁盖、吴用劫了生辰纲上梁山后，王伦不容这些英雄，林冲一气之下杀了王伦，把晁盖推上了梁山泊首领之位。林冲武艺高强，打了许多胜仗。在征讨江浙一带方腊率领的起义军胜利后，林冲得了中风，被迫留在杭州六和寺养病，由武松照顾，半年后病故。

　　节选课文表现林冲由逆来顺受、委屈求全到奋起反抗的思想性格的发展变化，从而认识封建社会里被压迫者走上反抗道路的必然性。阅读时要注意林冲思想性格发展变化的几个阶段及其关键所在。作者用环境描写来渲染气氛、烘托人物、推动情节、深化主题的技巧历来被人们所称道。通过人物的语言、动作、心理来刻画人物性格，也是课文重要的写作特点。林冲逼上梁山，一个"逼"字，让我们感受到人物性格、社会环境、自然环境在命运中的巨大力量。

---

　　① 节选自《水浒传》（百回本）第10回。林教头，即林冲，原北宋京城的八十万禁军（保卫京城的军队）枪棒教头。

话说当日林冲正闲走间，忽然背后人叫，回头看时，却认得是酒生儿①李小二。当初在东京时，多得林冲看顾。这李小二先前在东京时，不合②偷了店主人家财，被捉住了，要送官司问罪，却得林冲主张陪话③，救了他免送官司。又与他陪了些钱财，方得脱免。京中安不得身，又亏林冲赍发④他盘缠，于路⑤投奔人，不想今日却在这里撞见。林冲道："小二哥，你如何也在这里？"李小二便拜道："自从得恩人救济，赍发小人，一地里投奔人不着。迤逦⑥不想来到沧州，投托一个酒店里，姓王，留小人在店中做过卖⑦。因见小人勤谨，安排的好菜蔬，调和的好汁水⑧，来吃的人都喝采，以此买卖顺当。主人家有个女儿，就招了小人做女婿。如今丈人丈母都死了，只剩得小人夫妻两个，权在营前⑨开了个茶酒店。因讨钱过来，遇见恩人。恩人不知为何事在这里？"林冲指着脸上道："我因恶了高太尉⑩，生事陷害，受了一场官司，刺配⑪到这里。如今叫我管⑫天王堂，未知久后如何。不想今日到此遇见。"

李小二就请林冲到家里面坐定，叫妻子出来拜了恩人。两口儿欢喜道："我夫妻二人，正没个亲眷。今日得恩人到来，便是从天降下。"林冲道："我是罪囚，恐怕玷辱你夫妻两个。"李小二道："谁不知恩人大名，休恁地⑬说。但有衣服，便拿来家里浆洗缝补。"当时管待林冲酒食，至晚送回天王堂。次日，又来相请。因此，林冲得李小二家来往，不时间送汤送水来营里与林冲吃。林冲因见他两口儿恭勤孝顺，常把些银两与他做本银，

---

① ［酒生儿］酒店的伙计。

② ［不合］不该。

③ ［主张陪话］出头做主，为他说好话。

④ ［赍（jī）发］资助。

⑤ ［于路］沿路。

⑥ ［迤逦（yǐlǐ）］曲折连绵，这里是一路走去，绕来绕去的意思。

⑦ ［过卖］堂倌，酒食店里招待顾客的伙计。

⑧ ［汁水］羹汤之类。

⑨ ［营前］指牢城营前面。牢城，收管发配的囚犯的地方。

⑩ ［恶（wù）了高太尉］触怒了高太尉。恶，冒犯、触怒。太尉，官名，宋徽宗时武官的高级官阶。高太尉，指高俅，他是殿帅府太尉。

⑪ ［刺配］脸上刺上字，发放往远地充军。刺，古时的肉刑，在罪犯额面或肌肤上刺字，用墨染上颜色。配，发往远地充军。

⑫ ［管］看守。

⑬ ［恁（nèn）地］这么，那么。

不在话下。

且把闲话休题，只说正话。迅速光阴，却早冬来。林冲的棉衣裙袄，都是李小二浑家整治缝补。忽一日，李小二正在门前安排菜蔬下饭，只见一个人闪将进来，酒店里坐下，随后又一人入来。看时，前面那个人是军官打扮，后面这个走卒模样，跟着也来坐下。李小二入来问道："要吃酒？"只见那个人将出①一两银子与小二道："且收放柜上，取三四瓶好酒来。客到时，果品酒馔②只顾将来，不必要问。"李小二道："官人请甚客？"那人道："烦你与我去营里请管营③、差拨④两个来说话。问时，你只说有个官人请说话，商议些事务，专等，专等。"李小二应承了，来到牢城里，先请了差拨，同到管营家里，请了管营，都到酒店里。只见那个官人和管营、差拨两个讲了礼⑤。管营道："素不相识，动问官人高姓大名？"那人道："有书在此，少刻便知。且取酒来。"李小二连忙开了酒，一面铺下菜蔬果品酒馔。那人叫讨副劝盘⑥来，把了盏⑦，相让坐了。小二独自一个，撺梭也似伏侍不暇。那跟来的人讨了汤桶⑧，自行荡酒。约计吃过十数杯，再讨了按酒，铺放桌上。只见那人说道："我自有伴当烫酒，不叫你休来。我等自要说话。"

李小二应了，自来门首叫老婆道："大姐，这两个人来的不尴尬⑨。"老婆道："怎么的不尴尬？"小二道："这两个人语言声音，是东京人，初时又不认得管营，向后我将按酒入去，只听得差拨口里讷⑩出一句'高太尉'三个字来。这人莫不与林教头身上有些干碍⑪？我自在门前理会，你且去阁子背后，听说甚么。"老婆道："你去营中寻林教头来，认他一认。"李小二

---

① ［将出］拿出。将，拿。
② ［馔（zhuàn）］饭食。
③ ［管营］看管牢城营的官吏。
④ ［差拨］管牢狱的公差。
⑤ ［讲了礼］见了礼。
⑥ ［劝盘］敬酒时放酒杯的托盘。
⑦ ［把了盏］敬了酒。
⑧ ［汤桶］热水桶。
⑨ ［不尴尬（gāngà）］鬼鬼祟祟，不正派。也作"尴尬"或者"不尴不尬"。
⑩ ［讷（nè）］说话迟钝或口吃，这里的意思是小声说出。
⑪ ［干碍］关涉，妨害。

道："你不省得①，林教头是个性急的人，摸不着②便要杀人放火。倘或叫得他来看了，正是前日说的甚么陆虞候，他肯便罢？做出事来，须连累了我和你。你只去听一听，再理会。"老婆道："说得是。"便入去听了一个时辰，出来说道："他那三四个交头接耳说话，正不听得说甚么。只见那一个军官模样的人，去伴当怀里取出一帕子物事③，递与管营和差拨。帕子里面的莫不是金银？只听差拨口里说道：'都在我身上，好歹要结果了他性命。'"正说之间，阁子里叫："将汤来。"李小二急去里面换汤时，看见管营手里拿着一封书。小二换了汤，添些下饭。又吃了半个时辰，算还了酒钱，管营、差拨先去了。次后，那两个低着头也去了。

转背没多时，只见林冲走将入店里来，说道："小二哥，连日好买卖。"李小二慌忙道："恩人请坐，小二却待正要寻恩人，有些要紧话说。"当下林冲问道："甚么要紧的事？"小二请林冲到里面坐下，说道："却才有个东京来的尴尬人，在我这里请管营、差拨吃了半日酒。差拨口里讷出高太尉三个字来，小人心下疑，又着浑家听了一个时辰，他却交头接耳说话，都不听得。临了，只见差拨口里应道：'都在我两个身上，好歹要结果了他。'那两个把一包金银递与管营、差拨，又吃一回酒，各自散了。不知甚么样人。小人心下疑，只怕恩人身上有些妨碍。"林冲道："那人生得什么模样？"李小二道："五短身材④，白净面皮，没甚髭须⑤，约有三十余岁。那跟的也不长大，紫棠色⑥面皮。"林冲听了大惊道："这三十岁的正是陆虞候。那泼贱贼⑦也敢来这里害我！休要撞着我，只教他骨肉为泥！"李小二道："只要提防他便了，岂不闻古人言：吃饭防噎，走路防跌。"林冲大怒，离了李小二家，先去街上买把解腕尖刀⑧，带在身上，前街后巷一地里去寻。李小二夫妻两个，捏着两把汗。

当晚无事。次日天明起来，早洗漱罢，带了刀又去沧州城里城外，小

---

① ［不省（xǐng）得］不明白。
② ［摸不着］料不定。
③ ［物事］东西。
④ ［五短身材］指身躯和四肢都短小。
⑤ ［髭（zī）须］嘴唇上方的胡须。
⑥ ［紫棠色］黑里带红的颜色。
⑦ ［泼贱贼］歹毒无赖的奸贼。
⑧ ［解腕尖刀］日常应用的一种小佩刀。

街夹巷，团团①寻了一日。牢城营里都没动静。林冲又来对李小二道："今日又无事。"小二道："恩人，只愿如此。只是自放仔细便了。"林冲自回天王堂，过了一夜。街上寻了三五日，不见消耗②，林冲也自心下慢③了。到第六日，只见管营叫唤林冲到点视厅④上，说道："你来这里许多时，柴大官人面皮不曾抬举的你⑤。此间东门外十五里有座大军草料场⑥，每月但是纳草纳料的，有些常例钱⑦取觅。原是一个老军看管。我如今抬举你去替那老军来守天王堂，你在那里阄⑧几贯盘缠⑨。你可和差拨便去那里交割⑩。"林冲应道："小人便去。"当时离了营中，径到李小二家，对他夫妻两个说道："今日管营拨我去大军草料场管事，却如何？"李小二道："这个差使又好似⑪天王堂。那里收草料时，有些常例钱钞。往常不使钱⑫时，不能勾这差使。"林冲道："却不害我，倒与我好差使，正不知何意？"李小二道："恩人休要疑心，只要没事便好了。只是小人家离得远了，过几时那工夫⑬来望恩人。"就时家里安排几杯酒，请林冲吃了。

话不絮烦，两个相别了。林冲自来天王堂，取了包裹，带了尖刀，拿了条花枪，与差拨一同辞了管营，两个取路投草料场来。正是严冬天气，彤云⑭密布，朔风渐起，却早纷纷扬扬卷下一天大雪来。那雪早下得密了。

大雪下的正紧，林冲和差拨两个在路上又没买酒吃处。早来到草料场

---

① ［团团］转来转去。
② ［消耗］消息。
③ ［慢］这里是轻忽、松懈的意思。
④ ［点视厅］点验犯人的大厅。
⑤ ［柴大官人面皮不曾抬举的你］（虽然有）柴大官人的面子，（却至今）没有抬举过你。柴大官人，柴进。林冲到沧州前，在柴进庄上住过几天。临行时，柴进给沧州大尹和牢城管营、差拨带去书信，让他们看顾林冲。
⑥ ［大军草料场］存放军用草料的场子，北宋时，沧州靠近宋王朝的边界，驻扎军队，所以有草料场。
⑦ ［常例钱］例行的贿赂钱。
⑧ ［阄（chuài）］赚，寻的意思。
⑨ ［盘缠］这里指零用钱。
⑩ ［交割］办交代。
⑪ ［好似］胜过。
⑫ ［使钱］行贿。
⑬ ［那工夫］抽空儿。那，这里同"挪"。
⑭ ［彤云］浓云。

外看时，一周遭有些黄土墙，两扇大门。推开看里面时，七八间草屋做着仓廒①，四下里都是马草堆，中间两座草厅。到那厅里，只见那老军在里面向火②。差拨说道："管营差这个林冲来替你回天王堂看守，你可即便交割。"老军拿了钥匙，引着林冲，分付道："仓廒内自有官司封记③，这几堆草一堆堆都有数目。"老军都点见④了堆数，又引林冲到草厅上。老军收拾行李，临了说道："火盆、锅子、碗碟，都借与你。"林冲道："天王堂内我也有在那里。你要便拿了去。"老军指壁上挂一个大葫芦，说道："你若买酒吃时，只出草场，投东大路去三二里，便有市井⑤。"老军自和差拨回营里来。

只说林冲就床上放了包裹被卧⑥，就坐上生些焰火起来。屋边有一堆柴炭，拿几块来生在地炉里。仰面看那草屋时，四下里崩坏了，又被朔风吹撼，摇振得动。林冲道："这屋如何过得一冬？待雪晴了，去城中唤个泥水匠来修理。"向了一回火，觉得身上寒冷，寻思："却才老军所说五里路外有那市井，何不去沽些酒来吃？"便去包里取些碎银子，把花枪挑了酒葫芦，将火炭盖了，取毡笠子戴上，拿了钥匙，出来把草厅门拽上。出到大门首，把两扇草场门反拽上，锁了。带了钥匙，信步投东。雪地里踏着碎琼乱玉⑦，迤逦背着北风而行。那雪正下得紧。

行不上半里多路，看见一所古庙，林冲顶礼⑧道："神明庇佑⑨，改日来烧纸钱。"又行了一回，望见一簇人家。林冲住脚看时，见篱笆中挑着一个草帚儿⑩在露天里。林冲径到店里，主人问道："客人那里来？"林冲道："你认得这个葫芦么？"主人看了道："这葫芦是草料场老军的。"林冲道："如何便认的？"店主道："既是草料场看守大哥，且请少坐。天气寒冷，且

---

① ［仓廒（áo）］存放粮食的仓库。
② ［向火］烤火。
③ ［官司封记］官家的封条。官司，旧时对官吏和政府的泛称。
④ ［点见］点清。
⑤ ［市井］市镇。
⑥ ［被卧］被褥。
⑦ ［碎琼乱玉］指地上的雪。琼，美玉。
⑧ ［顶礼］佛家最敬之礼，即跪拜。
⑨ ［庇佑］保佑。
⑩ ［草帚儿］当酒旗用的草把。

酌三杯权当接风①。"店家切一盘熟牛肉，烫一壶热酒，请林冲吃。又自买了些牛肉，又吃了数杯。就又买了一葫芦酒，包了那两块牛肉，留下碎银子，把花枪挑着酒葫芦，怀内揣了牛肉，叫声相扰，便出篱笆门，仍旧迎着朔风回来。看那雪，到晚越下得紧了。

　　再说林冲踏着那瑞雪，迎着北风，飞也似奔到草场门口，开了锁，入内看时，只叫得苦。原来天理昭然，佑护善人义士。因这场大雪，救了林冲的性命。那两间草厅已被雪压倒了。林冲寻思："怎地好?"放下花枪、葫芦在雪里。恐怕火盆内有火炭延烧起来。搬开破壁子，探半身入去摸时，火盆内火种都被雪水浸灭了。林冲把手床上摸时，只拽得一条絮被。林冲钻将出来，见天色黑了，寻思："又没打火处，怎生安排?"想起："离了这半里路上，有一古庙，可以安身。我且去那里宿一夜，等到天明却作理会。"把被卷了，花枪挑着酒葫芦，依旧把门拽上，锁了，望那庙里来。入的庙门，再把门掩上，傍边止有个大石头，掇将过来，靠了门。入的里面看时，殿上做着一尊金甲山神，两边一个判官，一个小鬼，侧边堆着一堆纸。团团看来，又没邻舍，又无庙主。林冲把枪和酒葫芦放在纸堆上，将那条絮被放开，先取下毡笠子，把身上雪都抖了，把上盖②白布衫脱将下来③，早有五分湿了，和毡笠放在供桌上，把被扯来盖了半截下身。却把葫芦冷酒提来便吃，就将怀中牛肉下酒。正吃时，只听得外面必必剥剥地爆响，林冲跳起身来，就壁缝里看时，只见草料场里火起，刮刮杂杂烧着。

　　当时张见草场内火起，四下里烧着。林冲便拿枪，却待开门来救火，只听得外面有人说将话来。林冲就伏在庙听时，是三个人脚步声，且奔庙里来。用手推门，却被林冲靠住了，推也推不开。三人在庙檐下立地④看火，数内一个道："这条计好么?"一个应道："端的⑤亏管营、差拨两位用心。回到京师，禀过太尉，都保你二位做大官。这番张教头没的推故⑥。"

------

　　① ［接风］设宴接待远方的来客。
　　② ［上盖］上身的外衣。
　　③ ［脱将下来］脱下来。
　　④ ［立地］站着。
　　⑤ ［端的］果然。
　　⑥ ［这番张教头没的推故］这一回张教头没有理由推托了。张教头，林冲的岳父。推故，指林冲充军以后，高衙内（高俅的干儿子，"衙内"是宋元时代对官家子弟的称呼）几次威逼林冲的妻子嫁他，张教头总推托说"女婿会回来同女儿团聚。"

那人道："林冲今番直吃我们对付了①，高衙内这病必然好了。"又一个道："张教头那厮，三回五次托人情去说：'你的女婿殁了。'张教头越不肯应承。因此衙内病患看看重了，太尉特使俺两个央浼②二位干这件事，不想而今完备了。"又一个道："小人直爬入墙里去，四下草堆上点了十来个火把，待走那里去！"那一个道："这早晚烧个八分过了。"又听得一个道："便逃得性命时，烧了大军草料场，也得个死罪。"又一个道："我们回城里去罢。"一个道："再看一看，拾得他一两块骨头回京，府里见太尉和衙内时，也道我们也能会干事。"

　　林冲听得三个人时，一个是差拨，一个是陆虞候，一个是富安。林冲道："天可怜见③林冲，若不是倒了草厅，我准定被这厮们烧死了。"轻轻把石头掇开，挺着花枪，一手拽开庙门，大喝一声："泼贼那里去！"三个人急要走时，惊得呆了，正走不动。林冲举手肐察④的一枪，先戳倒差拨。陆虞候叫声："饶命！"吓的慌了手脚，走不动。那富安走不到十来步，被林冲赶上，后心只一枪，又戳倒了。翻身回来，陆虞候却才行的三四步。林冲喝声道："奸贼，你待那里去！"劈胸只一提，丢翻在雪地上。把枪搠⑤在地里，用脚踏住胸脯，身边取出那口刀来，便去陆谦脸上搁着，喝道："泼贼！我自来又和你无甚么冤仇，你如何这等害我！正是杀人可恕，情理难容。"陆虞候告道："不干小人事，太尉差遣，不敢不来。"林冲骂道："奸贼，我与你自幼相交，今日倒来害我，怎不干你事！且吃我一刀。"把陆谦上身衣服扯开，把尖刀向心窝里只一剜⑥，七窍迸出血来，将心肝提在手里。回头看时，差拨正爬将起来要走。林冲按住喝道："你这厮原来也恁的歹！且吃我一刀。"又早把头割下来，挑在枪上。回来把富安、陆谦头都割下来。把尖刀插了，将三个人头发结做一处，提入庙里来，都摆在山神面前供桌上。再穿了白布衫，系了搭膊⑦，把毡笠子带上，将葫芦里冷酒都吃尽了。被与葫芦都丢了不要。提了枪，便出庙门投东去。

---

① [今番直吃我们对付了] 这回可真被我们收拾了。
② [央浼 (měi)] 恳求，请托。
③ [可怜见] 向人乞怜的词，就是"可怜"。
④ [肐察] 同"胳察"，形容枪扎下去的声音。
⑤ [搠 (shuò)] 扎，刺。
⑥ [剜 (wān)] 挖。
⑦ [搭膊] 一种布制的长带，中间有个袋，可以束在腰间。又可称"搭包"。

一、林冲到沧州后对封建统治者仍抱有幻想，从课文中的哪些描写可以反映出来？

二、细读课文中描写"李小二和他的茶酒店"的段落，说说这部分内容的作用是什么？

三、小说中的景物描写往往能够烘托人物的感情，为人物的活动渲染气氛，同故事情节的发展也有直接关系。试分析下面描写朔风和大雪的句子，这些描写渲染了哪种气氛，烘托了人物的什么样的感情，和故事情节的发展有什么关系？

1. "正是严冬天气，彤云密布，朔风渐起；却早纷纷扬扬，卷下一天大雪来。"

2. "雪地里踏着碎琼乱玉，迤逦背着北风而行，那雪正下得紧。"

3. "仍旧迎着朔风回来。看那雪，到晚越下得紧了。"

4. "再说林冲踏着那瑞雪，迎着北风，飞也似奔到草场门口，开了锁，入内看时，只叫得苦。……那两间草厅已被积雪压倒了。"

四、本文的细节描写生动具体，细致入微。试以下面的句子为例，分析细节描写对完善人物性格，交代情节方面的作用。

1. 林冲寻思："怎地好？"放下花枪、葫芦在雪里。恐怕火盆内有火炭延烧起来，搬开破壁子，探半身入去摸时，火盆内火种都被雪水浸灭了。

2. 入得庙门，再把门掩上。旁边只有个大石头，掇将过来靠了门。

3. 再穿了白布衫，系了搭膊，把毡笠子带上，将葫芦里冷酒都吃尽了。被与葫芦都丢了不要。提了枪，便出庙门投东去。

五、下面是林冲杀陆谦的一段描写，加点的动词用得非常好，说说这几个动词表现林冲怎样的心理活动。

（林冲）翻身回来，陆虞候却才行得三四步。林冲喝声道："好贼！你待那里去！"劈胸只一提，丢翻在雪地上，把枪搠在地里，用脚踏住胸脯，身边取出那口刀来，便去陆谦脸上搁着，喝道："泼贼！我自来又和你无甚么冤仇，你如何这等害我！正是'杀人可恕，情理难容！'"陆虞候告道："不干小人事；太尉差遣，不敢不来。"林冲骂道："奸贼！我与你自幼相交，今日倒来害我！怎不干你事？且吃我一刀！"把陆谦上身衣服扯开，把尖刀向心窝里只一剜……

六、《水浒传》中保留着宋元时期的一些口语，这些口语与现代汉语在词义和句式方面都有区别。请指出下列画线词语与今天的意义、用法有什么不同。

1. 权在营前开个茶酒店。

2. 我因恶了高太尉，生事陷害。

3. 但有衣服，便拿来家里浆洗缝补。

4. 不时间送汤送水来营里与林冲吃。

5. 果品酒馔只顾将来。

6. 有书在此，少刻便知。

7. 你不省得。

8. 好歹要结果他性命。

9. 小二换了汤，添些下饭。

10. 休恁地说。

七、林冲的性格前后明显地发生变化，从隐忍苟安到毅然反抗，中间经历了许多曲折。请同学们讲讲林冲反抗之前哪些事体现他的"隐忍苟安"，为何最后又"毅然反抗"？

3 谋　攻①

孙　武

阅读提示

　　文章先从"用兵之法"起笔，提出"不战而屈人之兵，善之善者也"的中心论点，然后紧扣中心，从战略、战术、条件等几个方面层层论证，强调以谋取胜。孙子的用兵之法就是集中兵力，攻敌弱点，打歼灭战。在战略战术上，主张灵活运用，将帅要做好国君的助手，充分发挥作用；国君要了解情况，正确指挥，最后揭示了"知彼知己，百战不殆"的著名军事原则。

　　课文在语言上较多地运用排比句及正反对比的句子，使事理层层推进，具有强烈的逻辑力量。应反复诵读，细细体会。

　　孙子曰②：凡用兵之法，全国为上，破国次之③；全军④为上，破军次之；全旅为上，破旅次之；全卒为上，破卒次之；全伍为上，破伍次之。是故百战百胜，非善之善者⑤也；不战而屈⑥人之兵，善之善者也。故上兵伐谋⑦，其次伐交⑧，其次伐兵⑨，下政⑩攻城。攻城之法为不得已。修橹轒

---

　　① 选自《孙子》。《孙子》又名《孙子兵法》，是我国古代一部很有名的军事著作，现存13篇。相传作者是孙武，春秋时齐国人，是我国历史上著名的军事家。谋攻，用谋略攻取敌人。

　　② [孙子曰] 以下各段都是孙子的话。

　　③ [全国为上，破国次之] 使敌国整个降服是上等策略，用兵击破敌国是次等策略。下文"全军"也是同样的意思。全、破，这里都作动词。

　　④ [军] 古代军队编制的名称，一军一万二千五百人。下文的"旅"，500人；"卒"，100人以上；"伍"，5人。

　　⑤ [善之善者] 高明中最高明的。

　　⑥ [屈] 服。这里是使动用法，即"使人降服"的意思。

　　⑦ [上兵伐谋] 上等的用兵（策略）是打破（敌方的）计谋。（敌计初定，还未发动，就用计制服他。）伐，打败、攻破。

　　⑧ [伐交] 击破（敌方）与别国的联合。交，指外交、结盟。

　　⑨ [伐兵] 击败（敌方的）武装力量。

　　⑩ [下政] 下策。

辒①，具器械，三月而后成；距闉②，又三月而后已。将不胜其忿而蚁附之③，杀士三分之一④而城不拔⑤者，此攻之灾⑥也。故善用兵者，屈人之兵⑦而非战⑧也，拔人之城而非攻也，毁人之国而非久⑨也，必以全⑩争于天下，故兵不顿而利可全⑪。此谋攻之法也。

故用兵之法，十则围之⑫，五则攻之，倍则分之，敌则能战之，少则能逃之，不若则能避之。故小敌⑬之坚⑭，大敌之擒⑮也。

夫将者，国之辅⑯也。辅周则国必强，辅隙则国必弱。故⑰君之所以患于军⑱者三：不知军之不可以进而谓⑲之进，不知军之不可以退而谓之退，是谓縻军⑳；不知三军之事而同㉑三军之政㉒者，则军士惑矣；不知三军之权㉓而同三军之任㉔，则军士疑矣。三军既惑且疑，则诸侯之难㉕至矣。是

---

① ［修橹辒辒（fénwēn），具器械］整治攻城的战车，预备好（各种）器械。修，造。橹，战车上的望楼。辒辒，木制的战车，蒙着生牛皮，用四个轮子推进。

② ［距闉 yīn］军事用语，积土成堙，高临敌城，观其虚实。闉，也写做"堙"，积土为山。

③ ［将不胜（shēng）其忿而蚁附之］将官忍不住自己的忿怒而命令士兵（像）蚂蚁（那样）爬上敌人的城墙。胜，堪、忍得住。附，附着，这里是附着城墙爬的意思。

④ ［杀士三分之一］士兵（被）杀伤三分之一。士，这里指兵。

⑤ ［拔］攻取，打下来。

⑥ ［灾］灾害。

⑦ ［屈人之兵］使敌人的军队屈服。

⑧ ［非战］不用交战（的办法），意思是要用"伐谋""伐交"的办法。

⑨ ［非久］意思是不长期作战。

⑩ ［全］全胜的策略。

⑪ ［兵不顿而利可全］军队不受损失而胜利可能完全取得。顿，坏、损。

⑫ ［十则围之］（我军）十倍于敌人就包围他们。下文几个句子，结构相同。分之，分散敌人；敌，是匹敌、相等，成语"势均力敌"的"敌"就是这个意思；逃，退却、避开。

⑬ ［小敌］弱小的军队。下文的"大敌"，是敌大的军队。敌，指两军作战中敌对的一方。

⑭ ［坚］意思是硬拼，指不量力而坚持同大敌作战。

⑮ ［擒］捉。这里有"消灭掉"的意思。

⑯ ［辅］辅佐，这里作名词。下文"辅周"的"周"是周到的意思，"辅隙"的"隙"是有缺陷的意思。

⑰ ［故］连词，这里有提起下文的作用。

⑱ ［患于军］为军之患。

⑲ ［谓］说，告诉，这里有命令的意思。

⑳ ［是谓縻（mí）军］这叫做束缚了军队。縻，羁绊、束缚。

㉑ ［同］参与，干预。

㉒ ［政］指军队的行政。

㉓ ［权］指挥军队的权谋。

㉔ ［任］作用，指挥。

㉕ ［诸侯之难（nàn）］诸侯（乘隙而进攻）所造成的灾难。难，灾难、祸患。

谓乱军引胜①。

故知胜②有五：知可以战与不可以战者胜，识众寡之用③者胜，上下同欲④者胜，以虞待不虞⑤者胜，将能而君不御⑥者胜。此五者，知胜之道也。故曰：知彼知己，百战不殆；不知彼而知己，一胜一负⑦；不知彼不知己，每战必殆。

练 习

一、作者是从哪些方面论述"谋攻"这一问题的？

二、找出三组排比句及正反对比的句子，说说它们的作用。

三、词语解释。

（一）指出下列各句中的词类活用现象并解释。

1. 全国为上，破国次之

2. 毁人之国而非久也

3. 必以全争于天下

4. 十则围之

5. 识众寡之用者胜

6. 以虞待不虞者胜

7. 将能而君不御者胜

（二）解释下列各句画线的虚词。

1. 凡用兵之法

2. 不战而屈人之兵

3. 敌则能战之

4. 以虞待不虞者胜

---

① ［乱军引胜］（自己）乱（自己的）军队，（自己）夺去（自己的）胜利。引，夺（掉）、失去。引胜，也可解作"引导敌人取得胜利"。

② ［知胜］可以预见胜利。

③ ［识众寡之用］懂得兵多兵少的运用（方法）。

④ ［上下同欲］这里指官和兵同心。欲，心愿、愿望。

⑤ ［以虞待不虞］用（自己的）有准备来对待（敌人的）无准备。虞，预料。

⑥ ［将能而君不御］统帅有能力而国君不加牵制。御，驾御，这里指牵制。

⑦ ［一胜一负］意思是胜负各半。

5. 三军既惑<u>且</u>疑

6. 必<u>以</u>全争于天下

四、在商战中企业有以孙子的谋略在竞争中取胜,也有用合作的方式取得双赢,请各举出例子谈谈你的看法。

4 我读一本小书同时又读一本大书^①

沈从文

阅读提示

　　本文写作者小时候求学生涯中的逃学经历，逃学过程中的所为、所见、所感描写得细致入微。说谎、游水、看街景、捉蟋蟀、斗蟋蟀、偷东西等，都洋溢着感人的童趣。中间夹杂着读书时用功的枯燥，相当逼真地刻画了孩童世界的现实，情感抒发真诚感人。沈从文并没有将自己写成品学兼优、勤奋用功的乖学生，而是如实地将自己的野性展示出来。通过对逃学经历的描述，抒写了自己在读小书的同时阅读生活这本大书所得到的欢欣的生命体验。语言清新朴实，在看似不经意的叙述描写中，渗透作者强烈的情感体验。

　　阅读本文，了解自传的写法，正确理解作者对学校与大自然的态度。欣赏作者真实生动的细节描写，清新自然的文笔。

　　我能正确记忆到我小时的一切，大约在两岁左右。我从小到四岁左右，始终健全肥壮如一只小豚。四岁时母亲一边教我认方字，外祖母一边给我糖吃，到认完六百生字时，腹中生了蛔虫，弄得黄瘦异常，只得经常用草药蒸鸡肝当饭。那时节我就已跟随了两个姐姐，到一个女先生处上学。那人既是我的亲戚，我年龄又那么小，过那边去念书，坐在书桌边读书的时节较少，坐在她膝上玩的时间或者较多。

　　到六岁时，我的弟弟方两岁，两人同时出了疹子。时正六月，日夜皆在吓人高热中受苦。又不能躺下睡觉，一躺下就咳嗽发喘。又不要人抱，抱时全身难受。我还记得我同我那弟弟两人当时皆用竹簟^②卷好，同春卷一样，竖立在屋中阴凉处。家中人当时业已为我们预备了两具小小棺木搁在

---

　　① 选自《沈从文散文选集》（百花文艺出版社 2000 年 1 月第二版）。沈从文（1902～1988），原名岳焕，湖南凤凰人，苗族。现代著名作家、历史文物研究家，主要从事中国古代服饰的研究。
　　② ［竹簟（diàn）］竹席。

廊下。十分幸运，两人到后居然全好了。我的弟弟病后家中特别为他请了一个壮实高大的苗妇人照料，照料得法，他便壮大异常。我因此一病，却完全改了样子，从此不再与肥胖为缘，成了个小猴儿精了。

六岁时我已单独上了私塾。如一般风气，凡事老塾师在私塾中给予小孩子的虐待，我照样也得到了一份。但初上学时，我因为在家中业已认字不少，记忆力从小又似乎特别好，故比较其余小孩，可谓十分幸运。第二年后换了一个私塾，在这私塾中我跟从了几个较大的学生学会了顽劣孩子抵抗顽固塾师的方法，逃避那些书本枯燥文句去同一切自然相亲近。这一年的生活，形成了我一生性格与感情的基础。我间或逃学，且一再说谎，掩饰我逃学应受的处罚。我的爸爸因这件事十分愤怒，有一次竟说若再逃学说谎，便当砍去我一个手指。我仍然不为这一严厉警戒所恐吓，机会一来时总不把逃学的机会轻轻放过。当我学会了用自己眼睛看世界一切，到不同社会中去生活时，学校对于我便已毫无兴味可言了。

我爸爸平时本极爱我，我曾经有一时还作过我那一家的中心人物。稍稍害点病时，一家人便光着眼睛不睡眠，在床边服侍我，当我要谁抱时谁就伸出手来。家中那时经济情形还好，我在物质方面所享受到的，比起一般亲戚小孩似乎皆好得多。我的爸爸既一面只作将军的好梦，一面对于我却怀了更大的希望。他仿佛早就看出我不是个军人，不希望我作将军，却告给我祖父的许多勇敢光荣的故事，以及他庚子年间所得的一份经验。他因为欢喜京戏，只想我学戏，做谭鑫培①。他以为不拘作什么事，总之应比作个将军高些。第一个赞美我明慧的就是我的爸爸。课时当他发现了我成天从塾中逃出到太阳底下同一群小流氓游荡，任何方法都不能拘束这颗小小的心，且不能禁止我狡猾的说谎时，我的行为实在伤了这个军人的心。同时那小我四岁的弟弟，因为看护他的苗妇人照料十分得法，身体养育得强壮异常，年龄虽小，便显得气派宏大，凝静结实，且极自重自爱，故家中人对我感到失望时，对他便异常关切起来。这小孩子到后来也并不辜负家中人的期望，二十二岁时便作了步兵上校。至于我那个爸爸，却在蒙古、东北、西藏各处军队中混过，民国二十年时还只是一个上校，在本地土著

---

① ［谭鑫培（1847~1917）］京剧演员，艺名小叫天（其父为"叫天子"）。谭派鼻祖。以表演《空城计》、《定军山》、《卖马》等剧目著名。

军队里作军医（后改中医院长），把将军希望留在弟弟身上，在家乡从一种极轻微的疾病中便瞑目了。

我有了外面的自由，对于家中的爱护反觉处处受了牵制，因此家中人疏忽了我的生活时，反而似乎使我方便了好些。领导我逃出学塾，尽我到日光下去认识这大千世界微妙的光，稀奇的色，以及万汇百物的动静，这人是我一个张姓表哥。他开始带我到他家中橘柚园中去玩，到城外山上去玩，到各种野孩子堆里去玩，到水边去玩。他教我说谎，用一种谎话对付家中，又用另一种谎话对付学塾，引诱我跟他各处跑去。即或不逃学，学塾为了担心学童下河洗澡，每到中午散学时，照例必在每人手心中用朱笔写个大字，我们还依然能够一手高举，把身体泡到河水中玩个半天。这方法也亏那表哥想出来。我感情流动而不凝固，一派清波给予我的影响实在不小。我幼小时较美丽的生活，大部分都与水不能分离。我的学校可以说是在水边的。我认识美，学会思索，水对我有较大的关系。我最初与水接近，便是那荒唐表哥领带的。

现在说来，我在作孩子的时代，原来也不是个全不知自重的小孩子。我并不愚蠢。当时在一班表兄弟中和弟兄中，似乎只有我那个哥哥比我聪明，我却比其他一切孩子懂事。但自从那表哥教会我逃学后，我便成为毫不自重的人了。在各样教训各样的方法管束下，我不欢喜读书的性情，从塾师方面，从家庭方面，从亲戚方面，莫不对于我感觉得无多希望。我的长处到那时只是种种的说谎。我非从学塾逃到外面空气下不可，逃学过后又得逃避处罚。我最先所学，同时拿来致用的，也就是根据各种经验来制作各种谎话。我的心总得为一种新鲜声音，新鲜颜色，新鲜气味而跳。我得认识本人生活以外的生活。我的智慧应当从直接生活上吸收消化，却不须从一本好书一句好话上学来。似乎就只这样一个原因，我在学塾中，逃学纪录点数，在当时便比任何一人都高。

离开私塾转入新式小学时，我学的总是学校以外的。到我出外自食其力时，我又不曾在职务上学好过什么，二十年后我"不安于当前事务，却倾心于现世光色，对于一切成例与观念皆十分怀疑，却常常为人生远景而凝眸"，这份性格的形成，便应当溯源于小时在私塾中逃学习惯。

自从逃学成习惯后，我除了想方设法逃学，什么也不再关心。

有时天气坏一点，不便出城上山里去玩，逃了学没有什么去处，我就一个人走到城外庙里去。本地大建筑在城外计三十来处，除了庙宇就是会馆和祠堂。空地广阔，因此均为小手工业工人所利用。那些庙里总常常有人在殿前廊下绞绳子，织竹簟，做香，我就看他们做事。有人下棋，我看下棋。有人打拳，我看打拳。甚至于相骂，我也看着，看他们如何骂来骂去，如何结果。因为自己既逃学，走到的地方必不能有熟人，所到的必是较远的庙里。到了那里，既无一个熟人，因此什么事都只好用耳朵去听，眼睛去看，直到看无可看听无可听时，我便应当设计打量我怎么回家去的方法了。

来去学校我得拿一个书篮。内中有十多本破书，由《包句杂志》、《幼学琼林》到《论语》、《诗经》、《尚书》，通常得背诵，分量相当沉重。逃学时还把书篮挂到手肘上，这就未免太蠢了一点。凡这么办的可以说是不聪明的孩子。许多这种小孩子，因为逃学到各处去，人家一见就认得出，上年纪一点的人见到时就会说："逃学的，赶快跑回家挨打去，不要在这里玩。"若无书篮可不必受这种教训。因此我们就想出了一个方法，把书篮寄存到一个土地庙里去，那地方无一个人看管，但谁也用不着担心他的书篮。小孩子对于土地神全不缺少必需的敬畏，都信托这木偶，把书篮好好的藏到神座龛子①里去，常常同时有五个或八个，到时却各人把各人的拿走，谁也不会乱动旁人的东西。我把书篮放到那地方去，次数是不能记忆了的，照我想来，次数最多的必定是我。

逃学失败被家中学校任何一方面发觉时，两方面总得各挨一顿打。在学校得自己把板凳搬到孔夫子牌位前，伏在上面受笞②。处罚过后还要对孔夫子牌位作一揖，表示忏悔。有时又常常罚跪至一根香时间。我一面被处罚跪在房中的一隅③，一面便记着各种事情，想象恰如生了一对翅膀，凭经验飞到各样动人事物上去。按照天气寒暖，想到河中的鳜鱼④被钓起离水以后拨剌的情形，想到天上飞满风筝的情形，想到空山中歌唱的黄鹂，想到树木上累累的果实。由于最容易神往到种种屋外东西上去，反而常把处罚

---

① ［龛子（kān）］供奉佛像或神位的小阁子。

② ［笞（chī）］用鞭、杖或竹板子抽打。

③ ［一隅（yú）］一角。

④ ［鳜（guì）鱼］我国特产名贵食用淡水鱼。体黄绿色，有黑色斑纹，口大，鳞圆而细小，性凶猛。

的痛苦忘掉，处罚的时间忘掉，直到被唤起以后为止，我就从不曾在被处罚中感觉过小小冤屈。那不是冤屈。我应感谢那种处罚，使我无法同自然接近时，给我一个练习想象的机会。

家中对这件事自然照例不大明白情形，以为只是教师方面太宽的过失，因此又为我换一个教师。我当然不能在这些变动上有什么异议。这事对我说来，我倒又得感谢我的家中。因为先前那个学校比较近些，虽常常绕道上学，终不是个办法，且因绕道过远，把时间耽误太久时，无可托词。现在的学校可真很远很远了，不必包绕偏街，我便应当经过许多有趣味的地方了。从我家中到那个新的学塾里去时，路上我可看到针铺门前永远必有一个老人戴了极大的眼镜，低下头来在那里磨针。又可看到一个伞铺，大门敞开，作伞时十几个学徒一起工作，尽人欣赏。又有皮靴店，大胖子皮匠，天热时总腆出一个大而黑的肚皮（上面有一撮毛！）用夹板绱①鞋。又有个剃头铺，任何时节总有人手托一个小小木盘，呆呆的在那里尽剃头师傅刮脸。又可看到一家染坊，有强壮多力的苗人，踹在凹形石碾上面，站得高高的，手扶着墙上横木，偏左偏右的摇荡。又有三家苗人打豆腐的作坊，小腰白齿头包花帕的苗妇人，时时刻刻口上都轻声唱歌，一面引逗缚在身背后包单里的小苗人，一面用放光的红铜勺舀取豆浆。我还必需经过一个豆粉作坊，远远的就可听到骡子推磨隆隆的声音，屋顶棚架上晾满白粉条。我还得经过一些屠户肉案桌，可看到那些新鲜猪肉砍碎时尚在跳动不止。我还得经过一家扎冥器②出租花轿的铺子，有白面无常鬼、蓝面阎罗王、鱼龙轿子、金童玉女。每天且可以从他那里看出有多少人接亲，有多少冥器，那些定做的作品又成就了多少，换了些什么式样。并且还常常停顿下来，看他们贴金，敷粉，涂色，一站许久。

我就欢喜看那些东西，一面看一面明白了许多事情。

每天上学时，我照例手肘上挂了那个竹书篮，里面放十多本破书。在家中虽不敢不穿鞋，可是一出了大门，即刻就把鞋脱下拿到手上，赤脚向学校走去。不管如何，时间照例是有多余的，因此我总得绕一节路玩玩。若从西城走去，在那边就可看到牢狱，大清早若干犯人戴了脚镣从牢中出

---

① ［绱（shàng）］把鞋帮和鞋底缝合成鞋子。现一般写作"上鞋"。
② ［冥器］原指用于殉葬的各种器物；后来指烧给死者的纸制器物。

来，派过衙门去挖土。若从杀人处走过，昨天杀的人还没有收尸，一定已被野狗把尸首咋碎①或拖到小溪中去了，就走过去看看那个糜碎了的尸体，或拾起一块小小石头，在那个污秽的头颅上敲打一下，或用一木棍去戳戳，看看会动不动。若还有野狗在那里争夺，就预先拾了许多石头放在书篮里，随手一一向野狗抛掷，不再过去，只远远的看看，就走开了。

　　既然到了溪边，有时候溪中涨了小小的水，就把裤管高卷，书篮顶在头上，一只手扶着，一只手照料裤子，在沿了城根流去的溪水中走去，直到水深齐膝处为止。学校在北门，我出的是西门，又进南门，再绕城里大街一直走去。在南门河滩方面我还可以看一阵杀牛，机会好时恰好正看到那老实可怜畜牲放倒的情形。因为每天可以看一点点，杀牛的手续同牛内脏的位置，不久也就被我完全弄清楚了。再过去一点就是边街，有织簟子的铺子，每天任何时节皆有几个老人坐在门前小凳子上，用厚背的钢刀破篾，有两个小孩子蹲在地上织簟子。（我对于这一行手艺所明白的种种，现在说来似乎比写字还在行。）又有铁匠铺，制铁炉同风箱皆占据屋中，大门永远敞开着，时间即或再早一些，也可以看到一个小孩子两只手拉风箱横柄，把整个身子的分量前倾后倒，风箱于是就连续发出一种吼声，火炉上便放出一股臭烟同红光。待到把赤红的热铁拉出搁放到铁砧②上时，这个小东西，赶忙舞动细柄铁锤，把铁锤从身背后扬起，在身面前落下，火花四溅的一下一下打着。有时打的是一把刀，有时打的是一件农具。有时看到的又是这个小学徒跨在一条大板凳上，用一把凿子在未淬水③的刀上起去铁皮，有时又是把一条薄薄的钢片嵌进熟铁里去。日子一多，关于任何一件铁器的制造程序，我也不会弄错了。边街又有小饭铺，门前有个大竹筒，插满了用竹子削成的筷子。有干鱼同酸菜，用钵头④装满放在门前柜台上，引诱主顾上门，意思好像是说，"吃我，随便吃我，好吃！"每次我总仔细

---

　　①　［咋（zé）碎］咬碎。
　　②　［铁砧（zhēn）］切、捶东西时垫在底下的铁制的用具。
　　③　［淬（cuì）水］也叫"淬火"。一种热处理工艺，把工件加热到适当温度后放在水、油等冷却剂中快速冷却，以提高其硬度和强度。
　　④　［钵（bō）头］一种敞口器皿，像盆而较小较深，多为陶制。

看看，真所谓"过屠门而大嚼"①，也过了瘾。

我最欢喜天上落雨，一落了小雨，若脚下穿的是布鞋，即或天气正当十冬腊月，我也可以用恐怕湿却鞋袜为辞，有理由即刻脱下鞋袜赤脚在街上走路。但最使人开心的事，还是落过大雨以后，街上许多地方已被水所浸没，许多地方阴沟中涌出水来，在这些地方照例常常有人不能过身，我却赤着两脚故意向深水中走去。若河中涨了大水，照例上游会漂流得有木头、家具、南瓜同其他东西，就赶快到横跨大河的桥上去看热闹。桥上必已经有人用长绳系了自己的腰身，在桥头上呆着，注目水中，有所等待。看到有一段大木或一件值得下水的东西浮来时，就踊身一跃，骑到那树上，或傍近物边，把绳子缚定，自己便快快地向下游岸边泅去。另外几个在岸边的人把水中人援助上岸后，就把绳子拉着，或缠绕到大石上大树上去，于是第二次又有第二人来在桥头上等候。我欢喜看人在泅水里扳罾②，巴掌大的活鲫鱼在网中蹦跳。一涨了水，照例也就可以看这种有趣味的事情。照家中规矩，一落雨就得穿上钉鞋，我可真不愿意穿那种笨重钉鞋。虽然在半夜时有人从街巷里过身，钉鞋声音实在好听，大白天对于钉鞋，我依然毫无兴味。

若在四月落了点小雨，山地里田塍③上各处都是蟋蟀声音，真使人心花怒放。在这些时节，我便觉得学校真没有意思，简直坐不住，总得想方设法逃学上山去捉蟋蟀。有时没有什么东西安置这小东西，就走到那里去，把第一只捉到手后又捉第二只，两只手各有一只后，就听第三只。本地蟋蟀原分春秋二季，春季的多在田间泥里草里，秋季的多在人家附近石罅④里瓦砾中，如今既然这东西只在泥层里，故即或两只手心各有一匹小东西后，我总还可以想方设法把第三只从泥土中赶出，看看若比较手中的大些，即开释了手中所有，捕捉新的，如此轮流换去，一整天仅捉回两只小虫。城头上有白色炊烟，街巷里有摇铃铛卖煤油的声音，约当下午三点左右时，

---

① ［过屠门而大嚼］比喻心里想而得不到手，只好用不切实际的办法来安慰自己。语出汉代桓谭《新论》"人闻长安乐，则出门而向西笑；知肉味美，则对屠门而大嚼。"三国魏曹植《与吴质书》也有"过屠门而大嚼，虽不得肉，贵且快意。"的句子。屠门，肉店。
② ［罾（zēng）］一种用木棍或竹竿做支架的方形鱼网。
③ ［田塍（chéng）］某些地区指田间的土埂。
④ ［罅（xià）］缝隙；裂缝。

赶忙走到一个刻花板的老木匠那里去，很兴奋的同那木匠说：

"师傅师傅，今天可捉了大王来了！"

那木匠便故意装成无动于衷的神气，仍然坐在高凳上玩他的车盘，正眼也不看我的说："不成，不成，要打打得赌点输赢！"

我说："输了替你磨刀成不成？"

"嗨，够了，我不要你磨刀，你哪会磨刀？上次磨凿子还磨坏了我的家伙！"

这不是冤枉我，我上次的确磨坏了他一把凿子。不好意思再说磨刀了，我说：

"师傅，那这样办法，你借给我一个瓦盆子，让我自己来试试这两只谁能干些好不好？"我说这话时真怪和气，为的是他以逸待劳，不允许我，还是无办法。

那木匠想了想，好像莫可奈何才让步的样子，"借盆子得把战败的一只给我，算作租钱。"

我满口答应："那成那成。"

于是他方离开车盘，很慷慨的借给我一个泥罐子，顷刻之间我就只剩下一只蟋蟀了。这木匠看看我捉来的虫还不坏，必向我提议："我们来比比。你赢了，我借你这泥罐一天；你输了，你把这蟋蟀给我。办法公平不公平？"我正需要那么一个办法，连说"公平公平"，于是这木匠进去了一会儿，拿出一只蟋蟀来同我的斗，不消说，三五回合我的自然又败了。他的蟋蟀照例却常常是我前一天输给他的。那木匠看看我有点颓丧，明白我认识那匹小东西，担心我生气时一摔，一面赶忙收拾盆罐，一面带着鼓励我的神气笑笑的说：

"老弟，老弟，明天再来，明天再来！你应当捉好的来，走远一点。明天来，明天来！"

我什么话也不说，微笑着，出了木匠的大门，回家了。

这样一整天在为雨水泡软的田塍上乱跑，回家时常常全身是泥，家中当然一望而知，于是不必多说，沿老例跪一根香，罚关在空房子里，不许哭，不许吃饭。等一会儿我自然可以从姐姐方面得到充饥的东西。悄悄的把东西吃下以后，我也疲倦了，因此空房中即或再冷一点，老鼠来去很多，一会儿就睡着，再也不知道如何上床的事了。

即或在家中那么受折磨，到学校去时又免不了补挨一顿板子，我还是在想能逃学时就逃学，决不为处罚所恐吓。

有时逃学又只是到山上去偷人家园地里的李子枇杷，主人拿着长长的竹竿子大骂着追来时，就飞奔而逃，逃到远处一面吃那个赃物，一面还唱山歌气那主人。总而言之，人虽小小的，两只脚跑得很快，什么茨棚①里钻去也不在乎，要捉我可捉不到，就认为这种事比学校里游戏还有趣味。

可是只要我不逃学，在学校里我是不至于像其他那些人受处罚的。我从不用心念书，但我从不在应当背诵时节无法对付。许多书总是临时来读十遍八遍，背诵时节却居然琅琅上口，一字不遗，也似乎就由于这份小小聪明，学校把我同一般同学一样待遇，更使我轻视学校。家中不了解我为什么不想上进，不好好的利用自己聪明用功，我不了解家中为什么只要我读书，不让我玩。我自己总以为读书太容易了点，把认得的字记记那不算什么稀奇。最稀奇处，应当是另外那些人，在他那份习惯下所做的一切事情。为什么骡子推磨时得把眼睛遮上？为什么刀得烧红时在盐水里一淬方能坚硬？为什么雕佛像的会把木头雕成人形，所贴的金那么薄又用什么方法做成？为什么小铜匠会在一块铜板上钻那么一个圆眼，刻花时刻得整整齐齐？这些古怪事情实在太多了。

我生活中充满了疑问，都得我自己去找寻解答。我要知道的太多，所知道的又太少，有时便有点发愁。就为的是白日里太野，各处去看，各处去听，还各处去嗅闻，死蛇的气味，腐草的气味，屠户身上的气味，烧碗处土窑被雨以后放出的气味，要我说来虽当时无法用言语去形容，要我辨别却十分容易。蝙蝠的声音，一只黄牛当屠户把刀剚②进它喉中时叹息的声音，藏在田塍土穴中大黄喉蛇的鸣声，黑暗中鱼在水面拨刺的微声，全因到耳边时分量不同，我也记得那么清清楚楚。因此回到家里时，夜间我便做出无数稀奇古怪的梦。经常是梦向天上飞去，一直到金光闪烁中，终于大叫而醒。这些梦直到将近二十年后的如今，还常常使我在半夜里无法安眠，既把我带回到那个"过去"的空虚里去，也把我带往空幻的宇宙里去。

在我面前的世界已够宽广了，但我似乎就还得一个更宽广的世界。我

---

① ［茨（cí）棚］用茅草或芦苇盖的小棚。
② ［剚（tuán）］刺。

得用这方面得到的知识证明那方面的疑问。我得从比较中知道谁好谁坏。我得看许多业已由于好询问别人，以及好自己幻想所感觉到的世界上的新鲜事情新鲜东西。结果能逃学时我逃学，不能逃学我就只好做梦。

练 习

一、作为传记，作者写的是自己哪个阶段的生活，具体可分为几部分？

二、课文题目中的"读小书"、"读大书"，"小书"、"大书"分别指什么？两个"读"字意义是否一致？

三、作者逃学前在学校里是如何学习的？分析作者为什么要逃学？

四、阅读课文谈谈作者在逃学后主要做了什么事情？对他的人生产生了什么样的影响？

五、作者逃学这么严重，为何还能成才？你逃过学吗？如果逃过，结果怎样？谈谈你的看法。

5　比尔·盖茨的忠告

比尔·盖茨①

阅读提示

　　网上比尔·盖茨的忠告很多，这是一篇流传较广的网络帖子，在规划人生上对我们有很大的指导意义。文章第一部分讲明写此文的缘由。第二部分提出自己的忠告：接受你们能接受到的最好的教育，利用一切有利条件，学会如何学习。大学教育是广泛的，你不仅可以在其中吸收有用的信息，测试自己的能力，和别人一起探讨，验证自己的设想，更重要的是能接受全面的教育。而在人的成长生涯中，学会不断求学的能力，拓宽自身知识的广度与深度是很重要的，这将影响你的一生。

　　每年都有好几百位同学给我发来电子函件，征求我对教育方面的意见。他们想知道他们应该学什么，想了解如果像我这样从大学退学是不是正确的。有少数家长还来信来电征求我对子女教育的意见，他们问我应如何引导子女走上成功之路。

　　我对同学们的忠告是简单而发自内心的：接受你们能接受到的最好的教育；要利用中学和大学为你们创造的一切有利条件；要学会如何学习。确实，我为了创办"微软"公司从大学退了学，但是在退学前我毕竟在哈佛大学学了三年，至今我仍希望能有时间再回到哈佛大学继续学习。正如我以前说过的，除非一个人面临着人生的重大机遇，否则不应该从大学退学，即使需要也应该三思而行。俄亥州有一位六年级老师写信给我说，他的一些学生声称，因为我是一位成功者，连中学都没有毕业，因此他们也没有必要好好学习。首先要说明，我高中已经毕业了。在计算机科学的领域里，确实有好些人还没有大学毕业，但我还不知道有中学没有毕业而取

---

　　①　比尔·盖茨（1955～）又名威廉·亨利·盖茨三世爵士（William H. Gates III KBE），微软公司创始人、前微软公司主席兼首席软件架构师。文章略有改动。

得成功的人。在"微软"公司开创初期，有一名具有创新精神的业余编程员，他是个中学生，曾提出要从中学退学到公司担任专职编程员，我们没有同意。我们公司里只有很少的人没有大学毕业，但他们正边工作边念大学，我们鼓励他们坚持学习。公司在招聘雇员时会优先录用有文凭的人。

大学不仅仅是一个信息汇集的地方。大学有图书馆，拥有大量信息。你可以到图书馆学习，但要学习好不能仅仅靠读书，你还需要和别人一块学习，向别人请教，和别人探讨，验证自己的设想，测试自己的能力。因此学习不单是读书。另外学校的教育是广泛的，同学们应该并且能够接受全面的教育。在中学时代我有一段时间曾把精力集中在编制软件上，但在中学的大部分时间内，我对各门学科都感兴趣。我的父母鼓励我这样做，我是要感激父母的。大学中虽然我始终是计算机专业的学生，但我还参加了许多其他专业课程的学习。

一位家长写信给我说，她15岁的儿子沉迷在计算机中，他的网络设计课程得分为A，但其他课程的成绩不断下降。这位男孩的做法是错误的。学校为同学们学习广泛的知识提供了最好的条件，和同学们一起学习还能学会怎样依靠集体的力量。对计算机、舞蹈、语言或其他任何一门课程有深深的兴趣是好的，但不能牺牲知识的广度。我认为一些同学总把自己局限在很小的知识范围内。有些同学只看计算机方面的书，他们似乎决心将来成为一个只擅长计算机的人。对他们来说，只学习自己喜欢的一门功课或许很轻松，但是他们忽略了对广阔世界的各种知识的学习，忽略了学习如何在集体中生活，这是不幸的。

在大学生中应该考虑专业。除非所选择的专业已到了没有发展的地步，或者非你所长，在某个你感兴趣的领域中去掌握专门的知识能使你走向成功。读研究生是取得专业知识的又一条途径，尽管从纯经济学的观点讲，延长大学学习不一定是一种好的投资。但是，选择专业绝不是中学生应该考虑的事，他们应该考虑如何打好各门学科的基础。尽管中学里学习成绩的好坏和今后事业的成功与否之间没有必然的联系，但不抓住读中学的机会学习各种学科知识并且学习如何与同学合作，这是错误的。取得中学毕业证书将有助你进入一所好的大学。

练习

一、阅读课文思考比尔·盖茨在文中给了我们什么样的忠告？

二、比尔·盖茨告诉学生要接受全面的教育，理由是什么？你能说说吗？联系自身想想，只专注于自己感兴趣的专业或课程对吗？你应该怎样做？

三、在网上还有许多比尔·盖茨的忠告，请同学们搜集相关材料，出一期专题黑板报。

6 百味人生①

阅读提示

　　有三个人到商店买饮料。一个人买了一瓶果汁,说:"我喜欢甜的。"一个人买了一杯咖啡,说:"我喜欢又苦又甜的。"一个人买了一瓶矿泉水,说:"我喜欢平淡无味的。"

　　对于这个故事,每个人都有不同的感悟。这是一篇高考的材料作文。三位作者用年轻的心去体味世界,从不同角度抒写了自己不同的人生体验。仔细阅读,让我们也细细思考自己的人生。

成长的滋味

　　都说十八、九岁的女孩如初升的太阳,轻轻地走出地平线,亭亭玉立在澄澈的海面,沾着雾气,漾着柔波;都说十八、九岁的女孩如刚刚绽放的百合,缓缓扬起嘴角的笑,乖巧地含着小巧的下巴,带点稚气,透着娇媚;都说十八、九岁的女孩如透着灵气的小公主,轻跳着扯出裙角的顽皮,爱扮可爱的鬼脸,有些调皮,有些任性……我也是个十八、九岁的女孩,从小娃起,跌跌撞撞地成长为大姑娘。女孩的成长很奇妙,女孩的成长滋味多。

　　小小的童年是小小的梦,像小小的手中握的果汁,甜甜的。

　　我是个调皮的孩子。幼儿园里最疯的是我,家里最闹的是我。还记得放学跑出幼儿园,总举着脏兮兮的小手笑眯眯地扑进爸爸怀中,嘟着小嘴,扬着小脸要爸爸亲,爸爸脸上永远是宠溺的笑脸;还记得老在家里东跑西跑,这里翻那里找,弄得家里跟二战过后的战场那样,妈妈唠叨,扬言要把我送给老妖婆。可一边还是无奈地笑着在我身后收拾一地狼藉。小小的童年有小小的快乐,大大的幸福!喝一口手中的果汁,嗯,它是甜甜的。

---

① 选自 2008 年高考优秀作文,略有改动。

吾家有女初长成，花季的少女有了小小的烦恼，摇摇杯中香醇的咖啡，是什么滋味呢？

呀！额头上的痘痘，好多好多书要念，同班女生的花裙子真的好漂亮，隔壁班的男生比我们班的帅……十五、六岁的小女生总爱想些纯纯的小事情。爱想，爱烦，爱感慨！痘痘多了变丑了，好多书念着真累，我怎么没有花裙子，帅帅的男生会打球吗？唉，小女生呀小女生，什么东西那么烦，什么东西值得伤脑筋呢？这也是我，小小的花季大大的烦恼……再轻摇手中的咖啡，香气扑鼻多么美好，轻轻啜一口，嗯，它是又苦又甜的。

走出了花季，路过了雨季，十八、九岁的女孩又长大了。我是一个大姑娘，扎着高高的马尾，白色 T 恤加牛仔裤。不爱想不爱烦。手中握着一瓶娃哈哈纯净水，冰冰的凉凉的，阳光下的透彻，心里清凉。

走进了高中，栽进了书堆，干巴巴的生活要低调。乖乖地读书，乖乖地生活，乖乖地过着校园生活。有空打打球，哼哼歌，没了童年爱闹的热情，没了少年爱愁的闲情，就那样淡淡地，带点白玉兰的芬芳，嘴角牵起一丝淡淡的笑……十八、九岁的生活像纯净水，冰凉舒适、平淡。

喜欢甜蜜蜜的童年，喜欢有苦有甜的少年，也喜欢平淡清甜的十八、九的年华。我的生活很奇妙，我的生活很精彩！女孩的成长滋味多，女孩的成长滋味妙！

无痕的青春

青春的萌动来临了，那便是心上生花，长草……

——题记

我喜欢淡淡的矿泉水，不似甜的果汁，不似烧焦了般的咖啡，又苦又甜。矿泉水的味道，亦如那年的青春，消逝，无痕。

郭敬明说："青春，是一道明媚的忧伤！"说得恰到好处呢。哪一个人的青春不是在淡淡的忧伤中度过？回忆起那些细枝末节的时候，嘴角总是不自觉地轻扬，仿佛自我解嘲般的。看看，当年的自己有多傻。

过了十八岁，便自觉老成，走在校园的林荫道上，听着那一声声自认为稚嫩的"学哥"、"学姐"，心里便装满了细细碎碎的自豪，明明很有成就嘛。

"青春，犹如悬在头顶的滴瓶，看着里面的液体消失殆尽，却无能为力。"这是否就是十八岁人的写照呢？怎么就那么符合啊！在那一尾青春"夕阳"也"落山"了的时候，眸着眼睛，伸着手臂，却永远够不到山的那头，山的那头！

是谁说"少年不知愁滋味"？我看少年最知愁滋味，但那滋味永远是淡淡的，纯纯的，就像是矿泉水，喝着毫无味道，里面却含着多种矿物质。犹如青春萌动的那些情愫。

少年如花，青年便是如诗，如画。十八岁的人们，已懂得人间冷暖，心情阴晴，默默地关注着，谁也不想去揭破那一层纱，——就让它蒙着，美好而充实。

十八岁遭遇高三。在微微的抱怨之余，便是默默地接受。从此，不再张扬拔扈，细细地磨平了那棱，那角，毕竟，玩世不恭并不是我想要的生活。

喜欢穿淡蓝或白色的衣裙，和着自己的心情；喜欢喝纯净、无杂质的矿泉水，符合自己的心境；喜欢听淡淡的音乐，像是无痕的青春；喜欢写忧伤的文字，写下自己十八岁的青春。淡淡的，如矿泉水一般的文字，灼烧了每一个青年的心，不学他们的"个性"，穿着"风雨飘摇"的衣裳；不学他们的"疯狂追究"，为了某某明星，失去生命也可以；不学他们的"招摇过市"，顶着五颜六色的头发，称之为流行、时尚，不学不学，那便是我十八岁的青春。

我的青春、淡淡的，可以源远流长。

十八岁的青春，那矿泉水般的生活，犹如那枝桠间细碎的阳光，犹如夏天湛蓝无痕的天空！漫开的透明，淡淡的，我喜欢。

如水的人生

三个人走进商店，各自买了果汁、咖啡以及矿泉水，原因是他们各自喜欢甜味、又苦又甜的滋味以及淡淡的感觉。

让我们来设想一下，假若三位顾客年岁相异，恰为少年、中年人和老者。那么该是少年喜欢那甘甜，中年人品尝甜苦之味，老者享受淡淡之醇吧。将这三味推之于人生，不亦妙乎？

我们在世上走着，都要经历少年、中年及老年三个阶段，从少年到中年的蜕变，从中年至老年的风化，不啻①是身体的成长衰老，更是心智的成长，心境的渐变。

少年时，热爱那甜甜的滋味。少年总爱用美好的幻梦来装点世界。这时候的我们还单纯、还稚嫩，在激情中燃烧自己。我们"少年不识愁滋味"，我们可以自得地"指点江山，激扬文字"，我们徜徉②在对未来的希望之中，年轻气盛，尽管"粪土当年万户侯"！少年是一个热爱美好的境界，是以，许多人在少年时已崭露头角："数学王子"高斯年轻时已誉满世界；年轻的丁俊晖向世界冠军叫板；仍带着稚嫩的郎朗正优雅地为人们送来悦耳琴音……少年时，不言愁，雄赳赳地向人生进军。

中年时，已识了尝了那愁苦滋味，是以喜欢又苦又甜的感觉。人生至此，宛若一杯香茗，我们在苦味中挖掘甘醇。这又是另一境界。中年之时，事业与人生大都处于鼎盛之时，许多人生的无奈亦已尽收心底，氤氲③出了更为成熟稳重的眼光看世界。"悟已往之不谏，知来者之可追。"中年就是一种继往开来的承接时期。携幼负老，中年又是个责任的时期。惟咖啡，苦甜参半，才彰显中年之况味④与魅力。

到了老年，大约人生之百味已遍尝。互相帮助之甘甜，梦想之芬芳，责任给人的愁与乐，落井下石之苦极，过河拆桥之辛辣……最后糅杂成了什么？却是一瓶矿泉水。正如白色，其实是由七色汇聚而成。人生的最高境界，便在于饱经风霜之后，心底经过大风大浪归于平静，再大的风浪击不起心底的一丝涟漪，这便是真正的成熟，用一双真正宠辱不惊的眼睛看世间潮起潮落，花开花谢。也只有这般闲适心境，才能品味出清水虽味淡回味却永的感觉。

人生必然是这样，渐行渐远。有言曰，少年看山是山，看水是水；中年看山不是山，看水亦非水；老年看山还是山，看水仍是水。此言得之。人生就是从单纯到复杂，又归于平静简单的周而复始。而我们要做的，是享受每一种滋味，感受每一种境界，并且在这个过程中，提纯生活之意义。

---

① ［不啻 (chì)］不仅或不只。

② ［徜徉 (chángyáng)］安闲自在地步行。

③ ［氤氲 (yīnyūn)］形容烟云弥漫的样子。

④ ［况味］境况和情味。

练习

一、课文介绍人生共有哪三境？你最欣赏哪一境？请说出理由。

二、作者用饮料来描述人生？这种比方你同意吗？为什么？

三、文中作者认为在人生中"而我们要做的，是享受每一种滋味，感受每一种境界，并且在这个过程中，提纯生活之意义。"想一想，你的人生要做的是否也和他一样？

7　迈向未来的五种人[①]

Howard Gardner　栗莉　译

阅读提示

　　这是面向未来的人生规划，这五种品质既包含人的认知能力，也包含人的进取精神。让职校生知道自己怎样成为重要的人。这篇文章结构简单而严谨，层次清楚，言简意赅，说理充分，但却少了实际的事例，这正好让学生进行讨论，填补这一不足。

　　作为一个心理学研究者，几十年来我一直在琢磨人类的心理——它怎样发展，怎样构成，它的全貌又是什么样子，我也研究了人们怎样学习，怎样创造，怎样领导，怎样改变他人或者自己的想法。总体来说，我对典型的心理活动过程所做的描述感到满意——要做到这一点很不容易。

　　下面谈到五种自古以来就很重要的人。将来这样的人会更为重要。

受过专业训练的人

　　受过专业训练的人至少已经掌握一种思维方式——为某一特定学科行业或职业所独有的一种特定的认知模式。很多研究一致认为，要掌握一门学科需要花费长达十年的时间。受过专业训练的人也懂得如何持之以恒地改善其技能和理解力——拿行话来说，就是做到训练有素。一个人如果哪一行都不精通，那就注定要跟在别人屁股后面转。

善于整合的人

　　善于整合的人从各种各样的来源获取信息，对其作出客观的解释和评价，然后用一种让整合者本人及其他人能够理解的方式加以整合。过去，整合能力非常可贵，随着信息继续以令人头晕目眩的速度增长，整合能力

---

① 摘自《英语沙龙》2007 年第 10 期。

就变得更为重要了。

有创造性的人

建立在训练和整合基础上的、有创造性的人能够开辟新领域。这种人有新主意，能提出新问题，琢磨出新鲜的思维方式，找到别人想不到的答案。最后，他们的创造成果必然为知识渊博的消费者所接纳。由于这些创造成果完全植根于新领域，暂时还无章可循，所以善于创造的人要力求保持比别人至少领先一步，即便面对最高明的计算机和机器人。

尊重别人的人

由于认识到，现今的人不能再躲在自己的窝里与世隔绝，善于尊重别人的人注意到并欢迎人类个体之间及群体之间的差异，进而尽力理解这些"其他人"，并力求和他们有效地共事。在我们这个彼此相连的世界中，偏狭①或者无礼已不再是可行的选择。

有道德的人

有道德的人比尊重别人的人在一个更为抽象的层面上思考问题，他思考人的劳动本质和他所生活的社会的需求和欲望。这种人体现了劳动者怎样才能为了个人利益而工作，公民怎样才能无私地为大众谋福利。于是，有道德的人在这种理解的基础上为人做事。

上面谈到的这五种人在当今世界尤为可贵，将来更是如此．拥有这五种品质，一个人就能够很好地应付意料之中以及意料之外的事情；没有这些品质，一个人就只能任由他或她所不能理解的力量摆布，更别说控制了。这五种品质既包含人的认知能力，也包含人的进取精神——在这个意义上，它们很全面，全球适用。现在，我们知道我们下一步该怎么办了。

 练 习

一、用一句话说出这五种人为什么会是未来社会所需要的人的原因。

---

① ［偏狭（biǎn xiá）］狭隘而片面。

二、你认为孔子、比尔·盖茨、杨利伟是这五种人中的何种人，试试为这五种人各找出一到数个典型例子。

三、你将成为这五种人中的哪种人，为此你将做出怎样的努力？请用分为小点的方式来阐述你将做出的努力。

撰写自传

一、活动设计目的

学完本单元后，紧扣"人生与规划"主题，以"自传"的写作为载体，强化本单元所传导的语文知识和人文精神。

二、活动内容

教师先引导学生将单元课文与实践活动联系起来，一方面是内容上的联系，自传的写作与人生规划能够产生内在的联想；一方面是形式上的联系，本单元多篇课文都有"传"的特点，特别是《我读一本小书同时又读一本大书》，是较为典型的自传。在此基础上，教师提供自传的写法与例文材料，从理性方面与学生一起归纳写法，从感性方面与学生一起在例文中验证写法。通过一系列的动手活动，让学生在自己的头脑中过了一遍人生的经历；好的事件将起到鼓舞的作用，不好的事件找出原因，提出建议，从现在开始，自我修正。学生在活动过程中达到自我教育的目的。有了关于人生与规划的粗略感受。

作业设计为三步，在形式和内容上都包含了传统与现代的因素。

① 课后写好"我的自传"，在班级网站上共享。

② 课后搜集名人自传，在课堂上通过口语的方式进行交流，与同学们分享。

③ 课后完成作业：歌词《我是这样一个人》，在班级网站上共享。并全班海选出最有人气的一首歌词，请音乐老师帮忙谱曲。全班传唱。"我"的人生与名人的人生交相辉映，传统的教学方式与现代的教学技术互为融合，最后以时尚的方式让学生能够另类而快乐地重新阐释他们的人生。

三、活动过程指导

1. 说明活动目的

2. 自读"自传的写法"教学材料，讨论关键写法

3. 学生用简短的语词归纳，按下列提示列出提纲

① 标题

居中写《我的自传》，也可加副标题；也可点出中心的题目，如《我读一本小书同时又读一本大书》。

② 正文

外貌（可写可不写）

成长经历⎫
　　　　　⎬ 家庭及外界影响
思想演变⎭

成就收获

③ 结尾

总结及自我评说

4. 根据阅读材料写出自传

① 阅读《我读一本小书同时又读一本大书》、《老舍自传》、《鲁迅自传》，将"自传"的写法要素一一在例文中印证。

② 将白纸折成对半，写出自己迄今以来十大风云事件。好的事件写在纸的左边，不好的事件写在右边。从两方面进行分类、排序。对好事件坏事件与同桌讨论分析，并对将来提出建议。

③ 取另一张白纸，折成对半，一半写上你选择本专业的原因：是受何人或何事的影响，还是自己的选择。另一半写上你的职业理想，或是你希望将来会成为怎样的人。然后折成一架纸飞机，朝前投掷。课后由班长收拾，用线穿上，挂在教室适当地方，以当装饰，更是激励。理清线索，帮助学生将所做、所想、所写的事与自传的写法联系起来，拟写自传。

四、活动相关材料

自传是传记的一种。传记以记叙人物生平事迹为主。自传则是以记述自己的生平事迹为主。主要叙述自己的生平事迹和著作等。一般用第一人称，也有用第三人称的。写作自传体作文的第一个要求是认识自我。这个我，应该就是生活中自己的真实样子，可以这样问一下：我是谁？什么时候出生的？长相有什么特征？我是一个什么样的人？我的性格如何？我喜欢什么？不喜欢什么？我为什么会有以上的爱好与想法？我做过哪些难忘的事情？在我成长的过程中，谁对我的影响比较大？我的理想是什么？我希望自己的未来是什么？……这么问下来，做个记录，按照时间加以整理，一份较为真实的自传体作文就出来了。

老舍自传①

舒舍予，字老舍，现年四十岁，面黄无须。

生于北平，三岁失怙②，可谓无父。

志学之年，帝王不存，可谓无君。无父无君，特别孝爱老母，布尔乔亚③之仁未能一扫空也。

幼读三百千，不求甚解。

继学师范，遂奠教书匠之基。

及壮，糊口四方，教书为业，甚难发财；每购奖券，以得末彩为荣，示甘于寒贱也。

二十六岁，发愤著书，科学哲学无所懂，故写小说，博大家一笑，没什么了不得。

三十四岁结婚，今已有一女一男，均狡猾④可喜，闲时喜养花，不得其法，每每有叶无花，亦不忍弃。

书无所不读，全无所获，并不着急。教书作事，均甚认真，往往吃亏，亦不后悔。

如是而已，再活四十年也许能有点出息！

著有：《老张的哲学》，《赵子曰》，《二马》，《小坡的生日》，《猫城记》，《离婚》，《赶集》，《牛天赐传》，《樱海集》，《蛤藻集》，《骆驼祥子》，《火车集》，皆小说也。当继续再写八本，凑成二十本，可以搁笔矣。散碎文字，随写随扔；偶搜汇成集，如《老舍幽默诗文集》及《老牛破车》，亦不重视之。

---

① 选自 1938 年 2 月 1 日《宇宙风》第 60 期。
② [失怙（hù）] 失去父亲。
③ [布尔乔亚] 这里指小资产阶级。
④ [狡猾] 这里指的是小孩的机灵。

鲁 迅 自 传①

　　我于一八八一年生于浙江省绍兴府城里的一家姓周的家里。父亲是读书的；母亲姓鲁，乡下人，她以自修得到能够看书的学力。听人说，在我幼小时候，家里还有四五十亩水田，并不很愁生计。但到我十三岁时，我家忽而遭了一场很大的变故，几乎什么也没有了；我寄住在一个亲戚家里，有时还被称为乞食者。我于是决心回家，而我底②父亲又生了重病，约有三年多，死去了。我渐至于连极少的学费也无法可想；我底母亲便给我筹办了一点旅费，教我去寻无需学费的学校去，因为我总不肯学做幕友或商人，——这是我乡衰落了的读书人家子弟所常走的两条路。

　　其时我是十八岁，便旅行到南京，考入水师学堂了，分在机关科。大约过了半年，我又走出，改进矿路学堂去学开矿，毕业之后，即被派往日本去留学。但待到在东京的预备学校毕业，我已经决意要学医了。原因之一是因为我确知道了新的医学对于日本维新有很大的助力。我于是进了仙台医学专门学校，学了两年。这时正值俄日战争，我偶然在电影上看见一个中国人因做侦探而将被斩，因此又觉得在中国医好几个人也无用，还应该有较为广大的运动……先提倡新文艺。我便弃了学籍，再到东京，和几个朋友立了些小计划，但都陆续失败了。我又想往德国去，也失败了。终于，因为我底母亲和几个别的人很希望我有经济上的帮助，我便回到中国来；这时我是二十九岁。

　　我一回国，就在浙江杭州的两级师范学堂做化学和生理学教员，第二年就走出，到绍兴中学堂去做教务长，第三年又走出，没有地方可去，想在一个书店去做编译员，到底被拒绝了。但革命也就发生，绍兴光复后，我做了师范学校的校长。革命政府在南京成立，教育部长招我去做部员，移入北京；后来又兼做北京大学、师范大学、女子师范大学的国文系讲师。

到一九二六年，有几个学者到段祺瑞①政府去告密，说我不好，要捕拿我，我便因了朋友林语堂②的帮助逃到厦门，去做厦门大学教授，十二月走出，到广东做了中山大学教授，四月辞职，九月出广东，一直住在上海。

我在留学时候，只在杂志上登过几篇不好的文章。初做小说是一九一八年，因为一个朋友钱玄同③的劝告，做来登在《新青年》上的。这时才用"鲁迅"的笔名；也常用别的名字做一点短论。现在汇印成书的有两本短篇小说集：《呐喊》，《彷徨》。一本论文，一本回忆记，一本散文诗，四本短评。别的，除翻译不计外，印成的又有一本《中国小说史略》和一本编定的《唐宋传奇集》。

一九三〇年五月十六日

---

① 〔段祺瑞（1864～1936）〕字芝泉，安徽合肥人，北洋军阀皖系首领。1924 年至 1926 年任北洋政府"临时执政"。1926 年他制造了镇压群众反帝爱国运动的三一八惨案。事后又发布秘密通缉令，据 1926 年 3 月 26 日《京报》披露，"该项通缉令所罗织之罪犯闻竟有五十人之多，如……周树人（即鲁迅）、许寿裳……均包括在内，闻所开五十人中之学界部分，系（教长）马君武亲笔开列"。

② 〔林语堂（1894～1976）〕福建龙溪人，作家。曾留学美国、德国，回国后在北京大学、北京女子师范大学等校任教。《语丝》撰稿人之一。30 年代在上海编辑《论语》、《人间世》等刊物，提倡幽默和闲适。1926 年 6 月他任厦门大学文科主任兼国学研究院秘书时，曾推荐鲁迅到厦门大学任教。

③ 〔钱玄同（1887～1939）〕语文改革活动家、文字音韵学家、中国"五四"新文化运动的倡导者之一、著名思想家。

第二单元

诚信与操守

单元说明

可以这样说，文本阅读的人文意义正在超越语文技巧，成为语文学习的最大目的。是的，我们解读一篇篇多彩多姿的文章，首先要达到的目标是理解体会作者传递出来的思想、志趣、情感，从中获得美丑善恶是非的审美和判断，其次才是语言表达能力的提升和相关技艺的娴熟。我们人人都应当具备健全的人格和基本的人文素养，却不是人人都必得成为满腹经纶的学者或是文学家。

这个单元的话题名为"诚信与操守"，探讨人们所应该具备的道德操守与修养品质。生活中感动我们的都是什么样的精神品质呢？这个物质丰富的时代，什么要比金钱更值得我们珍惜呢？

我们不再提倡苦行僧式的道德修为，道德与致富并不是一对对立矛盾的关系，贫穷也不等同于良好的道德品性。《叔向贺贫》用生动的事例告诉我们，值得人们关心的首先是建德而不是致富。俭以养德、德以持身，在今天依然有现实意义。

我们要建立怎样的品质德行呢？《石缝间的生命》视角越过熟见的森林繁华，落在石缝间倔强的野草、山花和松柏上，它们展示给我们的不仅"是装点荒山枯岭的层层葱绿"，更向我们"揭示出美的、壮丽的心灵世界"。生命就是拼搏，"生命正是要在最困厄的境遇中发现自己，认识自己，从而锤炼自己"。

不止是顽强不屈，我们还时刻都要锤炼自己。这不仅仅是成才的条件，更是做人的目的。杨绛先生在《人不炼不成器》中启示我们，只有平心静气从灵魂上去磨砺自己的意志品质，才能得到灵魂的升华。

善良与纯真在艰难困厄的环境映衬下尤其显得美丽和珍贵，一本《遗失的日记》的旅行过程，正是这美好灵魂的闪光。其实在生活中处处可见美好的事物，只要你肯沉下心去体察，去认真地生活。

坚持理想，保持忠诚，需要非凡的勇气和斗志。有时候，还要付出生命的代价。海明威《忠心不二的公牛》给了我们一个坚持的榜样。而高尔斯华绥的《品质》则为人们塑造了一个勤勉敬业却又命运悲惨的老制鞋匠的感人形象，他身上的职业操守折射出的是认真、诚信，是抗衡商业社会金钱、物质至上价值观的人格精神。

人的最高精神境界是什么？瞿秋白用他短暂的一生给了人们振聋发聩的回答：是为国为民的探索，是济世的情怀，是坚定的牺牲，人格的成全——真正的完美，是不肯粉饰自己的不完美。当他向自己举起解剖刀的时刻，他的人生便达到了世人难以企及的高度。他是大写的人。

本单元七篇文章，既有小说，也有散文；既有外国诺贝尔文学奖作家的著名作品，也有我国古代的国学经文；既有写人的传记文章，也有叙事的追忆往事，还有以议论为主的哲理文章；既有代代相习的传统课文，也有近十几年声口传诵的新经典。可以说，内容纷呈，风格各异。

在写作方法上，本单元几篇课文各有特点。同样运用了对比的写法，《觅渡，觅渡，渡何处》采用层层推进的手法，《叔向贺贫》则用对话中举例来阐明观点。《石缝间的生命》由野草到松柏，由小到大，层层递进，生命力逐渐蓬勃强大。有的课文以时间为序组织材料，例如《遗失的日记》和《品质》。而《人不炼不成器》在说理上则由小（平心）到大（平天下）再由大到小反复论述。在语言风格上，《石缝间的生命》因为讴歌生命的不屈，热情明亮，充满阳光；《觅渡，觅渡，渡何处》描写了瞿秋白短暂而坎坷的一生，为了信仰取义却为一些后人所误解，所以作者笔调苍凉，饱蘸忧伤惋惜之情，流露出不平之鸣。两位女作家文字朴素从容，不加矫饰，但张抗抗浅淡雅致，杨绛先生则沉着老道，是经历了九十年华后的不动声色。两位外国作家，海明威语带讥诮，桀骜不驯，充满了批判精神；高尔斯华绥却质朴细致，满怀悲天悯人的情怀。而出自《国语》的《叔向贺贫》，阐述观点时流畅如水，气势如虹，不容置辩。这都是我们在学习文章时应该用心品味的。

8 石缝间的生命①

林 希

阅读提示

《石缝间的生命》写于 1983 年。那正是中国大地百废待兴的时期，中国人民度尽劫波、重拾信心建设自己的祖国和精神家园。作者在当时写作本文，有着特殊的意义。即使在今天读来，仍然具有震撼力和启迪性。

大自然并非对每个生命都施以恩惠。有时，有些生命所面对的生存环境异常艰难窘迫，而能在这种困境中顽强生存的生命，自有其震憾人心的力量。《石缝间的生命》是一篇激情勃发的抒情散文，涌动着对高扬的生命力的礼赞。"石缝间的生命"，就其特定的时代来说，就是伟大而饱受沧桑的中国人民的象征。时代赋予作家以深邃的构思，也是时代赋予作品以强者哲学的壮音。因此，这篇散文又是一曲富于时代情绪的对人民中优秀分子的赞歌。

这篇托物言志的散文，通过对"撒落到天涯海角"的石缝间的生命野草、蒲公英和松柏这三者的描述，赞美了石缝间的生命那种倔强和崇高的品格，阐述了生命的内涵就是拼搏，启示我们：要做驾驭生活的强者。

石缝间倔强的生命，常使我感动得潸然泪下②。

是那不定的风把那无人采撷③的种子撒落到海角天涯。当它们不能再找到泥土，便把最后的一线生的希望寄托在这一线石缝里。尽管它们也能从阳光里分享到温暖，从雨水里得到湿润，而唯一那一切生命赖以生存的土

---

① 选自 1983 年 9 月 10 日《人民日报》，略有改动。林希，我国当代作家。1935 年生于天津，原名侯红鹅。出版有诗集 4 部。1989 年后改写小说，其中中篇小说《"小的儿"》获第一届鲁迅文学特别奖。

② 〔潸（shān）然泪下〕流泪的样子。

③ 〔采撷（xié）〕采摘；采集。

壤却要自己去寻找。它们面对着的现实该是多么严峻①。

于是，大自然出现了惊人的奇迹，不毛②的石缝间丛生③出倔强的生命。

或者就是一簇一簇无名的野草，春绿秋黄，岁岁枯荣。它们没有条件生长宽阔的叶子，因为它们寻找不到足以使草叶肥厚的营养，它们有的只是三两片长长的细瘦的薄叶，那细微的叶脉告知你生存该是多么艰难；更有的，它们就在一簇一簇瘦叶下自己生出根须，只为了少向母体吮吸④一点乳汁，然后自去寻找那不易觉察到的石缝。这就是生命。如果这是一种本能，那么它正说明生命的本能是多么尊贵，生命有权自认为辉煌壮丽，生机竟是这样的不可扼制⑤。

或者就是一团一团小小的山花，大多又都是那苦苦的蒲公英。它们的茎叶里涌动着苦味的乳白色的浆汁，它们的根须在春天被人们挖去作野菜。而石缝间的蒲公英，却远不似田野上的同宗生长得那样茁壮。它们因山风的凶狂而不能长成高高的躯干，它们因山石的贫瘠⑥而不能拥有众多的叶片，它们的茎显得坚韧⑦而苍老，它们的叶因枯萎而失却光泽；只有它的根竟似那柔韧而又强固的筋条，似那柔中有刚的藤蔓⑧，深埋在石缝间狭隘的间隙里；它们已经不再去为人们作佐餐的鲜嫩的野菜，却默默地为攀登山路的人准备了一个可靠的抓手⑨。生命就是这样被环境规定着，又被环境改变着，适者生存的规律尽管无情，但一切的适者都是战胜环境的强者，生命现象告诉你，生命就是拼搏。

如果石缝间只有这些小花小草，也许还只能引起人们的哀怜⑩；而最为令人赞叹的，就在那石岩的缝隙间，还生长着参天的松柏，雄伟苍劲，巍峨挺拔。它们使高山有了灵气，使一切的生命在它们的面前显得苍白逊色。它们的躯干就是这样顽强地从石缝间生长出来，扭曲的，旋转的，每一寸

---

① ［严峻］这里指严厉苛酷。
② ［不毛］形容土地荒凉、贫瘠。
③ ［丛生］草木聚集在一处生长。也指事情、毛病同时发生。这里指前者。
④ ［吮吸］把嘴唇聚拢吸取东西。
⑤ ［扼制］把守、控制。
⑥ ［贫瘠］本义指土地薄、不肥沃。
⑦ ［坚韧］坚固有韧性。
⑧ ［藤蔓（wàn）］藤本植物的枝条。
⑨ ［抓手］拉手。
⑩ ［哀怜］对别人的不幸遭遇表示同情。

树皮上都结痂①着伤疤。向上，向上，向上是多么地艰难。每生长一寸都要经过几度寒暑，几度春秋。然而它们终于长成了高树，伸展开了繁茂的枝干，团簇②着永不凋落的针叶，它们耸立在悬崖断壁上，耸立在高山峻岭的峰巅，只有那盘结③在石崖上的树根在无声地向你述说，它们的生长是一次多么艰难的拼搏。那粗如巨蟒、细如草蛇的树根，盘根错节④，从一个石缝扎进去，又从另一石缝间钻出来，于是沿着无情的青石，它们延伸过去，像犀利⑤的鹰爪抓住了它栖身⑥的岩石。有时，一株松柏，它的根须竟要爬满半壁山崖，似把累累⑦的山石用一根粗粗的缆绳紧紧地缚住，由此，它们才能迎击狂风暴雨的侵袭⑧，它们才终于在不属于自己的生存空间为自己占有了一片土地。

如果一切的生命都不屑于去石缝间寻求立足的天地，那么，世界上就会有一大片一大片的地方成为永远的死寂⑨。飞鸟无处栖身，一切借花草树木赖以生存的生命就要绝迹，那里便会沦为永无开化⑩之日的永远的黑暗。如果一切的生命只贪恋于黑黝黝的沃土，它们又如何完备自己驾驶环境的能力，又如何使自己在一代一代的繁衍中变得愈加坚强呢？世界就是如此奇妙。试想，那石缝间野草，一旦将它们的草籽儿撒落在肥沃的大地上，它们一定会比未过风雨考验的娇嫩的种子具有更为旺盛的生机，长得更显繁茂；试想，那石缝间的蒲公英，一旦它们的种子，撑着团团的絮伞，随风飘向湿润的乡野，它们一定会比其它的花卉生长得苗壮，更能经暑耐寒。至于那顽强的松柏，它本来就是生命的崇高体现，是毅力和意志最完美的象征，它给一切的生命以鼓舞，以榜样。

愿一切生命不致因飘落在石缝间而凄凄艾艾⑪。愿一切生命都敢于去寻

---

① ［结痂］伤口处结疤。
② ［团簇］这里是团团围合在一起的意思。
③ ［盘结］旋绕。
④ ［盘根错节］树根盘绕，木节交错。比喻事情繁难复杂，不易解决。
⑤ ［犀利］形容武器、语言等锋利、锐利。
⑥ ［栖（qī）身］多指暂时的居住。
⑦ ［累累（lěilěi）］屡屡，也指累积得多。
⑧ ［侵袭］侵入而袭击。
⑨ ［死寂］非常寂静，没有一点声音。
⑩ ［开化］由原始状态进入有文化的状态。也指江河大地解冻。
⑪ ［凄凄艾艾（yì）］形容为个人的遭遇悲伤难过，自怜自艾。

求最艰苦的环境。生命正是要在最困厄①的境遇中发现自己，认识自己，从而锤炼②自己。使自己的精神境界得到升华。

石缝间顽强的生命，它即是生物学的，又是哲学的，是生物学和哲学的统一。它又是美学的：作为一种美学现象，它展现给你的不仅是装点荒山枯岭的层层葱绿，它更向你揭示出美的、壮丽的心灵世界。

石缝间顽强的生命，它是具有如此震慑③人们心灵的情感力量，它使我们赖以生存的这个星球变得神奇辉煌。

一九八三年

练 习

一、作者通过描写石缝间的生命，赞扬了怎样的精神？

二、细读课文，说说作者是怎样围绕主题，选择三种不同的植物进行具体的描写的。

三、作者说："生命就是这样地被环境规定着，又被环境改变着，适者生存的规律尽管无情，但一切的适者都是战胜环境的强者，生命现象告诉你，生命就是拼搏。"结合自己或身边的实例，谈谈你对这句话的理解。

四、文章结尾说"石缝间顽强的生命，它是具有如此震慑人们心灵的情感力量"。从文中看，这种"力量"表现在哪些方面？

五、搜集与《石缝间的生命》旨趣相近的名言佳句和与课文内容、题材相关的文章，并在同学间交流。

---

① ［困厄］处境艰难窘迫。
② ［锤炼］磨练。也指刻苦钻研，反复琢磨使艺术精炼、纯熟。这里指前者。
③ ［震慑］使受到震动并害怕。

9　觅渡，觅渡，渡何处①

梁　衡

阅读提示

　　1899年，腐朽的清王朝在血雨腥风中摇摇欲坠，挣扎、屈服、渐渐没顶。

　　1935年，星星之火已经燃遍中华大地，浩荡的长征正在改写民族的命运。

　　三十六年，对华夏历史的长河而言，是白驹过隙的一瞬，然而对于他来说，却是大悲大喜、波澜起伏的毕生。他将这仅有的三十六年献给了一次旷古的探索，中华民族因此找到了一条崛起之路。而他的生命，却被狂流无情地吞没，只留下弥漫天地的才情，让后来人扼腕叹息，无法释怀。

　　他就是瞿秋白，被蔡元培称为"中国的才子"，让鲁迅感慨"人生得一知己足矣"。当后人追封他为"伟大的马克思主义者、卓越的无产阶级革命家、理论家"时，他，却早已经远去。

　　梁衡的这篇纪念文章，把瞿秋白的一生比作"一幅永远读不完的名画"，通过对比、衬托的手法，展现瞿秋白对生、对死、对名的态度，表现了他以天下为己任的博大胸怀、面对死亡的坚持追求、从容自若的精神以及抛切虚名、坦荡真实的操守，"宁肯舍其事而成其心"，他是大写的人。

　　文章把瞿秋白与梁实秋、陈望道，与丁玲、郑振铎等人进行对比，来烘染瞿秋白的精神。在结构上，文章采用层进的写法，步步深入，

　　①　选自梁衡《觅渡》，中国人民大学出版社出版。梁衡，1946年出生，山西人。历任《内蒙古日报》记者、《光明日报》记者、国家新闻出版署副署长、中国记协常务理事。现任《人民日报》副总编辑、中国作家协会全委会委员。作品有科学史章回小说《数理化通俗演义》，新闻三部曲《没有新闻的角落》、《新闻绿叶的脉络》、《新闻原理的思考》，散文集《只求新去处》、《名山大川》、《人杰鬼雄》，政论集《继承与超越》。有《梁衡文集》九卷。曾获青年文学奖、赵树理文学奖、全国优秀科普作品奖等。

从书生从政到柔弱之躯从容就义，再到牺牲之前严厉解剖自己，人物形象渐次鲜明高大，对瞿秋白来说，"探索比到达更可贵"的思想隆然高起。

此外，文章几个主要段落的开头，还进行了反向的假设，强调了人们对瞿秋白同志的深深怀念和缅怀他的原因。

常州城里那座不大的瞿秋白①的纪念馆我已经去过三次。从第一次看到那个黑旧的房舍，我就想写篇文章。但是六个年头过去了，还是没有写出。瞿秋白实在是一个谜，他太博大深邃，让你看不清摸不透，无从写起但又放不下笔。去年我第三次访秋白故居时正值他牺牲六十周年，地方上和北京都在筹备关于他的讨论会。他就义时才三十六岁，可人们已经纪念他六十年，而且还会永远纪念下去。是因为他当过党的领袖？是因为他的文学成就？是因为他的才气？是，又不全是。他短短的一生就像一幅永远读不完的名画。

我第一次到纪念馆是一九九〇年。纪念馆本是一间瞿家的旧祠堂②，祠堂前原有一条河，叫觅渡河。一听这名字我就心中一惊，觅渡，觅渡，渡在何处？瞿秋白是以职业革命家自许③的，但从这个渡口出发并没有让他走出一条路。"八七会议"④ 他受命于白色恐怖之中，以一副柔弱的书生之肩，挑起了统帅全党的重担，发出武装斗争的吼声。但是他随即被王明，被自己的人一巴掌打倒，永不重用。后来在长征时又借口他有病，不带他北上。而比他年纪大身体弱的徐特立、谢觉哉等都安然到达陕北，活到了建国。他其实不是被国民党杀的，是为"左"倾路线⑤所杀。是自己的人按住了他

---

① 瞿秋白（1899～1935）原名瞿双，后改名瞿霜、瞿爽。江苏常州人。伟大的马克思主义者，卓越的无产阶级革命家、理论家，中国革命文学事业的重要奠基者之一，中国共产党早期主要领导人之一。

② ［祠（cí）堂］旧时祭祀祖宗或贤人的厅堂。

③ ［自许］这里是自我评价。

④ ［八七会议］1927 年 8 月 7 日中共中央在汉口召开的紧急会议。会议清算了大革命后期以陈独秀为代表的右倾投降主义错误，通过了土地革命和武装反抗国民党反动派屠杀政策的总方针，选出了由瞿秋白主持中央领导工作的临时中央政治局。这次会议对于挽救大革命失败所造成的危局，实现党的战略转变起了重要作用。

⑤ ［"左"倾路线］在革命斗争中表现急躁盲动的思想，表现为左倾冒险主义、左倾盲动主义。

的脖子，好让敌人的屠刀来砍。而他先是仔细地独白①，然后就去从容就义。

　　如果秋白是一个如李逵②式的人物，大喊一声："你朝爷爷砍吧，二十年后又是一条好汉。"也许人们早已把他忘掉。他是一个书生啊，一个典型的中国知识分子，你看他的照片，一副多么秀气但又有几分苍白的面容。他一开始就不是舞枪弄刀的人。他在黄埔军校讲课，在上海大学讲课，他的才华熠熠③闪光，听课的人挤满礼堂，爬上窗台，甚至连学校的教师也挤进来听。后来成为大作家的丁玲，这时也在台下瞪着一双稚气的大眼睛。瞿秋白的文才曾是怎样折服了一代人。后来成为文化史专家、新中国文化部副部长的郑振铎，当时准备结婚，想求秋白刻一对印，秋白开的润格④是五十元。郑付不起转而求茅盾。婚礼那天，秋白手提一手绢小包，说来送金五十，郑不胜惶恐⑤，打开一看却是两方⑥石印。可想他当时的治印⑦水平。秋白被排挤⑧离开党的领导岗位后，转而为文，短短几年他的著译竟有五百万字。鲁迅与他之间的敬重和友谊，就像马克思与恩格斯一样地完美。秋白夫妻到上海住鲁迅家中，鲁迅和许广平睡地板，而将床铺让给他们。秋白被捕后鲁迅立即组织营救，他就义后鲁迅又亲自为他编文集，装帧和用料在当时都是第一流的⑨。秋白与鲁迅、茅盾、郑振铎这些现代文化史上的高峰，也是齐肩至顶⑩的啊，他应该知道自己身躯内所含的文化价值，应该到书斋里去实现这个价值。但是他没有，他目睹人民沉浮于水火，目睹

---

　　① ［独白］无人在场的自言自语，此处指独自抒发感情。
　　② ［李逵］古典名著《水浒传》中一百单八将之一，绰号黑旋风，为人心粗胆大、率直忠诚、仗义疏财。他也是水浒中最鲁莽的人物。
　　③ ［熠熠（yi）］闪烁的样子。
　　④ ［润格］旧指为人做诗、做画等所定的报酬标准。
　　⑤ ［惶恐］惶惧惊恐。
　　⑥ ［方］这里做量词用，用于指方形的东西。
　　⑦ ［治印］篆刻，刻印章。
　　⑧ ［排挤］利用势力或手段使不利于自己的人失去地位或利益。
　　⑨ ［"鲁迅又亲自为他编文集……"］这部文集即《海上述林》，瞿秋白的译文集。在瞿秋白被国民党反动派杀害后，由鲁迅搜集、编辑和出版，分上下两卷，1936年5月出版。收入瞿秋白编译的马克思、恩格斯、列宁、普列汉诺夫、拉法格等人的文学论文，以及所译的高尔基的创作和论文。值得一提的是，鲁迅是以"诸夏怀霜社"的名义，把本书送交开明书店出版的，表达了华夏人民怀念瞿秋白的深刻含义。
　　⑩ ［齐肩至顶］齐肩，指两者高度相等。齐肩至顶，意即两人才华学识不相上下，才堪比肩。

党濒于灭顶①，他振臂一呼，跃向黑暗。只要能为社会的前进照亮一步之路，他就毅然举全身而自燃。他的俄文水平在当时的中国是数一数二了，他曾发宏愿，要将俄国文学名著介绍到中国来，他牺牲后鲁迅感叹说，本来《死魂灵》由秋白来译是最合适的。这使我想起另一件事。和秋白同时代的有一个人叫梁实秋，在抗日高潮中仍大写悠闲文字，被左翼作家批评为"抗战无关论"。他自我辩解说，人在情急时固然可以操起菜刀杀人，但杀人毕竟不是菜刀的使命。他还是一直弄他的纯文学，后来确实也成就很高，一人独立译完了《莎士比亚全集》。现在，当我们很大度地承认梁实秋的贡献时，更不该忘记秋白这样的，情急用菜刀去救国救民，甚至连自己的珠玉之身也扑上去的人。如果他不这样做，留把菜刀作后用，留得青山来养柴，在文坛上他也会成为一个、甚至十个梁实秋。但是他没有。

　　如果秋白的骨头像他的身体一样地柔弱，他一被捕就招供认罪，那么历史也早就忘了他。革命史上有多少英雄就有多少叛徒。曾是共产党总书记的向忠发、政治局委员的顾顺章，都有一个工人阶级的好出身，但是一被逮捕，就立即招供。至于陈公博、周佛海、张国焘等高干，还可以举出不少。而秋白偏偏以柔弱之躯演出一场泰山崩于前而不动的英雄戏。他刚被捕时敌人并不明他的身份，他自称是一名医生，在狱中读书写字，连监狱长也求他开方看病。其实，他实实在在是一个书生、画家、医生，除了名字是假的，这些身份对他来说一个都不假。这时上海的鲁迅等正在设法营救他。但是一个听过他讲课的叛徒终于认出了他。特务乘其不备突然大喊一声："瞿秋白！"他却木然无应。敌人无法，只好把叛徒拉出当面对质。这时他却淡淡一笑说："既然你们已认出了我，我就是瞿秋白。过去我写的那份供词就权当小说去读吧。"蒋介石听说抓到了瞿秋白，急电宋希濂去处理此事，宋在黄埔时听过他的课，执学生礼②，想以师生之情劝其降，并派军医为之治病。他死意已决，说："减轻一点痛苦是可以的，要治好病就大可不必了。"当一个人从道理上明白了生死大义之后，他就获得了最大的坚强和最大的从容。这是靠肉体的耐力和感情的倾注所无法达到的，理性的力量就像轨道的延伸一样坚定。一个真正的知识分子向来是以理行事，所

---

① ［灭顶］指水没过头顶，比喻致命的灾祸。
② ［执学生礼］指应守学生对待恩师的礼节。

谓士可杀而不可辱。文天祥被捕，跳水、撞墙，唯求一死。鲁迅受到恐吓，出门都不带钥匙，以示不归之志。毛泽东赞扬朱自清宁可饿死，也不吃美国的救济粉。秋白正是这样一个典型的已达到自由阶段的知识分子。蒋介石威胁利诱实在不能使之屈服，遂下令枪决。刑前，秋白唱《国际歌》，唱红军歌曲，泰然自行至刑场，高呼"中国共产党万岁"，盘腿席地而坐，令敌开枪。从被捕到就义，这里没有一点死的畏惧。

如果秋白就这样高呼口号为革命献身，人们也许还不会这样长久地怀念他研究他。他偏偏在临死前又抢着写了一篇《多余的话》①，这在一般人看来真是多余。我们看他短短一生斗争何等坚决，他在国共合作中对国民党右派的批驳、在党内对陈独秀右倾路线的批判何等犀利②，他主持"八七会议"，决定武装斗争，永远功彪史册，他在监狱中从容斗敌，最后英勇就义，泣天地恸鬼神。这是一个多么完整的句号。但是他不肯，他觉得自己实在藐小③，实在愧对党的领袖这个称号，于是用解剖刀，将自己的灵魂仔仔细细地剖析④了一遍。别人看到的他是一个光明的结论，他在这里却非要说一说光明之前的暗淡，或者光明后面的阴影。这又是一种惊人的平静。就像敌人要给他治病时，他说：不必了。他将生命看得很淡。现在，为了做人，他又将虚名⑤看得很淡。他认为自己是从绅士家庭，从旧文人走向革命的，他在新与旧的斗争中受着煎熬⑥，在文学爱好与政治责任的抉择中受着煎熬。他说以后旧文人将再不会有了，他要将这个典型，这个痛苦的改造过程如实地录下，献给后人。他说过："光明和火焰从地心里钻出来的时候，难免要经过好几次的尝试，试探自己的道路，锻炼自己的力量。"他不但解剖了自己的灵魂，在这《多余的话》里还嘱咐死后请解剖他的尸体，因为他是一个得了多年肺病的人。这又是他的伟大，他的无私。我们可以

---

① ［《多余的话》］瞿秋白狱中绝笔，为自传性的文章，近两万字，分"何必说（代序）"、"历史的误会"、"脆弱的二元人物"、"我和马克思主义"、"盲动主义和立三路线"、"文人"和"告别"七个部分。文章开头以《诗经·黍离》中"知我者，谓我心忧；不知我者，谓我何求"作为引言。

② ［犀利］坚固锐利，又形容语言、文辞、感觉、目光等的尖锐锋利。

③ ［藐小］微小。

④ ［剖析］辨析、分析。

⑤ ［虚名］指不符实际的声誉，也指空虚的名称。这里指前者。

⑥ ［煎熬］比喻焦虑、痛苦；受折磨。

对比一下世上有多少人都在涂脂抹粉①，挖空心思地打扮自己的历史，极力隐恶扬善②。特别是一些地位越高的人越爱这样做，别人也帮他这样做，所谓为尊者讳③。而他却不肯。作为领袖，人们希望他内外都是彻底的鲜红，而他却固执地说：不，我是一个多重色彩的人。在一般人是把人生投入革命，在他是把革命投入人生，革命是他人生实验的一部分。当我们只看他的事业，看他从容赴死时，他是一座平原的高山，令人崇敬；当我们再看他对自己的解剖时，他更是一座下临深谷的高峰，风鸣林吼，奇绝险峻，给人更多的思考。他是一个内心既纵横交错，又坦荡如一张白纸的人。

我在这间旧祠堂里，一年年地来去，一次次地徘徊，我想象着当年门前的小河，河上来往觅渡的小舟。秋白就是从这里出发，到上海办学，后来又在上海会见鲁迅；到广州参与国共合作，去会孙中山；到苏俄去当记者，去参加共产国际会议；到九江去主持"八七会议"，发起武装斗争；到江西苏区去主持教育工作。他生命短促，行色匆匆。他出门登舟之时一定想到"野渡无人舟自横"④，想到"轻解罗裙，独上兰舟"⑤。那是一种多么悠闲⑥的生活，多么美的诗句，是一个多么宁静的港湾。他在《多余的话》里一再表达他对文学的热爱。他多么想靠上那个码头，但他没有，直到临死的前一刻他还在探究⑦生命的归宿。他一生都在觅渡，但是到最后也没有傍⑧到一个好的码头，这实在是一个悲剧。但正是这悲剧的遗憾，人们才这样以其生命的一倍、两倍、十倍的岁月去纪念他。如果他一开始就不闹什么革命，只要随便拔下身上的一根汗毛⑨，悉心⑩培植，他也会成为著名的

---

① ［涂脂抹粉］搽胭脂抹粉，指妇女打扮。比喻为遮掩丑恶的本质而粉饰打扮。

② ［隐恶扬善］不谈人的坏处，光宣扬人的好处。隐，隐匿；扬，宣扬。

③ ［为尊者讳］意思说自觉主动替身处高位的人或长辈避讳，藏匿他们的缺点或不光彩的事。讳，避忌，有顾忌不敢说或不愿说。

④ ［野渡无人舟自横］出自唐代韦应物的《滁州西涧》："独怜幽草涧边生，上有黄鹂深树鸣。春潮带雨晚来急，野渡无人舟自横。"

⑤ ［轻解罗裙，独上兰舟］出自李清照《一剪梅》"红藕香残玉蕈秋，轻解罗裳，独上兰舟。云中谁寄锦书来？雁字回时，月满西楼。花自飘零水自流。一种相思，两处闲愁。此情无计可消除。才下眉头，却上心头。"

⑥ ［悠闲］从容闲适而无所牵挂。

⑦ ［探究］探索研究。

⑧ ［傍］靠。

⑨ ［汗（hàn）毛］寒毛。

⑩ ［悉心］尽心；全心。

作家、翻译家、金石家、书法家或者名医。梁实秋、徐志摩现在不是尚享后人之飨①吗？如果他革命之后，又拨转船头，退而治学呢，仍然可以成为一个文坛泰斗②。与他同时代的陈望道，本来是和陈独秀一起筹建共产党的，后来退而研究修辞，著《修辞学发凡》，成了中国修辞第一人，人们也记住了他。可是秋白没有这样做。就像一个美女偏不肯去演戏，像一个高个儿男子偏不肯去打球。他另有所求，但又求而无获，甚至被人误会。一个人无才也就罢了，或者有一分才干成了一件事也罢了。最可惜的是他有十分才只干成了一件事，甚而一件也没有干成，这才叫后人惋惜。你看岳飞的诗词写得多好，他是有文才的，但世人只记住了他的武功。辛弃疾是有武才的，他年轻时率一万义军反金投宋，但南宋政府不用，他只能"醉里挑灯看剑，梦回吹角连营③"，后人也只知他的诗才。瞿秋白以文人为政，又因政事之败而返观④人生。如果他只是慷慨就义再不说什么，也许他早已没入历史的年轮。但是他又说了一些看似多余的话，他觉得探索比到达更可贵。当年项羽兵败，虽前有渡船，却拒不渡河。项羽如果为刘邦所杀，或者他失败后再渡乌江，都不如临江自刎这样留给历史永远的回味。项羽面对生的希望却举起了一把自刎的剑，秋白在将要英名流芳时却举起了一把解剖刀，他们都将行将⑤定格⑥的生命的价值又推上了一层。哲人⑦者，宁肯舍其事而成其心。

秋白不朽。

一九九六年六月二十五日

---

① ［尚享后人之飨 xiǎng］尚飨，也作"尚享"，旧时用作祭文的结语，表示希望死者来享用祭品的意思。这里是享受后人的祭祀、怀念。

② ［泰斗］泰山北斗，比喻德高望重或有卓越成就而为众人所敬仰的人。

③ ［"醉里挑灯看剑，梦回吹角连营"］出自辛弃疾《破阵子·为陈同甫赋壮词以寄》："醉里挑灯看剑，梦回吹角连营。八百里分麾下炙，五十弦翻塞外声，沙场秋点兵。马作的卢飞快，弓如霹雳弦惊。了却君王天下事，赢得生前身后名。可怜白发生！"

④ ［返观］回头看。

⑤ ［行将］不久就要；将要。

⑥ ［定格］电影、电视片的活动画面突然停止在某一个画面上。这里指停顿不变。

⑦ ［哲人］才智卓越的人。

练 习

一、本文为什么要以《觅渡，觅渡，渡何处》为题？有何含义？

二、课文提到了瞿秋白一生中的哪几个选择？在作者梁衡眼里，瞿秋白"是一个谜，是一幅永远读不完的名画"，那么，在瞿秋白的这几个选择中，哪一个选择是最大的"谜团"、最令人难以看透？你能看得透吗？

三、作者认为，瞿秋白值得人们永远怀念的崇高之处有哪些？你个人认为瞿秋白最值得敬佩的一点是什么？

四、课文语言含蓄婉转，回味悠长。理解下面句子的含义。

1. 他目睹人民沉浮于水火，目睹党濒于灭顶，他振臂一呼，跃向黑暗。只要能为社会的前进照亮一步之路，他就毅然举全身而自燃。

2. 现在，当我们很大度地承认梁实秋的贡献时，更不该忘记秋白这样的，情急用菜刀去救国救民，甚至连自己的珠玉之身也扑上去的人。如果他不这样做，留把菜刀作后用，留得青山来养柴，在文坛上他也会成为一个、甚至十个梁实秋。但是他没有。

3. 他偏偏在临死前又抢着写了一篇《多余的话》，这在一般人看来真是多余。（你觉得《多余的话》多余吗？为什么？作者的真正话意又是什么？）

4. 他一生都在觅渡，但是到最后也没有傍到一个好的码头，这实在是一个悲剧。

5. 当我们只看他的事业，看他从容赴死时，他是一座平原的高山，令人崇敬；当我们再看他对自己的解剖时，他更是一座下临深谷的高峰，风鸣林吼，奇绝险峻，给人更多的思考。

五、瞿秋白的死，无疑是一个悲剧。造成这个悲剧的原因有哪些？

【附录一】　瞿秋白简介

瞿秋白（1899～1935），原名瞿双，后改名瞿霜、瞿爽。江苏常州人。早年曾到武昌外国语学校学英文，后到北京谋生。1917年考入北洋政府外交部办的俄文专修馆读书。1919年参加五四爱国运动，同年11月参与创办《新社会》旬刊。1920年初，参加李大钊组织的马克思学说研究会，同年10月以北京《晨报》和上海《时事新报》特派记者的身分，去莫斯科采访。1921 年兼任莫斯科东方劳动者共产主义大学中国班的教员。1922 年 2 月在莫斯科加入中国共产党。曾先后出席远东民族代表大会和共产国际第三、四次代表大会。1923 年春回到北京，主持起草了中共第三次全国代表大会纲领草案，参与制定国共合作的战略决策。同年 6 月出席中共第三次全国代表大会，并当选中央执行委员会委员，还担任中共中央机关刊物《新青年》、《前锋》主编和《向导》编辑，7 月去上海创办上海大学，任教务长兼社会学系主任。1924 年 1 月参加中国国民党第一次全国代表大会，当选为中央执行委员会候补委员，后又担任国民党中央政治委员会委员。1925 年 1 月当选为中共四大中央执行委员、中央局成员。后又参加领导五卅运动。1927 年 5 月在中共五大上当选为中央委员、中央政治局委员，同年 7 月接替陈独秀负责中央工作。主编过中国共产党创办的第一张日报《热血日报》，将曾为陈独秀等人压制和拒绝发表的毛泽东写的《湖南农民运动考察报告》发表，并为之写了序言。大革命失败后，在汉口主持召开临时中央紧急会议，后任中央临时中央政治局常委，主持中央工作，成为党的主要领导人之一。1928 年 4 月去苏联，6 月主持召开中共六大，并当选为中央委员，在中共六届一中全会上当选为中央政治局委员。会后，作为中共代表，参加了共产国际第六次代表大会，当选为共产国际执行委员会委员和主席团委员及政治书记处成员。后留在莫斯科，任中共中央驻共产国际代表团团长。在苏联期间开始研究中国共产党党纲、中国苏维埃宪法、土地法、劳动法、婚姻法等问题，写了大量论著，翻译了共产国际纲领以及斯大林论列宁主义的著作。1930 年 8 月回到上海，9 月和周恩来一起主持中共六届三中全会。1931 年在中共六届四中全会上，被解除中央领导职务，开除出中央政治局。1931 年夏参加了“左联”的领导工作，反击国民党文化的“围剿”，系统向中国读者介绍了马克思、恩格斯、列宁、斯大林及普列汉诺等人关于文学艺术的理论，翻译了苏联的许多著名文学作品。1934 年 2 月到瑞金，任中华苏维埃共和国中央政府人民教育委员。还兼任苏维埃大学校长。同年 10 月中央红军主力长征后，留在南方，任中央分局宣传部长。

1935 年 2 月 23 日在福建被捕，6 月 18 日英勇就义，年仅 36 岁。

（摘自《新华网》）

【附录二】 瞿秋白二三事

1. 瞿秋白的风趣

瞿秋白所治印章，古朴雅致。上个世纪二十年代，瞿秋白五四时代的老朋友郑振铎与高君箴结婚。照当时文明结婚的仪式，结婚证书上必须盖有双方家长和新郎新娘的图章。临到婚礼前一天，郑振铎才发现他的母亲没有图章。他就写信请瞿秋白代刻一个。不料瞿秋白的回信却是一张临时写起来的"秋白篆刻润格"，内开：石章每字二元，七日取件；如属急需，限日取件，润格加倍；边款不计字数，概收二元。牙章、晶章、铜章、银章另议。郑振铎想到秋白事忙，不能刻，就请沈雁冰（茅盾）刻。第二天上午，沈雁冰把他连夜刻好的印章送到郑振铎那里。忽然瞿秋白派人送来一封红纸包，大书"贺仪五十元"。郑振铎正在说："何必送这样重的礼！"沈雁冰已把纸包打开，原来是三方图章，一个是郑母的，另两个是郑振铎和高君箴的。郑、高两章合为一对，刻边款"长乐"二字。郑、高都是福建长乐人，又是新婚之喜，"长乐"二字，用意双关。沈雁冰一算：润格加倍，边款二元，正好是五十元。郑振铎与沈雁冰不禁捧腹大笑。

下午的结婚仪式，瞿秋白也来贺喜，请他讲话，他便用"薛宝钗出闺成大礼"这个题目，讲了又庄严又诙谐的一番话，大意是妇女要解放，恋爱要自由。满堂宾客，有瞠目结舌者，有鼓掌欢呼者，都引为奇闻。

（引自陈铁健《瞿秋白传》）

2. 一句话演讲

北伐战争开始前夕，国民革命军总司令部在广州请瞿秋白先生给全军政工人员作演讲。与会者对瞿秋白先生演讲的名气早有耳闻，都把这当作一次难得的学习机会，做了详细记录的准备。然而出人意料的是瞿秋白走上讲台只说了一句话："宣传关键是一个'要'字，鲁智深三拳打死镇关西，拳拳打在要害上。"只一句话，26个字，当瞿秋白走下讲台时，全场愕然。寂静了几秒钟后，全场才爆发出雷鸣般的掌声。

（摘自《新华网》）

3. 最好的教员

"最好的教员却是瞿秋白。他几乎每天讲课后都来我们这里。于是，我们的小亭子间热闹了，他讲话的面很宽，他讲希腊、罗马，讲文艺复兴，也讲唐宋元明。他不但讲死人，而且也讲活人。他不是对小孩子讲故事，对学生讲书，而是把我们当作同游者，一同游历上下古今，东南西北。我常怀疑他为什么不在文学系教书而在社会科学系教书？他在那里讲哲学，哲学是什么呢？是很深奥的吧？他一定精通哲学！但他不同我们讲哲学，只讲文学，讲社会生活，讲社会生活中的形形色色。后来，他为了帮助我们能很快懂得普希金的语言的美丽，他教我们读俄文的普希金的诗。他的教法很特别，稍学字母拼音后，就直接读原文的诗，在诗句中讲文法，讲变格，讲俄文用语的特点，讲普希金用词的美丽，为了读一首诗，我们得读二百多个生字，得记熟许多文法，但这二百多个生字、文法、由于诗，就好像完全吃进去了。当我们读了三、四首诗后，我们自己简直以为已经掌握了俄文了。"

（引自丁玲《我所认识的瞿秋白同志》）

10　叔向贺贫①

《国　语》

阅读提示

　　本文通过人物对话的方式，先提出"宣子忧贫，叔向贺之"这个出人意料的问题，然后层层深入地展开论述。文章先不直接说明叔向所以贺贫的原因，而是举出栾、郤两家的事例说明：贫可贺，富可忧，可贺可忧的关键在于是否有德。继而将宣子与栾武子加以类比，点出可贺的原因，并进一步指出，如果不建德而忧贫，则不但不可贺，反而是可吊的，点出本文的中心论点。最后用韩宣子的拜服作结，说明论点，有巨大的说服力。这样既把道理讲得清清楚楚，又使人感到亲切自然。本文引用历史事实，阐明了贫不足忧，而应重视建德；没有德行，则愈富有而祸害愈大，有德行则可转祸为福的道理。

　　叔向见韩宣子②，宣子忧贫，叔向贺之。

　　宣子曰："吾有卿之名，而无其实③，无以从二三子④，吾是以忧。子贺我，何故？"

　　对曰："昔栾武子⑤无一卒之田⑥，其官不备其宗器⑦，宣其德行，顺其宪则⑧，使越⑨于诸侯，诸侯亲之，戎、狄怀之，以正晋国。行刑⑩不疚⑪，

---

　　①　选自《国语·晋语》。《国语》相传是春秋时左丘明作，二十一卷，主要记西周末年和春秋时期鲁国等国贵族的言论。叔向，春秋晋国大夫羊舌肸（xī），字叔向，以贤能名垂史册。

　　②　[韩宣子] 名起，"宣子"是谥号，是晋国的卿。卿的爵位在公之下，大夫之上。

　　③　[实] 这里指财富。

　　④　[无以从二三子] 意思是家里贫穷，没有供给宾客往来的费用，不能跟晋国的卿大夫交往。二三子，指晋国的卿大夫。

　　⑤　[栾武子] 栾书，"武子"是谥号，晋国的卿。

　　⑥　[无一卒之田] 没有一百人所有的田亩。古代军队编制，一百人为"卒"。

　　⑦　[宗器] 祭器。

　　⑧　[宪则] 法制。

　　⑨　[越] 超过。

　　⑩　[刑] 法，就是前边的"宪则"。

　　⑪　[疚（jiù）] 忧苦，内心痛苦。

以免于难①。及桓子②骄泰③奢侈，贪欲无艺④，略则行志⑤，假贷居贿⑥，宜及于难，而赖武之德⑦，以没其身⑧。及怀子⑨改桓之行，而修⑩武之德，可以免于难，而离桓之罪⑪，以亡于楚⑫。夫郤昭子⑬，其富半公室⑭，其家半三军⑮，恃其富宠⑯，以泰于国⑰，其身尸于朝⑱，其宗灭于绛⑲。不然，夫八郤，五大夫三卿⑳，其宠大矣，一朝而灭，莫之哀也，唯无德也。今吾子㉑有栾武子之贫，吾以为能其德矣㉒，是以贺。若不忧德之不建，而患货之不足，将吊㉓不暇，何贺之有？"

宣子拜稽首㉔焉，曰："起㉕也将亡，赖子存之，非起也敢专承㉖之，其自桓叔㉗以下嘉吾子之赐。"

---

① ［以免于难］因此避免了祸患。意思是没有遭到杀害或被迫逃亡。
② ［桓子］栾武子的儿子，任下军元帅，晋国大夫。
③ ［骄泰］骄慢放纵。泰，奢侈。
④ ［艺］度，准则。
⑤ ［略则行志］忽略法制，任意行事。
⑥ ［假货居贿］把财货借给人家从而取利。贿，财。
⑦ ［而赖武之德］但是依靠栾武子的德望。
⑧ ［以没其身］终生没有遭到祸患。
⑨ ［怀子］桓子的儿子。
⑩ ［修］研究，学习。
⑪ ［离桓之罪］（怀子）因桓子的罪恶而遭罪。离，同"罹"，遭到。
⑫ ［以亡于楚］终于逃亡到楚国。
⑬ ［郤（xì）昭子］晋国的卿。
⑭ ［其富半公室］他的财富抵得过半个晋国。公室，公家，指国家。
⑮ ［其家半三军］他家里的子弟在三军中担任将佐的占了一半。当时的兵制，诸侯大国三军，合三万七千五百人。
⑯ ［宠］尊贵荣华。
⑰ ［以泰于国］就在国内非常奢侈。泰，过分、过甚。
⑱ ［其身尸于朝］（郤昭子后来被晋厉公派人杀掉）他的尸体摆在朝堂（示众）。尸，这里指陈列尸体。
⑲ ［其宗灭于绛］他的宗族在绛这个地方被灭掉了。绛，晋国的旧都：在现在山西省翼城县东南。
⑳ ［八郤，五大夫三卿］郤氏八个人，其中五个大夫，三个卿。
㉑ ［吾子］您，古时对人的尊称。
㉒ ［能其德矣］能够行他的道德了。
㉓ ［吊］忧虑。
㉔ ［稽首］顿首，把头叩到地上。
㉕ ［起］韩宣子自称他自己的名字。
㉖ ［专承］独自一个人承受。
㉗ ［桓叔］韩氏的祖先。

一、本文是一篇短小精炼的讽谏故事，叔向在举例阐述时运用了什么论证手法？阐明了一个什么道理？请用简洁的文字概括。

二、《国语》是长于记言的先秦散文，往往通过对话来阐述观点、凸显人物性格。本文即鲜明地体现了这一特点。请你说说本文通过对话表现了叔向什么样的思想性格。

三、对叔向"忧德不忧贫"的思想，你怎么看待？贫穷是否值得祝贺？追求财富是否可耻？财富与道德是否全然是矛盾对立的关系？在现代社会，你认为如何才能做到道与德的和谐？

四、解释下列句中加点的词。

1. 食欲无艺。

2. 及桓子，骄泰奢侈。

3. 恃其富宠，以泰于国。

4. 其身尸于朝。

5. 而离桓之罪。

6. 将吊不暇，何贺之有。

五、下列句中加点词意思有所不同的一句是（　　　）

1. 岁不寒，无以知松柏；事不难，无以知君子。

2. 故推恩足以保四海，不推恩无以保妻子。

3. 军中无以为乐，请以剑舞。

4. 无以从二三子。

六、下列句中"之"字用法不同的一句是（　　　）

1. 若不忧德之不建，而患货之不足。

2. 将吊不暇，何贺之有。

3. 一朝而灭，莫之哀也。

4. 宋何罪之有

七、翻译以下各句，特别注意"是以"的用法。

1. 吾是以忧。

2. 子贡问曰："孔文子何以谓之'文'也？"子曰："敏而好学，不耻下问，是以谓之'文'也。"

3. 仲尼之徒，无道桓文之事者，是以后世无传焉。

4. 其为人也，多疑而寡断，吾是以去之。

11　人不炼，不成器①

杨　绛

阅读提示

2007年，杨绛先生在96岁高龄的时候，出版了她的散文集《走在人生的边上》。在前言里，她这样说："我正站在人生的边缘上，向后看看，也向前看看。向后看，我已经活了一辈子了，人生一世，为的是什么呢？我要探索人生的价值。向前看呢？我再往前去，就什么都没有了吗？当然，我的躯体火化了，什么了。我的灵魂呢？灵魂也没有了吗？"这段话告诉我们，她要讨论人生最根本的问题。

在这本书里，杨绛先生探讨了生与死、灵与肉、信仰与虚无等话题。她认为，人需要锻炼，而受锻炼的是人的灵魂，锻炼的结果只留在灵魂上。"有了信仰，人生才有价值。"

作者用儒家的思想来阐述磨砺自身的必要性。出发点其实就一个字——和。要世界和谐，需要治理本国；要治理本国，先要齐家，要齐家先得修身。而要修身，首先得正心。正心，就是要了解自身、磨掉自身的杂质，使自己"纯正"起来。故而，人不炼，不成器。

本文语言朴素简洁、干净明晰，在平平淡淡的文字底下，自有一股沉着老到的气派，静穆超然的气度。

　　人有优良的品质，又有许多劣根性杂糅②在一起，好比一块顽铁得在火里烧、水里淬③，一而再、再而三，又烧又淬，再加千锤百炼，才能把顽铁炼成可铸宝剑的钢材。黄金也需经过烧炼，去掉杂质，才成纯金。人也一样，我们从忧患中学得智慧，从苦痛中炼出美德。孟子说："故天将降大任

---

　　①　选自2007年出版的《走在人生的边上》，作者杨绛。杨绛（1911～），原名杨季康，江苏无锡人，中国社会科学院外国文学研究员，作家、评论家、翻译家、剧作家。著有小说《洗澡》，回忆录《我们仨》，散文《将饮茶》、《干校六记》，以及译作《堂吉诃德》、《吉尔·布拉斯》等。

　　②　［杂糅］指不同的事物混杂在一起。

　　③　［淬（cuì）］这里指磨，比喻磨练、勉励。

于是人也，必先苦其心志，劳其筋骨，饿其体肤，空乏其身，行拂乱其所为，所以动心忍性，曾益其所不能。"就是说，如要锻炼一个做大事的人，必定要叫他吃苦受累，百不称心，才能养成他坚忍的性格。一个人经过不同程度的锻炼，就获得不同程度的修养、不同程度的效益。好比香料，捣①得愈碎，磨得愈细，香得愈浓烈。

这是我们从人生经验中看得到的实情。谚语"十磨九难出好人""人在世上炼，刀在石上磨""千锤成利器，百炼变纯钢""不受苦中苦，难为人上人"说的都是以上道理。

我们最循循善诱的老师是孔子。《论语》里孔子的话，都因人而发，从来不用教条。但是他有一条很重要的教训②。他的弟子，怕老师的教训久而失传③，在《大学》④里记下老师二百零五字的教训。其中最根本的一句是："自天子以至于庶人，壹是皆以修身为本。"⑤ 修身，不就是锻炼自身吗？

修身不是为了自己一身，是为了齐家、治国、平天下⑥。平天下不是称王称霸，而是求全世界的和谐和平。有的国家崇尚勇敢，有的国家高唱自由、平等、博爱。中华古国向来崇尚和气，"致中和"⑦，从和谐中求"止于至善"。

要求世界和谐，首先得治理本国。要治国，先得齐家。要齐家，先得修身。要修身，先得正心。要摆正自己的心，先得有诚意，也就是对自己老老实实，勿自欺自骗。不自欺，就得切切实实了解自己。

---

① ［捣（dǎo）］用棍子等的一端撞击，也指捶打。

② ［教训］本处指教育训诫。

③ ［失传］没有流传下来。

④ ［《大学》］儒家基本经典之一。原为《礼记》中的一篇。相传为曾子作，近代许多学者认为是秦汉之际儒家作品。它全面总结了先秦儒家关于道德修养、道德作用及其与治国平天下的关系。南宋朱熹把它与《论语》、《孟子》、《中庸》合称为"四书"。

⑤ ［自天子以至于庶人，壹是皆以修身为本］语出《礼记》，意思说：上自天子，下至平民百姓，一切都要以修身为做人处事的根本。

⑥ ［齐家、治国、平天下］出自《礼记·大学》。完整的说法是：正心、修身、齐家、治国、平天下。这是儒家思想传统中知识分子尊崇的信条。以自我完善为基础，通过治理家庭，直到平定天下，是几千年来无数知识者的最高理想。

⑦ ［"致中和"］出自《中庸》，意即达到中和的境界。《中庸》曰"喜怒哀乐之未发，谓之中；发而皆中节，谓之和。中也者，天下之大本也；和也者，天下之达道也。致中和，天地位焉，万物育焉"。意思是人的情绪未表露出来时称为中（此时内心虚静淡然，不偏不倚），表露出来符合自然常理、社会法度（此时中正和谐），称为和。中是天下最大的根本，和是天下人共行的原则。达到中和者，天地各在其位生生不息，万物各得其所成长发育。

要了解自己，就得对自己有客观的认识，所谓格物致知①。

了解自己，不是容易的事。头脑里的智力是很狡猾的，会找出种种歪理来支持自身的私欲。得对自己毫无偏爱，像侦探调查嫌疑犯那样窥视自己，在自己毫无防备毫无遮掩的时候——例如在梦中、在醉中、在将睡未睡的胡思乱想中，或心满意足、得意忘形时，捉住自己平时不愿或不敢承认的私心杂念。在这种境界，有诚意摆正自己的心而不自欺的，则会憬然②警觉："啊！我自以为没这种想头了，原来是我没有看透自己！"一个人如能看明自己是自欺欺人③，就老实了，就不袒护④自己了。这样才会认真修身。修身就是管制自己的情欲，超脱"小我"，从而顺从灵性良心的指导。能这样，一家子就可以很和洽。家和万事兴。家家和洽，又国泰民安，这就可以谋求国际的和谐共荣、双赢互利了。在这样和洽的境界里，人类就可以齐心追求"至善"。这是孔子教育人民的道理，孟子继承、发挥并充实了孔子的理论。我上文所讲的，都属"孔孟之道"。

修身——锻炼自身，是做人最根本的要求。天生万物的目的，该是为了堪称⑤万物之灵的人。但是天生的人，善恶杂糅，还需锻炼出纯正品色⑥来，才有价值。这个苦恼的人世，恰好是锻炼人的处所，好比炼钢的工厂，或教练⑦运动员的操场，或教育学生的教室。这也说明，人生实苦确是有缘故的。

 练 习

一、通读本文，理解作者观点：人为什么要修炼自身？修炼自身的前

---

① ［格物致知］出自《大学》。格，至也。物，犹事也。致，推极也，知，犹识也。格物致知是儒家的一个十分重要的哲学概念。北宋朱熹认为，"致知在格物者，言欲尽吾之知，在即物而穷其理也。"这是朱子对"格物致知"最概括、精确的表述。"推极吾之知识，欲其所知无不尽也。穷至事物之理，欲其极处无不到也。"对于朱熹的解释，我们的理解是，格物就是即物穷理，凡事都要弄个明白，探个究竟；致知，即做个真正的明白人，为人行事决不糊涂。

② ［憬（jǐng）然］醒悟。

③ ［自欺欺人］用自己都难以置信的话或手法来欺骗别人。

④ ［袒（tǎn）护］对错误的思想行为无原则地支持或保护。

⑤ ［堪（kān）称］称得上。

⑥ ［品色］品级。

⑦ ［教练］指训练别人掌握某种技术。

提是什么?

二、仔细阅读文章第 4、5 段与 6、7 段,分析作者运用了怎样的说理方式。

三、摘出文中引自《大学》《中庸》的句子,翻译大意,并说说这些句子在作者阐明观点时所起的作用。

四、你怎么理解"人不炼,不成器"这个思想?在物质丰富的今天,你认为我们还有必要刻意磨练自己吗?我们又应该在哪些方面磨练自己,使自己纯正起来?

12　遗失的日记①

张抗抗

阅读提示

　　这是一篇随笔式散文。作者首先声明，记述的"是一段真实的往事"，并非出自虚构。然后，文章回忆了作者少女时代一本日记本失而复得的过程，叙述了"我"与归还日记的过大江前后跨越十几年的两次晤面。作者用质朴而从容的文字告诉我们，即使在魑魅横行、人鬼难辨的社会里，或者在物欲横流、金钱至上的时代，人性的善良也依然在闪闪生辉，对美好事物的向往和追求依然存留在人们心间。因而，作者感叹："美的丑的恶的善的，终究在人心里，因而，每个人都有一个属于自己的人生"。

　　阅读课文，理解课文开头为什么用大段文字叙述日记被抢走的忧心惶恐；过大江是在什么样的环境下珍藏日记长达12年，他为何舍不得丢掉那本日记？"我"两次见到过大江，都写到了他的外貌尤其是眼睛，意义何在？文章主要采用平实的叙述，极少议论、抒情和描写，体现了张抗抗写真实散文的风格，纯朴自然，是从里到外都透明的真实，却有着对个体生命和现实深入到骨髓的感悟，请在阅读中仔细品味这一点。

　　我在这里记述的，是一段真实的往事。

　　很多年里，我一直不知道怎样来叙述这个故事，我担心会把一个真实的好故事讲假了。这也是我始终未把它写成小说的原因。

　　这个遗失日记的故事，同一个名叫过大江的年轻人有关。

　　过大江，是一个很特别的名字。听起来有点像舞台上的剧中人，但这

---

　　① 本文原刊登在《北京文学》1998年6期。作者张抗抗，1950年生于杭州，中国当代著名作家。已发表小说、散文共计500余万字，出版各类文学专集50余种。代表作有长篇小说《隐形伴侣》、《赤彤丹朱》、《情爱画廊》、《作女》、《张抗抗自选集》5卷等。

确实是他的真名。故事发生那一年，1968 年，他才 14 岁，是杭州一所中学"新初一"的学生。

那年我 18 岁。由于"文化大革命"的耽搁①，算是老初三了。

他和我虽在同一城市，却不是同一个学校的。我和他之间犹如隔着一条大江，在拥挤而繁华的茫茫人海中，各行其岸，原本无缘相识。

那一年年初，由于"文化大革命"中一场突然的变故，我丢失了心爱的日记本。

那两个日记本，其实是被人强行抢走的。日记中记录了我刚刚萌发的一场初恋隐秘的心迹。而我那个初恋的对象，另一所中学的"老高三"学生——那所学校的一派红卫兵头头，此时已被另一派打倒。那另一派的红卫兵涌入我家翻箱倒柜，发现了我的日记，认定其中必有可置其于死地的线索和材料，在我同他们发生了争吵而又势不敌众的情况下，他们拿了我的日记本扬长而去②。

我清楚地记得自己在日记中写过的那些话。那些人一定会利用这些所谓的"材料"大做文章对"他"攻击，他们也许会在大批判会上将我的日记公布于众，对我其中的"小资产阶级情调"无限上纲，说不定还会把我也同他一起打成"反动学生"，甚至殃及③我的父母……

18 岁的我已隐隐懂得，中国人的日记还有信件，有时甚至会让它的主人付出生命的代价。我越想越害怕，越想越担心，一次次偷偷哭泣，惶惶不可终日④。

更让我气恼的是，平日被我东藏西掖⑤，就连妈妈也一直不让看的绝对保密的日记本，如今却落到了一群不相识的人手中。那些属于我内心深处最珍贵最秘密的个人情感，就这样赤裸裸地暴露在外人面前……

我羞怯又焦虑，恐慌而担忧。但我没有法子能把日记要回来。他们不会理睬我，有一次我甚至走到了那所学校的大门口，望着来来往往的红袖章，我只能流着泪原路折回。

---

① ［耽搁］停留，拖延，耽误。这里是耽误的意思。
② ［扬长而去］大模大样地离开的样子。
③ ［殃及］连累。
④ ［惶惶不可终日］形容非常惊恐，连一天都过不下去。
⑤ ［东藏西掖（yē）］意思指把东西到处藏。掖，把东西塞在衣袋或夹缝里。

惊悸的睡梦中，我幻想突然来一场龙卷风把那两本日记掷入大海，让它在地球上永远消失。

那段日子里，几乎每一天，我都等待着厄运①的降临。

就是在那一年，我从小学三年级开始，已经坚持了十年之久的写日记的习惯，被我自己彻底放弃。

然而奇怪的是，我日夜担心的那种情形，却始终没有出现。没有什么人再来找我的麻烦。那两本日记似乎就那样不明不白无声无息地消失了。

第二年初夏我去了北大荒，遥远的寂寞中，我欲自此不再写日记。

然而岁月却无法抚平我曾经丢失日记的创伤。想起它们时我的心里总有一种深深的隐痛，时断时续地刺疼着我，我不知道它们最后的结局，究竟是因为那些人偶然的忽略，还是没有利用价值而将其作为垃圾丢弃了？

过大江这个人，是在我遗失了日记的 12 年以后，也是我终于渐渐淡漠了当年那一场日记风波以后，突然冒出来的。

那是 1980 年，我正在北京的中国文学讲习所学习。这是自 1957 年中断了二十多年后，重新恢复的第一期文学讲习班，许多报纸都报道了这个消息。

那一天，过大江这个陌生的名字，从一封来自杭州师范学院英语系的信中，忽然跳了出来。他在信中以急切的口气探问道：你是不是就是那个曾经在杭州生活过的人呢？你是不是在 1969 年曾经丢失过两个日记本呢？你的名字很特别，天底下难道还有与你同名同姓的人吗？假如你真是那个人，假如你真的曾经丢失过日记本，那么我要告诉你，在这 12 年的时间里，我一直珍藏着那两本日记。如果我能确定你就是日记的主人，我愿意把它们退还给你。

那信封里，竟然还另夹了页小小的纸片，是从那日记本上小心地撕下来的。一行行密密麻麻稚嫩纤细的钢笔字，在发黄的旧纸页上晃动，令我眼熟，勾起一种遥远而痛楚的记忆。

我傻傻地愣着，目瞪口呆。我无法相信这是真的，简直就像是小说里虚构的情节，但我又不能不相信这是真的——那张小纸片上的字迹，讲明它确实是我当年遗失的那本日记。

---

① ［厄运］不幸的遭遇，苦难的时运。

当时就给这个叫过大江的大学生回了信。我说，我是你要找的那个人。据大江后来说，我给他的那封信，显得很激动。

那两本日记究竟是怎样到了过大江手中？他又是怎样在长达 12 年的时间里将它们精心保存下来？——恍恍惚惚①的直到现在，我似乎还是很难相信这一个曲折奇特感人的故事。

他说那一年自己还是个调皮的小鬼头，一次学校军训演习，练习钻防空洞。工宣队的师傅命令他们乖乖躲在防空洞里不许出来。而那位师傅，却在洞外面走来走去，还抽着烟。他觉得非常不公平。他终于忍不住把脑袋伸出了洞外，对那位师傅叫喊着：嗳！你自己为啥不蹲在洞里，假如有敌机飞过来，你肯定第一个炸死！

工宣队师傅很生气，就把他带到工宣队的办公室去谈话。但那会儿工宣队很忙，让他在旁边的一间屋子里先等一会儿。

他等了一会儿，又等了一会儿，过了很久，还是没有人来找他谈话，他感到很无聊，无意之中，拉开了桌子的一只抽屉，那抽屉里塞满了大批判材料，发现里面有两个小小的本子，封面有很好看的图案。

他好奇地翻开了其中一个本子，觉得那好像是本日记。扉页上写着一个人的名字。发现这是一个女孩子的日记。上面有一些关于感情的话语，朦朦胧胧地使他感到新鲜。他的呼吸有些急促起来，他不知道究竟是什么吸引了他，很想读下去。

他说后来连他自己也没有想到，他把那两个小本子很快塞进了衣服里，然后从窗户上跳出了那间办公室，一口气跑回了家。

那天夜里他读完了这个不相识的女孩子的日记。那个少年很久没有睡着，他只觉得有一行清凉的泪珠，从他脸上莫名其妙地淌下来。

他不认识那女孩子所记述的那个老高三的男生。他只是猜测那个人与他同校，是他的校友，他还太小，他从未见过那个曾经叱咤风云②的人。在那之后的十几年里，他始终没有见过那个人。他虽然无法知道两本日记为何会被人搁置③于此，却怀着一种隐隐的怜悯和爱惜，将那两个小本子藏在

---

① ［恍恍惚惚］神志不清、迷惘的状态。
② ［叱咤（chìzhà）风云］一声呼喊、怒喝，可以使风云翻腾起来。形容威力极大。
③ ［搁置］放下，把事情无限期地闲置一旁。

了自己的枕下。

那些日子他长久地翻看着它们。一个像湖水那样清洁而纯净的女孩子的低声细语，忽而唤起他一种陌生而温柔的情感。

他说甚至有些震惊，在那以前的日子，除了革命日记，他从不知道还有人竟然这样写日记。那样娓娓^①的、悄悄的诉说着自己的心事，像是在对世界上一个最知心的朋友说话。他说在那以前，他只读过雷锋日记还有革命烈士的日记什么的，都放在展览馆里，供众人参观。他说他也写过日记，那是必须要交给老师，然后"一帮一"、"一对红"，让大家来讨论评阅。在那以前，他认为日记这种东西的用处，就是写给大家看的。如果后来有一天英勇牺牲了，日记就可以登在报纸上，让大家都来学习，然后大家都得来写一模一样的日记……

而那个女孩，却在一场革命的风暴中，痴痴地爱上了一个人，爱得那么专注，那么纯情——爱情原来是那样美好的呵。那个少年痴迷地想。

他忽然勇敢地决定，他将要永远保存这两本日记。他从此记住了那个女孩的名字。

两年后，他被上山下乡的洪流裹去了内蒙古草原。临走时收拾行装，他果然把那两个日记本，放进了远行的背包。他带着这两本捡来的日记，住进了异乡的蒙古包。北国寒冷的冬夜，微弱的灯光下，他曾很多次打开它们。喧嚣^②与孤独的生活中，这个神秘的伴侣总好像在向他诉说什么，他的生活中由于它的存在，而悄然独自享受着一份纯真的温情。有时他想象着那个女孩的面容，呼啸^③的风声中，她却永远是一个模糊的轮廓^④。

过大江在内蒙兵团整整七年，期间多次调动搬迁，他说曾有好几次，他都差点想把那两个本子扔掉。那两个小本子在许多次的翻阅摩挲^⑤后，已渐渐变得破旧，却终究还是被他一次次留下来，终究还是舍不得扔。更令人不可思议的是，当1978年知青返城，过大江离开内蒙时，他偏偏又在那一大堆乱七八糟准备处理的杂物前弯下腰去，固执地将那两个本子挑出

---

① ［娓娓］这里是滔滔不绝的意思。
② ［喧嚣］声音杂乱，不清静。
③ ［呼啸］发出的像笛子一样的尖脆声音。
④ ［轮廓（kuò）］表示物件或人像外形的线条。
⑤ ［摩挲（mósuō）］用手抚摸。

——他不想让它们再次落入他人之手，他决不会让它们再次丢失了。

于是，他最后居然把那两本日记重新带回了杭州。

直到 1979 年他考上了杭州师范学院英语系。

直到 1980 年，有一天他在图书馆阅报时，忽然觅见了那个熟悉的名字。

那个名字对他来说，实在是太熟稔①了。许多年中，他一直以为那是他独一无二的珍藏，是一个属于他自己的秘密。他固守着那两本日记，仅仅因为那是他少年时代的一个发现，他曾以一种奇特的方式与它对话，在同它无声的交谈中得到理解和满足。他与它之间那种微妙的默契②，已成为他生命中一种不可割舍的寄托。所以那个女孩的名字实际上对他已并不重要，它也许只是一个符号一个代码。虽然他曾许多次猜测这个大女孩如今的境遇，想象着有一天把日记本交还给它主人的情景——但他无论如何没有想到，他在 11 年后再度发现她的时候，这个名字已是一个随随便便就会在报纸杂志上露面的作家。

然而在他看来，作为作家的她，对于他并没有什么特别的意义。这个名字已不再属于他独有。这是过大江在欣喜之余，内心涌上的一种遗憾和失望。

于是这个离奇的故事终于在 1980 年暂时告一个段落。我猜想过大江并不喜欢这个结尾。但他仍然十分守信地将那两本日记，很快托人带到了北京。他决定将它们物归原主时，准备得过于严肃认真，以至于我拆开那用牛皮纸包好的信封，很费了一些力气。牛皮纸里面是一层白色的厚纸，白纸里面又是一层白纸。这个隆重的仪式进行完毕时，焦急不安的我，已是满头大汗。我的手终于从那一层层的厚纸中，触摸到了两个硬壳封面的日记本。我掏出它们时也掏出了一段被遗忘的历史。我发现它们其实是那么小又那么薄，灰蓝色的封面油漆已被磨损，露出黄色的马粪纸，在本子的左角上，有一朵淡红色的小花……

那时我长久地靠在椅子背上，眼前是一片空空的虚无③。作为日记的主人，我失而复得时，却感觉着一种若有所失的怅惘④。现在，是轮到我面对

---

① ［熟稔（rěn）］熟悉。

② ［默契（qì）］心声情意暗相符合。

③ ［虚无］有而若无，实而若虚的意思。

④ ［怅惘］因失意而心事重重；惆怅迷惘。

这两本从天而降的日记，想象着在长达 12 年的时间里，收留了它们又替我照料了它们的那个过大江，究竟是一个什么样子的人？

在我们分别和轮流拥有这两本日记的不同时期，我和他恰好作了一个富于戏剧性①的心理对位。

我却始终再也没有打开过那两本日记。那个初恋的故事已成过去。

那年春节我和过大江终于在杭州见面。

他和我想象中的那个孱弱②内向的少年，似乎有很大的差别。他已是一个高高个子、结结实实、有着宽大的身架、嗓音洪亮的年轻人。惟有那一双微笑而温和的眼睛，轻轻松松地洋溢着善良和诚实，眸中折射出点点纯净的闪亮，恰是在我心里无数次勾勒③过确信过的，一点没错。只有这样的眼睛，才会看透和珍惜我日记中的那份真诚。

我无法对他说出"感谢"这样的词汇。我只能说我已在他的目光中恍悟：这位替我保存了日记的人，如若不是与当年那个女孩同样善良和单纯，在那样一个年代里，他恐怕早就把它们作为"反动日记"上交组织，或是偷偷销毁④。甚至，当他获悉那个女孩成名之后，他还可用日记来敲诈她勒索她……如果我的日记不是因为遇到了过大江这样的人，何其糟糕的后果不会发生呢？

所以我只想对他说，那两本日记长达 12 年飞去又飞回的旅行经历绝非是一种偶然。我忽然感觉着一种难堪的惭愧。我说你曾经在日记中憧憬⑤过的那样热烈而真挚的爱恋，当你见到我的时候，它已成为一堆无法复原的碎片。我惟愿你不会因此而对爱情失望。

他淡淡地微笑着，不，他说，只要曾经有过。

我相信他懂得。因为他曾经和我共同享有过那份纯真。

后来的许多年，日子就这样在没有日记的匆匆忙忙中，一天天流逝。过大江从大学毕业，先是在一所中学当英语教师，后又去了一家外贸公司。我许多次回杭州，他似乎忙得连见我一面的时间都没有。我猜他基本也不

---

① ［戏剧性］此处指离奇、不平常。
② ［孱弱（chánruò）］瘦小虚弱。
③ ［勾勒］用线条描画出轮廓。
④ ［销毁］熔化毁掉；烧掉。
⑤ ［憧憬（chōngjǐng）］向往。

读我的小说，那些编织的故事，对于一个曾经读过她最原始的"作品"的人来说，恐怕已索然无味。渐渐就听说，他的商务越做越大了，说他搞外贸很投入也很专业，如今已是一家外贸公司的经理，个人收入，也可算是一个小小的"大款"了——这所有关于过大江下海经商的消息，都曾使我十分迷惑不解。至少同我心目中，那个有一双温和善良的眼睛，迷醉于纯情和真诚的过大江，相去甚远。长长的 25 年，一个人的半生时间足以改变一切。包括当年的那个小男孩。

一个美丽的春天，我偶过杭州小住，总算用呼机将过大江找到，相约在湖堤散步。由于那无法忘却的日记，我希望解开自己心里的疑惑。

阳光和煦①，远山逶迤②，有凉爽的微风从湖面上吹来。一棵巨大的香樟树③，葱茏蔽日，粗壮的树枝缀着轻柔的叶片，低低地向水面伸展开去。就在那一树浓荫的臂弯里，紧挨着湖边，有一条绿色的长椅。

我们已在湖堤走了好一会儿，我觉得有些累了。我的眼睛一次次望着那张绿椅，真希望能在那儿坐一小会儿。可惜，那张椅子上有一个人，一个穿着蓝色工作服的女人。过大江说那是个园林清洁工人，看样子她正在这里休息，坐一会儿就会离开的。

我们在她不远的身后等了一会儿，她没有察觉，似乎没有走的意思。

我看了看表，我的时间不多。过大江也看了看表，他的时间也许更少。后来过大江就朝那张椅子走了过去。他很快地从衣袋里摸出了十元钱，微笑地递给那个女人。他似乎说对不起，给你添麻烦了，你能让我们坐一下么？

那个女工受惊一般地站起来，推开他的手，连连摇头。她说我不要，你们坐你们坐吧，我该走了，我该去干活了……

她以极快的速度离开了那张长椅，消失在树叶中。

我们在那条宽大的绿椅上坐下。很久，谁也没有说话。

---

① ［和煦（xù）］温暖的。

② ［逶迤］蜿蜒曲折。

③ ［香樟树］香樟树又称樟树、乌樟、芳樟等，为亚热带树种，主要分布在长江以南地区，是樟科梓属的常绿高大乔木。初夏开花，黄绿色、圆锥花序，树冠广展，叶枝茂盛，浓荫遍地，气势雄伟，是优良的行道树及庭荫树。

你说她为什么不要这钱呢？过了一会儿，大江喃喃自语①。

其实她完全可以要的，但她没有。我说。

她不是傻，不是。大江用肯定的口气说，眼睛像湖水幽幽眨动。所以我还是认为，世界上的人，不会个个都是那么惟利是图、贪得无厌的。我还是相信这个地球上，有许多美好的事情，值得我们活着。你说呢？

我无言地望着他，忽然想起大江如今已是不惑之年的人了，略略显得疲倦的面孔，比我十几年前第一次见他，显然已成熟许多。惟有那双微笑的眼睛，却依然清澈，明净如初。

不同人有不同的眼睛，即便对同一件事，所看到的东西也截然不同。我想，美的丑的恶的善的，终究在人心里，因而，每个人都会有一个属于自己的人生。

我似已没有必要对大江说出我的疑惑。分手时我们都很轻松。

我永远不会再写日记了。所以我只能将这个真实的故事，作以上的笔录。

 练 习

一、仔细阅读课文，理解：过大江为什么要从工宣队把日记拿走？12年来，他珍藏的只是日记本身吗？

二、本文的主旨是什么？是对文化大革命的批判和反思呢，还是要讴歌人性中的纯真善良？

三、揣摩下列文句，说说你的理解。

1. 他固守着那两本日记，仅仅因为那是他少年时代的一个发现，他曾以一种奇特的方式与它对话，在同它无声的交谈中得到理解和满足。他与它之间那种微妙的默契，已成为他生命中一种不可割舍的寄托。

2. 那时我长久地靠在椅子背上，眼前是一片空空的虚无。作为日记的主人，我失而复得时，却感觉着一种若有所失的怅惘。

3. 不同人有不同的眼睛，即便对同一件事，所看到的东西也截然不同。我想，美的丑的恶的善的，终究在人心里，因而，每个人都会有一个属于

---

① ［喃喃自语］连续不断地小声说话。

自己的人生。

4. 我永远不会再写日记了。

四、课后阅读一两本日记类散文，比如《安妮日记》、《拉贝日记》等等，体会其中真挚鲜活的情感，并与同学们交流阅读体会。

13　忠心不二的公牛①

海明威

阅读提示

在我们现在这个人类对万物无坚不摧的时代，忠心不二貌似成了愚钝可笑的代名词。面对瞬息万变的世界，我们真的还需要忠诚吗？忠诚于追求的目标、忠诚于爱情、忠诚于内心的喜好？我们保持的理想抱负，能否真正坚持下去？

美国作家海明威通过本文，为我们塑造了一个坚持和忠诚的样板——公牛。它不在乎人们的眼光，不在乎生活的际遇，活在自己骄傲并美丽的世界里，哪怕付出生命的代价，也要坚持自己的追求。这是一头忠心不二的公牛。

海明威善于抓住性格特征来塑造形象。他把这头公牛"忠心不二"的独特个性鲜活地凸显在读者面前：它以角斗为终生使命，所以它像一位真正的战士一样，一心一意地进行战斗。对于角斗，它认为是"它的职责、它的义务、它的欢乐"；对于爱情，它一旦"爱上了她"，就忠心不二，"对其余的母牛不屑一顾"。

然而，在黑暗的时代，忠心不二的公牛屡遭压制，最终免不了被惨杀的结局。海明威用这头公牛的遭遇影射了当时社会优秀者的命运。结尾斗牛士说，"也许我们都应该忠心不二吧"，这是深刻有力的"语言倒反"，它的表层含义与深层含义构成了矛盾反差，产生了强烈的讽刺效果。

从前，有一条公牛，他的名字不是费迪南德②，他对鲜花丝毫没有兴

---

① 选自《百花园》2005年第9期。海明威（1899～1961），美国著名作家，代表作有《丧钟为谁而鸣》、《老人与海》。1954年获诺贝尔文学奖。海明威是一位以文笔简练、内涵丰富著称于世的文学大师，其独特的创作风格对世界文学产生了深远的影响。

② [他的名字不是费迪南德] 美国动画片大师瓦尔特·迪斯尼有一部脍炙人口的动画短片，名叫《公牛费迪南德》。

趣。他酷爱角斗。他与其他所有的同年龄的或者不同年龄的公牛角斗。他所向无敌。

他的双角像硬木一样坚挺，像豪猪的毛刺一般尖利。角斗时，它们的双角根部顶得他发痛，但他并不在意。他的颈部肌肉鼓起一大块肉团，西班牙语称此为 morillo①。在他准备角斗时，这 morillo 高耸如山。他随时地准备角斗一场。他的毛皮乌黑、油亮，它的双目清澈明亮。

一旦有什么原因挑动②了他，他就会不顾死活地角斗，那股子认真劲儿恰如有些人对待吃饭、读书或者上教堂一样。每次角斗，他都非要拼个你死我活。不过，其他公牛并不怕他，因为他们出身高贵，所以不怕他。但他们不愿惹他，也不愿同他角斗。

他并不是恃强凌弱③或者心地邪恶之徒，他无非喜欢角斗而已，好比人们喜欢唱歌或当个国王、总统什么的。他从来不思考。角斗是他的职责、他的义务、他的欢乐。

他在多石的高地上角斗。他在软木树下角斗。他在傍河的绿茵茵的牧场上角斗。他每天从河边走十五英里路去高高的石地，跟所有正视他的公牛角斗。即使如此，他从来不发火。

这其实并不符合事实，因为他的内心在发火。然而他弄不清是怎么回事，因为他不会思考。他器宇轩昂④，他喜爱角斗。

那么他的命运如何呢？他的主人——要是有人能拥有这样的动物，要知道这是一头何等伟大的公牛——心里仍然犯愁，为的是这公牛与其他公牛角斗耗去了他大量的金钱。每头公牛价值一千多元，可是，和这头伟大的公牛角斗后，他们的价值落到二百元以下，有时甚至更低。

为此，主人——他是个好人——决定不把他送去斗牛场受人屠宰，而是让自己所有的牲畜承袭这头公牛的血统。于是，他选定他做种牛。

不料，这是头古怪的公牛。他们把他牵到牧场，与育种的母牛一起生活，他一眼看中一头年轻、漂亮的母牛。与其他母牛相比，她更加苗条，

---

① ［morillo］名词，（作为斗牛士刺入目标的）公牛颈背部肌肉。

② ［挑动］撩拨逗引。

③ ［恃（shì）强凌弱］依仗强大，欺负弱小。

④ ［器宇轩（xuān）昂］形容气概、风度不凡。

肌肉发达，皮毛闪亮，活泼可爱。既然他无法角斗，便索性①爱上了她，对其余母牛连看都不看一眼。他一心想跟她呆在一起，其余的母牛对他来说不屑一顾②。

养牛场的主人希望公牛回心转意，学得乖点，或者有所变化。可是这公牛始终如一，他爱恋自己的情人，情深意笃③。

于是，主人把他和另外五头公牛送去斗牛场处死。这一来，公牛起码能角斗一场了，尽管他忠心不二。他的角斗非常精彩，人人都表示赞赏，杀他的汉子表示格外的赞赏。角斗结束后，杀死他的——所谓角斗士的汉子身上那件紧身短袄全湿透了，他十分口渴。

"这牛厉害极了"。斗牛士说道，顺手把剑递给掌剑者。他握剑时剑柄向上，勇猛的公牛的心脏的血顺着剑刃往下淌。这公牛再不会有任何烦恼了。他的尸体正由 4 匹马拖出斗牛场去。

"是啊。他就是维拉梅耶侯爵不得不干掉的那头公牛，因为他'忠心不二'。"无事不晓的掌剑者说。

"也许我们都应该忠心不二吧。"斗牛士说。

 **练习**

一、这头公牛的特征是什么？它给了我们什么样的启示？

二、揣摩下列文句，说说你的理解。

1. 不过，其他公牛并不怕他，因为他们出身高贵，所以不怕他。但他们不愿惹他，也不愿同他角斗。

2. 这其实并不符合事实，因为他的内心在发火。然而他弄不清是怎么回事，因为他不会思考。（本句中的"他不会思考"与第四段中"他从来不思考"意思一样吗?）

3. 为此，主人——他是个好人——决定不把他送去斗牛场受人屠宰，而是让自己所有的牲畜承袭这头公牛的血统。

4. "也许我们都应该忠心不二吧。"斗牛士说。

———————————

① ［索性］直截了当，干脆。
② ［不屑一顾］形容对某事物异常鄙视，认为不值得一看。
③ ［情深意笃（dǔ）］意即感情深厚、用情专一。笃，指忠实，一心一意。

三、阅读下文，谈谈感受。

去 年 的 树

新美南吉

一只鸟儿和一棵树是好朋友。鸟儿坐在树枝上，天天给树唱歌。树呢，也天天站着听鸟儿歌唱。

日子一天天过去，寒冷的冬天就要来了。鸟儿要离开树，飞到南方去。

树对鸟儿说："再见了，小鸟！明年你再回来，还唱歌给我听。"

鸟儿说："好。我明年一定回来，给你唱歌。请等着我吧！"鸟儿说完，就向南方飞去。

春天来了，原野上、森林里的雪都融化了。鸟儿又回来找她的好朋友了。

可是，树不见了，只剩下树根留在那里。

"站在这儿的那棵树，到什么地方去了呢？"鸟儿问树根。

树根回答："伐木人用斧子把它砍倒，拉到山谷里去了。"

鸟儿向山谷里飞去。

山谷里有座很大的工厂，锯木头的声音"沙——沙——"地响着。鸟儿落在工厂的大门上。她问大门："门先生，我的好朋友——树在哪儿，您知道吗？"

门回答说："他被机器切成细条儿，做成火柴，运到村子里卖掉了。"

鸟儿向村子里飞去。在一盏煤油灯旁，坐着个小女孩。鸟儿问女孩："小姑娘，请告诉我，你知道火柴在哪儿吗？"

小女孩回答说："火柴已经用完了，火柴点燃的火，还在灯里亮着。"

鸟儿睁大眼睛，盯着灯火看了一会儿。接着，她就唱起去年唱过的歌给灯火听。唱完歌儿，鸟儿又对着灯火看了一会儿，飞走了。

14　品　质[①]

高尔斯华绥

阅读提示

　　本篇小说发表于1911年。当时英国的大工业生产已经在竞争中挤垮了传统的手工业，利润至上的商业思想也逐渐替代了小手工业者沿袭的职业精神。小说真实地表现了这一时代变革，为趋于没落的传统职业道德和敬业精神唱了一首忧伤的挽歌。

　　小说以简约清淡的白描手法，塑造了一个勤勉敬业却又命运悲惨的老制鞋匠格斯拉的感人形象。他技艺高超，"在伦敦，没有一个人可以比他做出更好的靴子"。但他的与众不同却不在于技艺，而在于他的精神，不在于所制靴子的品质，而在于他做人的品质。他热爱靴子到了执著痴迷的程度。他懂得靴子的灵魂，具有靴子的理想，体现出靴子的本质。在他的眼中，靴子是有生命的艺术品；在他的心里，靴子已经与他合而为一了。这是敬业精神升华到至高的境界，是难能可贵的为人品质，即使在今天依然闪射出夺目感人的光彩。小说所说的"品质"，不单是指靴子的品质优良，说到底更是一种人文精神，是抗衡商业社会金钱、物质至上价值观的人格精神。

　　小说语言质朴、描写细致深入、结构自然顺畅。最突出的写作特色在于：一是善于运用人物对话塑造人物的思想性格，二是通过"我"内心感情的细微变化烘染笼罩全篇的悲凉的气氛。因此，不但老格斯拉的形象感人至深，"我"的悲悯的情怀也能激起读者的共鸣。

　　我很年轻时就认识他了，因为他承做我父亲的靴子。他和他哥哥合开一家店，店房有两间打通的铺面，开设在一条横街上——这条街现在已经

---

　　① 选自《高尔斯华绥中短篇小说集》。高尔斯华绥（1867～1933），英国作家。在当律师的父亲安排下进入剑桥大学学习法律，但对律师职业不感兴趣的高尔斯华绥毕业后周游世界。在旅途中认识了小说家康拉德，并开始文学创作。1932年以长篇小说《福尔赛世家》三部曲获得诺贝尔文学奖。

不存在了，但是在那时，它却是坐落在伦敦西区的一条新式街道。

那座店房有某种朴素安静的特色，门面上没有注明任何为王室服务的标记，只有包含他自己日耳曼姓氏的"格斯拉兄弟"的招牌；橱窗里陈列着几双靴子。我还记得，要想说明橱窗里那些靴子为什么老不更换，我总觉得很为难，因为他只承做定货，并不出售现成靴子；要说那些都是他做得不合脚而被退回来的靴子，那似乎是不可想象的。是不是他买了那些靴子来做摆设的呢？这好像也不可思议。把那些不是亲手做的皮靴陈列在自己的店里，他是决不能容忍的。而且，那几双靴子太美观了——有一双轻跳舞靴，细长到非言语所能形容的地步；那双带布口的漆皮靴，叫人看了舍不得离开；还有那双褐色长筒马靴，闪着怪异的黑而亮的光辉，虽然是簇新①的，看来好像已经穿过一百年了。只有亲眼看过靴子灵魂的人才能做出那样的靴子——这些靴子体现了各种靴子的本质，确实是模范品。我当然在后来才有这种想法，不过，在我大约十四那年，我够格跟他定做成年人靴子的时候，对他们两兄弟的品格就有了些模糊的印象。因为从那时起一直到现在，我总觉得，做靴子，特别是做像他所做的靴子，简直是神妙的手艺。

我清楚地记得：有一天，我把幼小的脚伸到他跟前时，羞怯地问道："格斯拉先生，做靴子是不是很难的事呢？"

他回答说："这是一种手艺。"从他的含讽带刺的红胡根上，突然露出了一丝的微笑。

他本人有点儿像皮革制成的人：脸庞黄皱皱的，头发和胡子是微红和鬈曲②的，双颊和嘴角间斜挂着一些整齐的皱纹，话音很单调，喉音很重；因为皮革是一种死板板的物品，本来就有点僵硬和迟钝。这正是他的面孔的特征，只有他的蓝灰眼睛含蓄着朴实严肃的风度，好像在迷恋着理想。他哥哥虽然由于勤苦在各方面都显得更瘦弱、更苍白，但是他们两兄弟却很相像，所以我在早年有时候要等到跟他们定好靴子的时候，才能确定他们到底谁是谁。后来我搞清楚了：如果没有说"我要问问我的兄弟"，那就是他本人；如果说了这句话，那就是他哥哥了。

---

① ［簇（cù）新］极新，全新。
② ［鬈（quán）曲］毛发弯曲。

一个人年纪大了而又荒唐起来以至于赊账①的时候，不知怎么的，他决不赊格斯拉兄弟俩的账。如果有人拖欠他几双——比如说——两双以上靴子的价款，竟心安理得②地确信自己还是他的主顾，所以走进他的店铺，把自己的脚伸到那蓝色铁架眼镜底下，那就未免有点儿太不应该了。

人们不可能时常到他那里去，因为他所做的靴子非常经穿，一时穿不坏的——他好像把靴子的本质缝到靴子里去了。

人们走进他的店堂，不会像走进一般店铺那样怀着"请把我要买的东西拿来，让我走吧"的心情，而是心平气和地像走进教堂那样。来客坐在那张仅有的木椅上等候着，因为他的店堂里从来没有人的。过了一会儿，可以看到他的或他哥哥的面孔从店堂里二楼楼梯口往下边张望——楼梯口是黑洞洞的，同时透出沁人脾胃的皮革气味。随后就可以听到一阵喉音，以及趿拉③着木皮拖鞋踏在窄狭木楼梯的踢踏声；他终于站在来客的面前，上身没有穿外衣，背有点儿弯，腰间围着皮围裙，袖子往上卷起，眼睛眨动着——像刚从靴子梦中惊醒过来，或者说，像一只在日光中受了惊动因而感到不安的猫头鹰。

于是我就说："你好吗，格斯拉先生？你可以给我做一双俄国皮靴吗？"

他会一声不响地离开我，退回到原来的地方去，或者到店堂的另一边去；这时，我就继续坐在木椅上休息，欣赏皮革的香味。不久后，他回来了，细瘦多筋的手里拿着一张黄褐色皮革。他眼睛盯着皮革对我说："多么美的一张皮啊！"等我也赞美一番以后，他就继续说："你什么时候要？"我回答说："啊！你什么时候方便，我就什么时候要。"于是他就说："半个月以后，好不好？"如果答话的是他的哥哥，他就说："我要问问我的弟弟。"

然后，我会含糊地说："谢谢你，再见吧，格斯拉先生。"他一边说"再见"，一边继续注视手里的皮革。我向门口走去的时候，就又听到他的趿拉着木皮拖鞋的踢踏声把他送回到楼上做他的靴子的梦了。但是假如我要定做的是他还没有替我做过的新式样靴子，那他一定要照手续办事了——叫我脱下靴子，把靴子老拿在手里，以立刻变得又批评又爱抚的眼

①　[赊（shē）账]赊欠；把货款记在账上延期收付。
②　[心安理得]自以为做的事情合乎道理，心里很坦然。
③　[趿拉（tāla）]把鞋后帮踩在脚后跟下。

光注视着靴子，好像在回想他创造这双靴子时所付出的热情，好像在责备我竟这样穿坏了他的杰作①。以后，他就把我的脚放在一张纸上，用铅笔在外沿上搔②上两三次，跟着用他的敏感的手指来回地摸我的脚趾，想摸出我的要求的要点。

有一天，我有机会跟他谈了一件事，我忘不了那一天。我对他说："格斯拉先生，你晓得吗，上一双在城里散步的靴子咯吱咯吱地响了。"

他看了我一下，没有做声，好像在盼望我撤回或重新考虑我的话，然后他说：

"那双靴子不该咯吱咯吱地响呀。"

"对不起，它响了。"

"你是不是在靴子还经穿的时候把它弄湿了呢？"

"我想没有吧。"

他听了这句话以后，蹙蹙③眉头，好像在搜寻对那双靴子的回忆；我提起了这件严重的事情，真觉得难过。

"把靴子送回来！"他说，"我想看一看。"

由于我的咯吱咯吱响的靴子，我内心里涌起了一阵怜悯的感情；我完全可以想象到他埋头细看那双靴子时的历久不停的悲伤心情。

"有些靴子，"他慢慢地说，"做好的时候就是坏的。如果我不能把它修好，就不收你这双靴子的工钱。"

有一次（也只有这一次），我穿着那双因为急需才在一家大公司买的靴子，漫不经心④地走进他的店铺。他接受了我的定货，但没拿皮革给我看；我可以意识到他的眼睛在细看我脚上的次等皮革。他最后说：

"那不是我做的靴子。"

他的语调里没有愤怒，也没有悲哀，连鄙视的情绪也没有，不过那里面却隐藏着可以冰冻血液的潜在因素。为了讲究时髦，我的左脚上的靴子有一处使人很不舒服；他把手伸下去，用一个手指在那块地方压了一下。

"这里痛吧，"他说，"这些大公司真不顾体面。可耻！"跟着，他心里

---

① ［杰作］出色的作品。
② ［搔（sāo）］用铅笔在脚外沿上画出脚的轮廓。
③ ［蹙蹙（cù）］收缩眉头。
④ ［漫不经心］随随便便，不放在心上。

好像有点儿沉不住气了，所以说了一连串的挖苦话。我听到他议论他的职业上的情况和艰难，这是惟一的一次。

"他们把一切垄断①了，"他说，"他们利用广告而不靠工作把一切垄断去了。我们热爱靴子，但是他们抢去了我们的生意。事到如今——我们很快就要失业了。生意一年年地清淡②下去——过后你会明白的。"我看看他满是褶皱的面孔，看到了我以前未曾注意到的东西：惨痛的东西和惨痛的奋斗——他的红胡子好像突然添上好多花白须毛了！

我尽一切可能向他说明我买这双倒霉靴子时的情况。但是他的面孔和声调使我获得很深刻的印象，结果在以后几分钟里，我定了许多双靴子。这下可糟了！这些靴子比以前的格外经穿。差不多穿了两年，我也没想起要到他那里去一趟。

后来，我再去他那里的时候，我很惊奇地发现：他的店铺外边的两个橱窗中的一个漆上了另外一个人的名字——也是个靴匠的名字，当然是为王室服务的啦。那几双常见的旧靴子已经失去了孤高的气派，挤缩在单独的橱窗里了。在里面，现在已缩成了一小间，店堂的楼梯井口比以前更黑暗、更充满着皮革气味。我也比平时等了更长的时间，才看到一张面孔向下边窥视，随后才有一阵趿拉着木皮拖鞋的踢踏声。最后，他站在我的面前；他透过那副生了锈的铁架眼镜注视着我说：

"你是不是——先生?"

"啊！格斯拉先生!"我结结巴巴地说："你要晓得，你的靴子实在太结实了！看，这双还很像样呢!"我把脚向他伸过去。他看了看这双靴子。

"是的，"他说，"人好像不要结实靴子了。"

为了避开他的带责备的眼光和语调，我赶紧接着说："你的店铺怎么啦?"

他安静地回答说："开销太大了。你要做靴子吗?"

虽然我只需要两双，我却向他定做了三双；我很快就离开了那里。我有一种难以描述的感觉，以为他的心里把我看成对他存坏意的一分子；也许不一定跟他本人作对，而是跟他的靴子理想作对。我想，人们是不喜欢

---

① ［垄断］指独占、专卖。

② ［清淡］这里指买卖不兴旺，营业额少。

那样的感觉的；因为过了好几个月以后，我又到他的店铺里去；我记得，我去看他的时候，心里有这样的感觉："呵！怎么啦，我撇不开这位老人——所以我就去了！也许会看到他的哥哥呢！"

因为我晓得，他哥哥很老实，甚至在暗地里也不至于责备我。

我的心安下了，在店堂出现的正是他的哥哥，他正在整理一张皮革。

"啊！格斯拉先生，"我说，"你好吗？"

他走近我的跟前，盯着看我。

"我过得很好，"他慢慢地说，"但是我哥哥死掉了。"

我这才看出来，我所遇到的原本是他本人——但是多么苍老，多么消瘦啊！我以前从没听他提到他的哥哥。我吃了一惊，所以喃喃地说："啊！我为你难过！"

"的确，"他回答说，"他是个好人，他会做好靴子；但是他死掉了。"他摸摸头顶，我猜想，他好像要表明他哥哥死的原因；他的头发突然变得像他的可怜哥哥的头发一样稀薄了。"他失掉了另外一间铺面，心里老是想不开。你要做靴子吗？"他把手里的皮革举起来说，"这是一张美丽的皮革。"

我定做了几双靴子。过了很久，靴子才送到——但是这几双靴子比以前的更结实，简直穿不坏。不久以后，我到国外去了一趟。

过了一年多，我才又回到伦敦。我所去的第一个店铺就是我的老朋友的店铺。我离去时，他是个六十岁的人，我回来时，他仿佛已经七十五岁了，显得衰老、瘦弱，不断地发抖，这一次，他起先真的不认识我了。

"啊！格斯拉先生，"我说，心里有些烦闷，"你做的靴子好极啦！看，我在国外时差不多一直穿着这双靴子的；连一半也没有穿坏呀，是不是？"

他细看我这双俄国皮靴，看了很久，脸上似乎恢复了镇静的气色。他把手放在我的靴面上说：

"这里还合脚吗？我记得，费了很大劲才把这双靴子做好。"

我向他确切地说明：那双靴子非常合脚。

"你要做靴子吗？"他说，"我很快就可以做好；现在我的生意很清淡。"

我回答说："劳神，劳神！我急需靴子——每种靴子都要！"

"我可以做时新的式样。你的脚恐怕长大了吧。"他非常迟缓地照我的脚形画了样子，又摸摸我的脚趾，只有一次抬头看着我说：

"我哥哥死掉了，我告诉过你没有？"

他变得衰老极了，看了实在叫人难过；我真高兴离开他。

我对这几双靴子并不存什么指望，但有一天晚上靴子送到了。我打开包裹，把四双靴子排成一排；然后，一双一双地试穿这几双靴子。一点问题也没有。不论在式样或尺寸上，在加工或皮革质量上，这些靴子都是他给我做过的最好的靴子。在那双城里散步穿的靴口里，我发现了他的账单。单上所开的价钱与过去的完全一样，但我吓了一跳。他从来没有在四季结账日以前把账单开来的。我飞快地跑下楼去，填好一张支票，而且马上亲自把支票寄了出去。

一个星期以后，我走过那条小街，我想该进去向他说明：他替我做的新靴子是如何的合脚。但是当我走近他的店铺所在地时，我发现他的姓氏不见了。橱窗里照样陈列着细长的轻跳舞靴、带布口的漆皮靴，以及漆亮的长筒马靴。

我走了进去，心里很不舒服。在那两间门面的店堂里——现在两间门面又合二为一了——只有一个长着英国人面貌的年轻人。

"格斯拉先生在店里吗？"我问道。

他诧异①地同时讨好地看了我一眼。

"不在，先生，"他说，"不在。但是我们可以很乐意地为你服务。我们已经把这个店铺过户②过来了。毫无疑问，你已经看到隔壁门上的名字了吧。我们替上等人做靴子。"

"是的，是的，"我说，"但是格斯拉先生呢？"

"啊！"他回答说，"死掉了！"

"死掉了？但是上星期三我才收到他给我做的靴子呀！"

"啊！"他说，"真是怪事。可怜的老头儿是饿死的。"

"慈悲的上帝啊！"

"慢性饥饿，医生是这样说的！你要晓得，他是这样去做活的！他想把店铺撑下去；但是除了自己以外，他不让任何人碰他的靴子。他接了一份定货后，要费好长时间去做它。顾客可不愿等待呀。结果，他失去了所有

---

① ［诧（chà）异］惊讶；觉得奇怪。
② ［过户］转让所有权，房产、车辆、记名有价证券等在所有权转移时依照法定手续更换物主姓名。

的顾客。他老坐在那里，只管做呀做呀——我愿意代他说这句话——在伦敦，没有一个人可以做出比他更好的靴子！但是也得看看同业竞争呀。他从不登广告！他肯用最好的皮革，而且还要亲自做。好啦，这就是他的下场。照他的想法，你对他能有什么指望呢？"

"但是饿死——"

"这样说，也许有点儿夸张——但是我自己知道，他从早到晚坐在那里做靴子，一直做到最后的时刻。你知道，我往往在旁边看着他。他从不让自己有吃饭的时间；店里从来不存一个便士①。所有的钱都用在房租和皮革上了。他怎么能活得这么久，我也莫名其妙。他经常断炊②。他是个怪人。但是他做了顶好的靴子。"

"是的，"我说，"他做了顶好的靴子。"

练 习

一、本篇小说题名为《品质》，具有怎样的含义？作者真正要讴歌的是什么？

二、请你概括老制鞋匠格斯拉的思想和性格特征。

三、造成老格斯拉悲惨命运的社会原因是什么？造成这个悲剧的有个人因素吗？老格斯拉的悲剧是无可避免的吗？

四、在本篇小说中，细节描写与人物对话收到了怎样的艺术效果？

五、找出小说中表现叙述者"我"内心情感的句子，分析其情感倾向，说明这种情感倾向与小说情感氛围的关系。

六、在你的生活周围，还存在老格斯拉这类的传统手工业者吗？他们的境遇与老格斯拉是否相似？你认为有没有办法在工业社会保护传统小手工业的生存和从业者的利益？

---

① ［便士］英语 pence 的音译，英国的辅币，为英国最小的货币单位。
② ［断炊］因贫穷以至于没米没柴不能做饭。

人生最重要的品质

生命之所以有意义，在于品格操守的魅力。人生之所以有进步，源于追求良好的道德品质和人格操守。在一定意义上说，操守、品质是作为个体的人被社会和群体认同、并得以自由生存和共处的基本前提。因此操守常常被看作是一个人安身立命的基石，有的人甚至把它看得比生命还重要。

个人的品质操守应该是多层面的，既包含个人对社会的道德，比如爱国、守法、慈善等等，也包含个体与个体之间的道德，比如诚信、团结、牺牲精神等等，还包含个人自身的道德品质，比如坚强、坚持信念等等。这些品质交融在我们人生过程的每一个阶段，构筑我们的人格魅力，成就我们的人生价值。每时每刻我们都在自觉或被动地接受品质操守的考验，直到生命的最后。

人生重要的品质有哪些呢？在现代社会，"爱国守法、明礼诚信、团结友善、勤俭自强、敬业奉献"这二十个字的基本道德规范，首先应当被我们内化为自己的操守、品质。而在实际生活中，每个人又可以将这些基本规范进一步具体和完善，变成为人处世的基本原则。

什么样的品质是人生中最重要的呢？由于经历、环境的不同，每个人都有自己的认知和答案。

法国作家雨果认为，人生最重要的是善良。善良使我们同情弱者、扶危济困，没有了善良，人世就会沦为苦难黑暗的地狱。

美国总统华盛顿知道，人生最重要的是诚实。诚实比一百棵樱桃树更珍贵。只有诚实才能在社会立足，也才能得到别人的信任。

英国科学家霍金用《时间简史》告诉世人，最重要的品质是坚强。永远坐进轮椅并且失去说话能力的霍金，他的思想却可以邀游到广袤的太空。

清朝宰相张英用桐城老家的宅第启示我们，人生最重要的品质是宽容。与邻居发生矛盾的时候，后退三尺可以传为佳话：让一让，六尺巷。

董仲舒三年不窥园，专心攻读，是勤奋使他终成西汉著名思想家；美国通用公司的韦尔奇虽然口吃，却带领通用公司不断成长，是自信奠定了他成功的基石。蔺相如深明大义，廉颇负荆请罪，是团结使赵国成了春秋五霸之一。

凡此种种，不一而足。

当然，在我们现在市场经济体制下，更多的人认为，诚信才是最重要的品质。诚信是什么呢？诚信是人的内心状态，"诚"指诚实，不弄虚作假，"信"是讲信用，做到诚恳待人，以信用取信于人。孟子说："诚者，天之道也；思诚者，人之道也。"意思指诚信是自然的规律，追求诚信是做人的道理。

诚信确乎是中华文化中的基本道德观之一。传统文化中的诚信主要包含五个方面的内容：第一，诚实无欺，即人与人相处时应当坦诚相待，言行一致；第二，信守诺言，即对别人许下的诺言一定要兑现；第三，信任和信从，即在与人的交往中，一定要信任他，并服膺他的真知卓见；第四，执著与志向，即对某种理想的价值要有执著的追求和持有；第五，信的天理根据是诚，即诚是天理的根本道德属性，因而也是人伦道德的本源。

所以儒家学派一直把诚信看作是人生追求的重要目标之一。孔子说，"人无信不立"，又说"人而无信，不知其可也"，都是在强调诚信乃做人的根本道德。在现在市场经济条件下，诚信也具有了更重要的意义。

不管你认为何种品质最重要，总之，生命的意义，实在在于追求良好的道德品质。高尚的道德使人们最富魅力和号召力，能够推动社会的进步发展，也使人生达到别人无法企及的高度。人生的意义正在于此。

一、活动设计目的
探讨人生最重要的品质特性，培养良好的道德操守。

二、活动内容
1. 课前准备
品味本单元课文的思想内涵，确定自己的观点——在众多的道德操守中，人生最重要的品质是什么？对人的一生影响力最大的品质是什么？
然后据此搜集论据材料，可以名人故事和名言为主。
2. 小组讨论
课堂上，以前后左右四人为一小组，就各自观点展开讨论，学会从不同持论者角度来丰富、完善论证。
再把同学中观点相同或相近者聚拢起来，形成新的小组，深入讨论和总结，以丰富论据、加强论证力度。

3. 辩论

把意见相左的两组分成正方、反方，展开辩论。

辩论的目的不在于是非对错，也不在于争论出什么品质才是最重要的，而是在于通过双方陈述自己的观点和批驳对方的错误，使双方观点明晰透彻，为大家所理解接受，并能更深地影响同学们的思想养成。

第二单元

责任与义务

单元说明

　　一个人活在世上，注定是有责任和义务的。人生需要快乐，也需要幸福，但没有责任和义务的快乐和幸福是基本不存在的。我们在享受着来自家庭、社会和国家的关爱的同时，免不了要承担各种责任，小至对家庭、亲朋，大至对国家、社会的责任。

　　什么是责任？《汉语大词典》里对责任的解释是多义的，其含义包含使人担当某种职务和职责；指分内应做的事；做不好分内应做的事，因而应该承担的过失。责任心，也可称为责任感，即个体对责任的感知和感受。

　　责任感是一个人做好任何一件事都不可或缺的优秀品质，是一个集体、一个国家快速发展的原动力。没有责任感，小学生连扫地、擦黑板这样的小事情都干不好；没有责任感，公司职员会把自己该完成的工作当作儿戏，而给公司造成不可挽回的损失；没有责任感，体育运动员不可能在国际大赛上屡次为国争光；没有责任感，科学家不可能有诸多推动人类进步的发明创造；没有责任感，政府官员就可能忘记自己的公仆角色，而成为社会的蛀虫……

　　维护国家尊严，为国分忧是每个公民的责任；抚养子女是父母的责任；孝敬父母是子女的责任；教书育人，为人师表是教师的责任；发奋图强，立志成才是学生的责任……

从某个角度可以说，一个人能承担多大的责任，就能取得多大的成功。

本单元共有七篇课文。《李寄》刻画了少女李寄有勇有谋、智杀蛇妖、为民除害的形象，侧重表现主人公的家庭责任感和社会责任感。《水龙吟·登建康赏心亭》表达了辛弃疾忧国忧民而又壮志难酬的抑郁心情；《满江红》充分地反映了岳飞精忠报国、一腔热血的英雄气概；《张中丞传后叙》为英雄人物谱写了一曲慷慨悲壮的颂歌；三者都表现出坚决维护国家的荣誉和利益，对祖国、对人民的高度责任感。《希伯来语的复活》写犹太人埃里泽·本·耶胡达复活希伯来语的故事，对国家、对民族的强大的责任感创造出文化史上伟大的奇迹。姚明的《我的心装着中国》则告诉我们，姚明的成功源于心中装着祖国，清醒地意识到自己的责任。《带着妈妈去上学》表现的是一个"90后"少年令人感动的对家庭的责任感。《责任心是成功的基石》写的则是责任心对我们的人生、就业、成功所具有的积极的意义。这七篇文章都以责任感为中心，从不同角度阐述了责任感对每一个人的重要性。

通过对课文的学习，我们会更加清楚地了解自身的责任，更好地履行责任，勇于担当责任，不断成长，学会对自己负责，对国家负责，对社会负责。

顾炎武说"天下兴亡，匹夫有责。"爱因斯坦说："我每天提醒自己，我的精神生活和物质生活都依靠着别人的劳动，我必须尽力以同样的分量来报偿我所领受了的和至今还在领受着的东西。"以此共勉，让我们都来做一个负责任的人。

15 李　寄①

干　宝

阅读提示

干宝《搜神记》是我国魏晋时期笔记小说的代表作，《李寄》是其中的一篇优秀作品。本篇塑造了有勇有谋、智杀蛇妖、为民除害的少女李寄的形象。

本文故事情节虽较简单却很完整，叙事也井然有序。首先交代故事发生的地点、主要事件，展开矛盾。其次写李寄斩蛇的经过。最后写她入穴寻得九女髑髅，叹其怯弱，哀其不幸，交代了故事的结局。在叙事中，李寄的勇敢机智和官吏的懦怯无能形成强烈的对比。文章对李寄的描写虽然着墨不多，但能抓住情节的展开来表现，人物形象鲜明。但文章最后写越王"聘寄女为后"以及对其家人的奖赏，在情节结构上有画蛇添足之嫌，削弱了李寄斩蛇除害的社会意义。

本文在塑造人物形象时用了侧面烘托的手法，语言简洁利落，不拖泥带水，阅读时要仔细体会。

学习时要注意掌握下列字：围　朝　听

东越闽中有庸岭②，高数十里。其西北隙③中有大蛇，长七八丈，大十余围④，土俗⑤常惧。东冶都尉及属城长吏⑥，多有死者。祭以牛羊，故不

---

①　选自《搜神记》卷19。《搜神记》，古代志怪小说集，是东晋以来志怪小说中的重要著作。原本30卷，已佚；今本20卷，为明人胡应麟所辑，已非原貌。共有大小故事454个，所记多为神灵怪异之事，也有一部分属于民间传说。干宝（生卒年不详），字令升，新蔡（今属河南）人。东晋初著名的史学家。

②　[东越闽中有庸岭] 东越，汉初小国，在今浙江及福建一带。闽中，郡名。庸岭，山名，在今福建邵武县。

③　[隙（xì）] 低湿之地。

④　[围] 计量圆周的长度单位，两手的拇指和食指合拢来的长度为一围。

⑤　[土俗] 当地风俗。此指当地百姓。

⑥　[东冶都尉及属城长吏] 东冶，东越国都，今福建福州市。都尉，郡之军事长官。属城长吏，所属县城的长官。长吏，地位较高的县吏。《汉书·百官公卿表》县令、长"皆有丞、尉，秩四百石至二百石，是为长吏"。

得祸。或与人梦，或下谕巫祝①，欲得啖②童女年十二三者。都尉、令、长③，并共患之。然气厉不息④。共请求人家生婢子⑤，兼有罪家女养之。至八月朝⑥祭，送蛇穴口，蛇出吞啮⑦之。累年如此，已用九女。

尔时预复募索⑧，未得其女。将乐县⑨李诞，家有六女，无男。其小女名寄，应募欲行。父母不听。寄曰："父母无相⑩，惟生六女，无有一男，虽有如无。女无缇萦⑪济父母之功，既不能供养，徒费衣食，生无所益，不如早死。卖寄之身，可得少钱，以供父母，岂不善耶？"父母慈怜，终不听去。寄自潜行⑫，不可禁止。

寄乃告请⑬好剑及咋⑭蛇犬。至八月朝，便诣⑮庙中坐，怀剑将犬⑯。先将数石米餈⑰，用蜜麨⑱灌之，以置穴口。蛇便出，头大如囷⑲，目如二尺镜。闻餈香气，先啖食之。寄便放犬，犬就啮咋；寄从后斫⑳得数创。创痛急，蛇因踊出，至庭㉑而死。寄入视穴，得其九女髑髅㉒，悉举出，咤㉓言

---

① [下谕巫祝] 谕，告诉。巫祝，古代以歌舞娱神并自称能通鬼神的人。
② [啖（dàn）] 吃。
③ [令、长] 皆秦制县官，万户以上的县官为令，万户以下的为长。
④ [气厉不息] 指大蛇气焰凶猛，为害不止。厉，虐害，灾祸。
⑤ [家生婢子] 奴婢生的女儿。
⑥ [朝（zhāo）] 初一。
⑦ [啮（niè）] 咬，吃。
⑧ [尔时预复募索] 这时又预先招募寻找（童女）。
⑨ [将乐县] 县名，在今福建西北部。
⑩ [无相] 没有福相。
⑪ [缇萦（tí yíng）] 据刘向《列女传》记载，西汉太仓令淳于意有五女，缇萦最小。文帝时，淳于意因罪当受肉刑，缇萦随父入长安，上书请为官婢以赎父罪。汉文帝怜而赦其父罪，并废肉刑。
⑫ [潜行] 偷偷逃走。
⑬ [告请] 向官府申请领取。
⑭ [咋（zé）] 咬。
⑮ [诣] 到。
⑯ [将犬] 带着狗。
⑰ [数石米餈（cí）] 几十斗用米蒸制的糍子。
⑱ [蜜麨（chǎo）] 用麦芽做成的饴糖。
⑲ [囷（qūn）] 圆形的谷囤。
⑳ [斫（zhuó）] 砍。
㉑ [庭] 指洞外的空地。
㉒ [髑髅（dú lóu）] 死人的骨头。
㉓ [咤（zhà）] 感叹。

曰："汝曹①怯弱，为蛇所食，甚可哀愍②。"于是寄女缓步而归。

越王闻之，聘寄女为后，拜其父为将乐令，母及姊皆有赏赐。自是东冶无复妖邪之物。其歌谣③至今存焉。

练 习

一、按课文中的读音给下列字注音。

谕（　　）　啖（　　）　啮（　　）　咋（　　）　困（　　）

斫（　　）　糍（　　）　咤（　　）　髑髅（　　）

二、解释下列句中加点的词语

1. 或与人梦，或下谕巫祝（　　）

2. 八月朝祭（　　）

3. 父母不听（　　）

4. 虽有如无（　　）

5. 徒费衣食（　　）

6. 寄自潜行（　　）

7. 怀剑，将犬（　　）

8. 先将数石米糍（　　）

9. 汝曹怯弱（　　）

10. 聘寄女为后（　　）

11. 头大如困（　　）

12. 十余围（　　）

三、下列句子不属于侧面烘托李寄的是（　　）

1. 都尉、令、长，并共患之。

2. 土俗常惧。

3. 越王闻之，聘寄女为后。

4. 寄便放犬，犬就啮咋。

四、从家庭责任和社会责任的不同角度讨论李寄斩蛇的意义。

---

① ［汝曹］你们。

② ［哀愍（mǐn）］哀叹、怜悯。

③ ［歌谣］当指歌颂李寄斩蛇的歌谣。

16 词 两首

阅读提示

　　《水龙吟·登建康赏心亭》是辛弃疾的代表作，也是中国文学史上的名篇。词的上片写景抒情，借纵览秋色和刻画自我形象，抒写悲愤难抑情怀。词的下片词人述怀言志，借历史人物抒发抱负和感慨，曲折迂回地表达了忧国忧民而又壮志难酬的抑郁心情。全词运笔凝重，豪放沉郁，用典恰切。

　　《满江红·怒发冲冠》则是岳飞的是一首气壮山河、光照日月的传世名作，深为人们所喜爱。它真实、充分地反映了岳飞精忠报国、一腔热血的英雄气概。词的上片通过刻画作者始而怒发冲冠、继而仰天长啸的情态，揭示了他凭栏远眺中原失地所引起的汹涌激荡的心潮。词的下片进一步表现作者报仇雪耻、重整乾坤的壮志豪情。全词声情激越，气势磅礴。

　　两首词中都有脍炙人口、流传千古的名句，值得我们鉴赏。

水龙吟·登建康赏心亭①

辛弃疾②

楚天千里清秋，水随天去秋无际。遥岑远目，献愁供恨，玉簪螺髻③。

---

　　① 水龙吟，词牌名。此词为宋孝宗乾道五年（1169）辛弃疾任建康府通判时所作。一说作于淳熙元年（1174），作者任建康留守叶衡幕府参议官时所作。建康，今江苏南京。赏心亭，据《景定建康志》卷22："赏心亭在下水门之城上，下临秦淮，尽观览之胜。"为秦淮河边一览景胜地，今已不存。

　　② 辛弃疾（1140～1207），字幼安，号稼轩，历城（今山东济南）人，南宋最伟大的爱国词人。他的词主要表现抗金复土的豪情以及壮志难酬的悲愤，也有一些歌咏山川景物之作。其词风格继承苏轼，风格雄奇豪壮、苍凉沉郁。代表豪放词的最高成就。与苏轼并称为"苏辛"。有《稼轩长短句》，存词629首。

　　③ ["遥岑"三句] 遥望远山，像美人头上的碧玉簪和青螺发髻一样，似乎都在向人们表现无限的愁恨。遥岑远目，即远目遥岑。岑（cén），小而高的山。目，望。玉簪螺髻比喻远山的形状如美人头上的碧玉簪和螺形发髻。玉簪，女子插在头发上用以绾发的一种玉饰。螺髻，梳成螺形的发髻。

落日楼头，断鸿①声里，江南游子。把吴钩②看了，栏杆拍遍，无人会、登临意。

休说鲈鱼堪脍，尽西风，季鹰归未③？求田问舍，怕应羞见，刘郎才气④。可惜流年，忧愁风雨，树犹如此⑤！倩何人、唤取红巾翠袖，揾英雄泪⑥？

满 江 红⑦

岳 飞

怒发冲冠⑧，凭⑨阑处、潇潇⑩雨歇。抬望眼⑪，仰天长啸⑫，壮怀激烈。

---

① ［断鸿］失群的孤雁。

② ［吴钩］古代吴地特产的一种兵器，似剑而刀刃弯，此处泛指刀剑。看吴钩是希望借以建功之意。

③ ［"休说"三句］表示自己不愿放弃大业，只图个人安逸，像张翰一样回到故乡。据《世说新语·识鉴》记载，张翰在洛阳做官，见秋风吹起，思念家乡吴中的菰菜（茭白）、莼羹和鲈鱼脍，便说："人生贵得适意耳，何能羁宦数千里以要名爵乎？"于是辞官归隐，后人用此典故表示不愿做官只想回家乡。脍，通"脍"，将鱼肉切细。季鹰，即张翰，字季鹰，晋吴郡人。归未，归去没有？用疑问语气表示未归。

④ ［"求田"三句］意思是自己不愿意学许汜（sì），去置田买屋安居乐业，为天下英雄耻笑。《三国志·魏志·陈登传》记载，刘备与许汜共论天下人，许汜谓陈元龙（即陈登）"湖海之士，豪气不除"。并言自己昔日见陈登之时，陈登"无主客之意，久不相与语"，自卧于大床，令许汜于下床。刘备对他说："君有国士之名，今天下大乱，帝王失所，望君忧国忘家，有救世之意，而君求田问舍，言无可采，是元龙所讳业，何缘当与君语！如小人（刘备自称）欲卧百尺楼上，卧君于地，何但上下床之间邪？"后人常用"求田问舍"来批评只知道积蓄家产胸无大志的人。

⑤ ［"可惜流年"三句］意思是感叹年华在无所作为中逝去，为国运感到忧愁，人比树老得还快。晋朝大将军桓（huán）温北征西夏，路上见到自己以前种的柳树已经有十围，感慨说："木犹如此，人何以堪！"于是攀枝执条，流下眼泪。作者用此典表示时光飞逝，年华虚度，壮志未酬。流年，如流水一样易逝的年华。风雨，比喻艰难的国势。

⑥ ［"倩何人"三句］倩（qiàn），请。红巾翠袖，本指年轻女子的妆饰，此指代歌女。揾（wèn），擦拭。

⑦ 选自《宋词选》（上海古籍出版社 1978 年版）。岳飞（1103～1142），字鹏举，相州汤阴（今属河南）人。南宋抗金名将。

⑧ ［怒发冲冠］气得头发竖立，顶起了帽子。这是夸张的手法，形容气愤到了极点。《史记·廉颇蔺相如列传》"相如因持璧却立，倚柱，怒发上冲冠。"

⑨ ［凭］倚靠。

⑩ ［潇潇］急骤的雨声。

⑪ ［抬望眼］抬头纵目远望。

⑫ ［啸］指激动时发出的声音。

三十功名尘与土①，八千里路②云和月。莫等闲③、白了少年④头，空悲切。

靖康⑤耻，犹未雪⑥；臣子恨，何时灭！驾长车、踏破贺兰山缺⑦。壮志饥餐胡虏⑧肉，笑谈渴饮匈奴⑨血。待从头⑩、收拾旧山河，朝天阙⑪。

 **练 习**

一、解释下列句子中加点的字。

1. 遥岑远目

2. 把吴钩看了

3. 揾英雄泪

4. 怒发冲冠，凭阑处、潇潇雨歇

5. 三十功名尘与土

6. 莫等闲

7. 凭阑处

二、试分析《水龙吟·登建康赏心亭》中典故的含义和作用。

三、"壮怀"是《满江红》的点题之笔，试从词中找出"壮怀"的具体内容，用自己的话列举出来。

四、比较这两首词的共同点和不同点。

---

① ［尘与土］谓功名犹如尘土，指报国壮志未能实现而言。

② ［八千里路］作者从军以来，转战南北，征程约有八千里。"八千"与前句中的"三十"都是举其成数而言。云和月，指披星戴月，日夜兼程。

③ ［等闲］轻易，随便。

④ ［少年］指青年时期，与现代汉语"少年"不同。

⑤ ［靖康］宁钦宗赵桓年号。靖康元年（1126），金兵攻陷汴京，次年掳徽宗赵佶、钦宗赵桓北去，北宋灭亡。"靖康耻"指此而言。

⑥ ［雪］洗雪。

⑦ ［驾长车踏破、贺兰山缺］长车，战车。贺兰山，在今宁夏西，当时为西夏统治区。此处借为金人所在地。缺，指险隘的关口。

⑧ ［胡虏］对外族侵略者表示痛恨的称呼，这里指金人。胡，古代对北方少数民族的通称。

⑨ ［匈奴］古代北方的一个民族。这里指金国。

⑩ ［从头］重新。收拾，整顿。

⑪ ［天阙（què）］宫门。朝天阙，指回京献捷。

17　张中丞传后叙^①

韩　愈^②

阅读提示

　　"序"是文章体裁的一种，古人常用它来说明著作出版的情况，或对作家作品的介绍评论，一般放在书前，变称作"叙"或"引"。"后序"除具备"序"的作用外，还可对著作进行补充，批语或反驳，一般放在书后。这篇文章是作者在阅读李翰所写的《张巡传》后，对有关材料作的补充，对有关人物的议论，所以题为"后叙"。

　　唐玄宗天宝十五年（756年），安史之乱爆发，李隆基仓皇逃往四川。在叛军回兵东扫之时，张巡、许远孤守睢阳城十余月，拖住了数十万叛军，为李唐王朝重整军队，平定叛乱争取了有利的时间。最后，睢阳终于因为弹尽粮绝被攻破，张、许二人以身殉国。但因为种种原因，两人的英雄业绩并没有得带朝廷的正确评价，反遭诬陷和诋毁，延续了五十余年，最后演变成张、许的后代子孙对簿公堂的局面。韩愈有感于此，义愤填膺写下了这篇后叙。文章中作者义正言辞地驳斥了对张巡、许远二人的种种污蔑和诋毁，为英雄辩诬、正名。同时补叙了南霁云和张巡的一些轶事。

　　全文感情激荡，褒贬分明，议论叙事并重，不分宾主，其"截然五段，不用钩连，而神气流注，章法浑成"（高步瀛《唐宋文举要》引方苞语）。文中关于南霁云拒食断指、抽矢射塔，张巡诵读《汉书》、起旋众泣等细节描写颊上添毫，传神写意，形象栩栩如生，光彩照人。

---

　　① ［张中丞］即张巡（709～757），邓州南阳（今河南省南阳市）人。唐玄宗开元末进士，由太子通事舍人出任清河县令，调真源县令。安史乱起，张巡在雍丘一带起兵抗击，后与许远同守睢阳（今河南省商丘市），肃宗至德二载（757）城破被俘，与部将36人同时殉难。乱平以后，朝廷小人竭力散布张许降贼有罪的流言，为割据势力张目。韩愈感愤于此，遂于元和二年（807）继李翰撰《张巡传》（今佚）之后，写了这篇后叙，为英雄人物谱写了一曲慷慨悲壮的颂歌。

　　② ［韩愈（768～824）］唐代文学家、思想家。字退之，河内河阳（今河南孟县）人。自谓郡望昌黎，世称韩昌黎。韩愈与柳宗元同为古文运动的倡导者，为"唐宋散文八大家"之首。有《昌黎先生集》。

文章先议后叙，夹叙夹议，叙议结合；塑造人物形象时注重细节描写及侧面烘托手法的运用，这些都是在学习本文时需重点关注的。

　　元和二年①四月十三日夜，愈与吴郡张籍②阅家中旧书，得③李翰④所为《张巡传》。翰以文章自名⑤，为此传颇详密，然尚恨有缺者：不为许远⑥立传，又不载雷万春⑦事首尾。远虽材若不及巡者，开门纳巡，位⑧本在巡上，授之柄而处其下，无所疑忌，竟与巡俱守死⑨，成功名，城陷而虏⑩，与巡死先后异耳。两家子弟材智下⑪，不能通知⑫二父志，以为巡死而远就虏⑬，疑畏死而辞服⑭于贼。远诚⑮畏死，何苦守尺寸之地，食其所爱之肉⑯，以与贼抗⑰而不降乎！当其围守⑱时，外无蚍蜉蚁子⑲之援，所欲忠者，国与主耳，而贼语以国亡主灭。远见救援不至，而贼来益众，必以其言为信⑳。

---

　　① ［元和二年］公元 807 年。"元和"为唐宪宗年号。
　　② ［张籍］字文昌，和州乌江（今安徽和县）人，唐德宗贞元十五年（799）进士，唐代诗人。吴郡是他的郡望，即有名望的祖先原籍。
　　③ ［得］指发现。
　　④ ［李翰］字子羽，赵州赞皇（今河北元氏）人。
　　⑤ ［以文章自名］因为文章写得好而自负。自名，自许，自负。
　　⑥ ［许远（709～758）］字令威，杭州盐官（今浙江海宁县）人，一说杭州新城（今杭州富阳县）人。安史之乱时，任睢阳太守，后城陷被捕，继张巡之后被杀。
　　⑦ ［雷万春］张巡部将，参与固守睢阳，英勇善战，城破与张巡一同遇难。本文此后只叙南霁云事，未记雷万春事迹，所以有人怀疑这里的"雷万春"当是"南霁云"之误。
　　⑧ ［位］地位。张巡当时是县令，许远是睢阳太守，地位比张巡高。
　　⑨ ［竟与巡俱守死］竟，最终。俱守死，一起守城，一起赴难。
　　⑩ ［虏］被俘虏。
　　⑪ ［两家弟子材智下］张巡、许远两家后人才能智慧低下。这里实际上指张巡子张去疾。据《新唐书·许远传》载，张去疾在唐代宗大历年间上书，说当时张巡、许远各守一面，睢阳城被攻破是从许远把守的一面开始，许远又受虏后死，可见蓄意降贼，应当追夺官职，未被采纳。
　　⑫ ［通知］完全了解，通晓。通：全部，完全。
　　⑬ ［就虏］指接受俘虏的身份。
　　⑭ ［辞服］服罪，说了屈服的话。
　　⑮ ［诚］果真。
　　⑯ ［食其所爱之肉］把自己喜爱之人的肉给士兵吃。据《新唐书》载，睢阳被围日久，城中粮尽，张巡杀爱妾，许远杀家奴，给士兵充饥。
　　⑰ ［抗］对敌，对抗。
　　⑱ ［围守］被包围而固守。
　　⑲ ［蚍蜉（pífú）蚁子］蚍蜉，大蚂蚁。蚁子，小蚂蚁。两者比喻极为弱小。
　　⑳ ［必以其言为信］一定会把敌人的话当作真实的。信，真实。

外无待而犹死守，人相食且①尽，虽愚人亦能数日而知死处矣②，远之不畏死亦明矣！乌③有城坏其徒④俱死，独蒙愧耻⑤求活？虽至愚者不忍为，呜呼！而谓远之贤⑥而为之邪？

说者又谓：远与巡分城而守，城之陷自远所分⑦始。以此诟⑧远，此又与儿童之见无异。人之将死，其脏腑必有先受其病者，引绳而绝之⑨，其绝必有处⑩。观者见其然⑪，从而尤⑫之，其亦不达于理矣。小人之好议论，不乐成人之美如是哉⑬！如巡、远之所成就，如此卓卓⑭，犹不得免⑮，其他则又何说！

当二公之初守也，宁能知人之卒不救⑯，弃城而逆遁⑰？苟⑱此不能守，虽避之它处何益？及其无救而且穷也⑲，将其创残饿羸之馀⑳，虽欲去，必

---

① 〔且〕将要，快要。

② 〔虽愚人亦能数日而知死处矣〕虽，即使。数（shǔ）日，算着日子。死处，死的地方，这里指死的时间。

③ 〔乌〕何，哪里。

④ 〔徒〕徒众，指士兵。

⑤ 〔独蒙愧耻〕独自忍受羞愧耻辱。蒙，承受，忍受。

⑥ 〔而谓远之贤〕难道说许远这样的贤人。而，难道，表转折。

⑦ 〔所分〕分担把守的一面。张巡与许远曾分兵把守睢阳，当时许远守城西南，张巡守城东北。城陷时敌军先从许远所守的地段攻入，有人便借此污蔑许远。

⑧ 〔诟（gòu）〕辱骂，污蔑。

⑨ 〔引绳而绝之〕引，拉。绝，断。

⑩ 〔必有处〕指一定先从某一处开始。

⑪ 〔然〕指示代词，这样，这种情况。

⑫ 〔尤〕指责，责怪。

⑬ 〔成人之美如是哉〕成人之美，成全别人的美名。《论语·颜渊》"君子成人之美，不成人之恶，小人反是。"如是哉，像这样啊！意思是竟然到这样的地步。

⑭ 〔卓卓〕卓越杰出，超出于一般人。

⑮ 〔犹不得免〕犹，还。免，指免遭指斥、攻许。

⑯ 〔宁能知人之卒不救〕哪里能知道别人最终不来救援。宁，怎么，哪里。卒，最终。

⑰ 〔逆遁〕预先逃跑。

⑱ 〔苟〕如果。

⑲ 〔及其无救而且穷也〕等到他们没有救援并且将要走向穷途末路。及，等到。且，将要、快要。穷，穷尽，处于困厄的境地。

⑳ 〔创残饿羸（léi）之馀〕创残，指因战斗而受到伤残。羸，瘦弱。余，指剩下的士卒。

不达①。二公之贤，其讲之精矣②。守一城，捍天下，以千百就尽之卒③，战百万日滋④之师，蔽遮⑤江淮，沮遏⑥其势，天下之不亡，其谁之功也？当是时，弃城而图存⑦者，不可一二数⑧；擅强兵坐而观者，相环⑨也。不追议⑩此，而责二公以死守，亦见其自比于逆乱⑪，设淫辞而助之攻也⑫。

　　愈尝从事于汴、徐二府⑬，屡道⑭于两州之间，亲祭于其所谓双庙⑮者。其老人往往说巡、远时事，云：南霁云⑯之乞救于贺兰⑰也，贺兰嫉巡、远之声威、功绩出己上⑱，不肯出师救。爱霁云之勇且壮，不听其语，强留之。具食与乐，延霁云坐。霁云慷慨语曰："云来时，睢阳之人不食月余日矣。云虽欲独食，义不忍⑲；虽食，且不下咽！"因拔所佩刀，断一指，血淋漓，以示贺兰。一座大惊，皆感激⑳为云泣下。云知贺兰终无为云出师意，即驰去。将出城，抽矢射佛寺浮图㉑，矢著其上砖半箭㉒，曰："吾归破

---

① ［达］实现。

② ［二公之贤，其讲之精矣］张、许二公这样贤明，他们已经考虑得很周到了。讲，议论。精，精辟，周到。

③ ［以千百就尽之卒］以，凭借、率领。就尽，渐趋覆没。

④ ［日滋］一天比一天增加。

⑤ ［蔽遮］掩护、遮挡。

⑥ ［沮遏（jǔè）］阻挡，遏制。

⑦ ［图存］求活命。存，活。

⑧ ［不可一二数（shǔ）］不是一个两个，盛言其多。数，计算。

⑨ ［相环］环绕在睢阳周围，指四周都是。

⑩ ［追议］指追究议论。此，指上文提到的弃城图存或见死不救之人。

⑪ ［自比于逆乱］自列于叛逆乱臣之中。比，并列。

⑫ ［设淫辞而助之攻也］制造夸大失实的谣言帮助叛贼向张巡、许远进攻。淫辞，无中生有、虚妄不实的言论。之，指上句所言"逆乱"。

⑬ ［从事于汴、徐二府］从事，官名，唐时通称幕僚为从事。这里用作动词，任职之意。汴，汴州，今河南开封市。徐，徐州，今江苏徐州市。府，幕府，即军政机关。当时二府的节度使董晋、张建均任韩愈为佐史。

⑭ ［道］经过，来往，用作动词。

⑮ ［双庙］张巡、许远死后，唐肃宗追赠张巡为扬州大都督，许远为荆州大都督，并在睢阳立庙，合祭二人，故称"双庙"。

⑯ ［南霁云］魏州顿丘（今河南清丰县）人，亦张巡部将，一同死难。

⑰ ［贺兰］即贺兰进明，时任河南节度使，驻兵临淮（今江苏盱眙西北），距睢阳很近。

⑱ ［出己上］超过自己。

⑲ ［义不忍］从道义上说也不忍心。

⑳ ［感激］感动激发。

㉑ ［浮图］佛塔。

㉒ ［矢著其上砖半箭］箭射中佛塔上的砖，一半箭柄没入砖内。著（zhuó）：附着，指射中。

贼，必灭贺兰，此矢所以志^①也！"愈贞元中过泗洲^②，船上人犹指以相语^③。城陷，贼以刃胁降巡^④，巡不屈，即牵去，将斩之；又降霁云，云未应，巡呼云曰："南八^⑤！男儿死耳，不可为不义屈^⑥！"云笑曰："欲将以有为也^⑦。公有言，云敢不死！"即不屈。

张籍曰：有于嵩者，少依于巡^⑧，及巡起事^⑨，嵩常在围中^⑩。籍大历中于和州乌江县见嵩^⑪，嵩时年六十余矣。以巡^⑫初尝得临涣县尉^⑬，好学，无所不读。籍时尚小，粗闻巡、远事，不能细也。云：巡长七尺余，须髯^⑭若神。常见嵩读《汉书》，谓嵩曰："何为久读此？"嵩曰："未熟也。"巡曰："吾于书读不过三遍，终身不忘也。"因诵嵩所读书，尽卷^⑮不错一字。嵩惊，以为巡偶熟此卷，因乱抽他帙^⑯以试，无不尽然。嵩又取架上诸书，试以问巡，巡应口诵无疑。嵩从巡久，亦不见巡常读书也。为文章，操纸笔立书，未尝起草。初守睢阳时，士卒仅^⑰万人，城中居人户亦且数万，巡因一见问姓名，其后无不识者。巡怒，须髯辄张^⑱。及城陷，贼缚巡等数十人，坐，且将戮^⑲，巡起旋^⑳。其众见巡起，或起或泣，巡曰："汝勿怖！

---

① ［志］同"誌"作标记。
② ［愈贞元中过泗洲］贞元为唐德宗年号（785～805）。泗州，唐属河南道，州治在临淮。
③ ［指以相语］指着佛塔告诉我。
④ ［以刃胁降巡］拿着刀威胁张巡，让他投降。
⑤ ［南八］即南霁云，因他在同宗兄弟中排行第八。唐人习惯以称呼排行表示熟络、亲热。
⑥ ［为不义屈］屈服于不义之人。为，被。
⑦ ［欲将以有为也］原想留着性命有所作为。以，以之，凭借、依靠这条命。
⑧ ［少依于巡］年轻时就依附张巡，指跟随办事。
⑨ ［起事］指起兵抗击叛乱。
⑩ ［常在围中］常，通"尝"，曾经。围中，围城之中，指睢阳。
⑪ ［籍大历中于和州乌江县见嵩］大历，唐代宗李豫年号（766～779）。和州乌江县，今安徽和县，张籍故乡。
⑫ ［以巡］指因为张巡的提携举荐。以，因为。
⑬ ［临涣县尉］临涣，今安徽宿县西北。县尉，县令的属官，负责军事、治安。
⑭ ［须髯（rán）］胡须。长在下巴上称须，长在两腮称髯。
⑮ ［尽卷］指背完一卷。
⑯ ［他帙（zhì）］指《汉书》中的其他卷。帙，书套，后用以指书籍，这里指卷。
⑰ ［仅（jìn）］几乎，将近。以言其多。
⑱ ［辄（zhé）张］辄，就。张，蓬开。
⑲ ［戮（lù）］杀。
⑳ ［起旋］转身。一说作"小便"解。

死，命也。"众泣，不能仰视。巡就戮时，颜色①不乱，阳阳②如平常。远宽厚长者，貌如其心；与巡同年生，月日后于巡，呼之为兄，死时年四十九。嵩贞元初死于亳、宋间③。或传嵩有田在亳、宋间，武人夺而有之，嵩将诣州讼理④，为所杀。嵩无子。张籍云。

练习

一、解释下列加点的词语。

1. 不能通知二父志

2. 疑畏死而辞服于贼

3. 以此诟远

4. 弃城而逆遁

5. 二公之贤，其讲之精矣

6. 以千百就尽之卒，战百万日滋之师

7. 设淫辞而助之攻也

8. 初守睢阳时，士卒仅万人

二、理解并翻译下列句子。

1. 城陷而虏，与巡死先后异耳

2. 远之不畏死亦明矣

3. 引绳而绝之，其绝必有处

4. 抽矢射佛寺浮图，矢著其上砖半箭

5. 此矢所以志也

三、分别概括张巡、许远、南霁云三个人物的性格特征。

四、找出文中的细节描写，分析它们对表现人物性格的作用。

五、简要分析文中三个正面人物的相互映衬作用，找出文中通过反面人物来衬托正面人物的地方。

---

① ［颜色］脸色。
② ［阳阳］安详的样子。
③ ［亳（bó）、宋间］亳州，今安徽亳州市。宋，宋州，今河南商丘市，治所就在睢阳。
④ ［诣（yì）州讼理］到州里去告状。诣，到，往。讼理，指告状。

18 带着妈妈去上学①

蒋 伟

阅读提示

　　本文叙写了一首当代"孝子"歌，一个 17 岁的少年，用稚嫩的双肩承担起了该由一个大人承担的责任，带着母亲去上学。一边上学，一边照顾痴呆生活不能自理的母亲。尽管生活艰辛，依然乐观而阳光。

　　从某种意义上讲，一个不爱父母的人，肯定不会爱朋友、爱祖国，不能指望他对社会作出多大的贡献。陶星小小年纪承受了常人都不能承受的不幸与艰辛，但他对家庭和生活的爱和理解也绝非常人所能企及的！他身上充溢出的孝心、爱心和感恩心让我们的心灵受到强烈的震撼！本文告诉我们，即使你不能做出惊天动地的大事，至少要做一个有爱心，懂义务，乐于奉献的人。

　　本文用小标题的形式，条理清晰、提纲挈领地从多方面叙述了陶星的感人事迹。阅读时要注意人物的语言，仔细揣摩语言描写对刻画人物形象的作用。

　　这是一个"90 后"一代的非典型人物。说他"非典型"，是因为他和所有"90 后"少年一样，充满求知欲，对一切新鲜事物感到好奇，喜欢唱歌、打球、玩电脑，也喜欢看"超级女声"。但他又是与众不同的，在他身上，难能可贵地充溢着"90 后"一代在成长中迫切需要的孝心、爱心和感恩心。17 岁，正是花季少年需要父母遮风挡雨的年龄，而湖南省岳阳县三中高二学生陶星却承担了该由一个大人来承担的责任。陶星 14 岁时，身患癌症的父亲去世，留下一个患有羊角风病、只有婴儿般智力的聋哑母亲和两万元的债务。此后的三年里，照顾母亲的重任就压在了他身上，这位坚强、乐观的阳光少年开始了带着母亲求学的生涯。

---

　　① 节选自《妈妈啊，儿将永远陪伴您!》(《意林》2008 年 14 期)，略有改动，题目为编者添加。

2007 年 3 月 31 日，本报记者来到岳阳，与陶星一起生活了三天，体验了一位 17 岁少年的孝道带给我们的震撼与感动。

带着痴呆母亲去上学

2007 年 3 月 31 日，在岳阳市民政部门的帮助下，陶星第一次带着聋哑智障的母亲王佳良去医院做系统检查。因为陶星要回学校上课，好心的邻居刘阿姨留在医院帮忙照顾妈妈。晚上，家里第一次少了母亲的身影，陶星显得坐立不安，夜深了，还借记者的手机询问妈妈的吃住和身体情况。

在岳阳县三中，每天中午下课，陶星都是第一个跑出教室，不是因为饿了急着去食堂吃饭，他是要赶回学校附近的租住房，为生活不能自理的母亲做饭。除了安排母亲的一日三餐，陶星还得教母亲刷牙、帮母亲洗脚、洗衣服等，因为母亲手有残疾，他还要给她擦洗身子。记者问："你是大男孩了，给妈妈洗澡不太方便吧？"他的回答让记者觉得有些惭愧："最开始我有些顾虑，但现在习惯了。妈妈生了我养了我，我给她洗澡没有什么不可以的。母亲痴呆，我不替她洗，她就会很脏，来了例假，尿湿了衣裤被子，都是我来处理，这很正常。"自从父亲去世后，凡是一个家长该为一个两岁孩子做的事，陶星全为母亲做了，陶星说，"在家里，妈妈是孩子，我是大人。""妈妈啊，这一辈子，无论在什么地方，无论在什么时候，我们都不会丢下您！"陶星发自内心的呼喊让记者的心灵受到强烈的震撼。

冬天搂着妈妈双脚入睡

2007 年 4 月 1 日。晚饭后，妈妈上厕所时尿湿了裤子，陶星连忙替她换上干净衣服，又倒水帮她清洗。记者惊讶于他动作的娴熟。陶星说，尽管妈妈痴呆，却很爱干净。因此，每过两三天就要给她洗头、洗澡，否则她就会不高兴。在陶星的悉心照料下，妈妈每天穿着干净，脸色红润，体型甚至微微发福了。这几天高压锅坏了，饭老是煮糊，他只好把好的选出来给母亲，糊了的留给自己吃。妈妈王佳良聋哑又痴呆，只有两三岁小孩的智力，脾气也很不好，遇到不如意的地方，她便嗷嗷大叫，甚至不知轻重地打人，陶星只好默默承受，所以常被打得身上青一块紫一块的。陶星很担心她晚上睡觉踢被子和发病，每晚要催她上两次厕所，所以他一直与妈妈睡在一起。晚上他特别容易醒，妈妈一抽搐，就会从睡梦中惊醒起身给她喂药，养成了习惯。冬天，他还怕妈妈受冻，晚上把她的双脚紧紧搂在自己的怀里。

感恩照料妈妈天经地义

2004年5月，陶星读初二时，55岁的父亲陶荣初患癌症去世。陶星开始了一边照顾母亲一边读书的生活，一年后以全班第一名的成绩升入岳阳县三中。而比他大四岁的姐姐，高中毕业后来到岳阳市边学电脑边打工。

读高中后，学校离家里有10多公里，陶星不可能每天都回家，只好委托邻居照看一下母亲，他和姐姐每周末轮流回家照顾。一次邻居告诉他，他妈妈在家里发了病，摔得头破血流。陶星听了心里非常难受。于是，他将妈妈送到了镇上的敬老院，不料几天后妈妈就大吵大闹要回家。"一见面，她流着泪将我和姐姐紧紧搂在怀里，久久不肯松手，还一边摇头，一边嘴里含糊不清地说着什么。"回忆起当时的情景，陶星泪流满面，"妈妈啊，这一辈子，无论在什么地方，无论在什么时候，我们都不会丢下您！"

2006年9月，他在学校附近租了一间地下室，一边照料母亲一边读书。但一个月后，房东因特殊情况急作他用，他们不得不搬出来。新墙镇农技站的刘永红阿姨了解情况后，把母子俩接到家里，不收房租和水电费，他们终于又有了一个"新家"。

"母亲虽然疯疯癫癫，但她却知道疼我和姐姐。别人给她一个苹果，她会切一半留给我；邻居给她的零食，她都放在衣兜里留给我。"陶星说。他跟母亲能够用几个简单手势的沟通，"我母亲高兴时会用她的下巴靠着我的头撒娇；她还会用手指着我的校徽，又竖起大拇指，意思是说，我是个学生，将来是有出息的！"

父亲曾告诉陶星，母亲在怀他的时候，一次发病摔倒在马路中央，摔得头破血流不省人事。可是，她刚醒过来，就不停地摸肚子，发现孩子还在，就举起大拇指示意围观的人，意思是孩子还好。"这件事，我一辈子都记得，没有母亲，哪里又会有我呢？所以我照料母亲是天经地义的。"

陶星说，他最大的愿望就是治好母亲的病。

最怕妈妈走丢了

陶星最怕的事是"妈妈走丢了"。他说，一个月前妈妈曾走丢过一次，他费了好大劲才把妈妈找回来。

那是今年正月十二的下午，陶星像往常一样下课后小跑回到家。当他推开房门却大吃一惊，妈妈不见了！"妈妈只怕是出事了，快找！快找！"陶星找遍整个院子，也不见妈妈的踪影。他慌了，急忙找邻居王爷爷借了一辆旧自行车，到外面去找。雨不停地打在他的脸上，冰冷冰冷的，陶星毫不在乎。最后路边一个缝纫店的女老板告诉他，他妈妈朝荣家湾方向走去了。一个中年女子被陶星的孝心所感动，塞给他50元钱，让他去坐摩托车找。车在路上颠簸，夜色越来越浓，陶星急得心都要跳出来了。雨越下越大，他全身湿透了，冻得直打哆嗦。他想，妈妈肯定也在风雨中挨冻。这时，他多么希望妈妈就在眼前，"多想叫声'妈妈'时她能回应我"。陶星心里不停地祈祷"妈妈，千万不要出事"。在离县城不到一公里多的311工厂附近，陶星终于找到了倒在地上"哇，哇，哇……"叫喊的母亲。他脱下自己的衣服，用双手拧干水，擦干妈妈身上的雨水和泥泞，把妈妈抱上摩托车。回来时已是深夜，陶星泡了一杯红糖水，用勺子慢慢地喂妈妈喝下。随后，他又帮妈妈换洗了所有衣服，轻轻地把妈妈扶到床上躺下，盖上两床被子。晚上11时，陶星才走进厨房给自己做了点饭吃。

喜欢唱歌的阳光男孩

陶星喜欢一边唱歌一边做家务。他喜欢"超级女声"张靓颖，也喜欢湖南卫视《晚间》栏目幽默风趣的主持人张丹丹。尽管生活充满艰辛，但陶星从未向命运低头。他从未以照顾母亲为借口耽误过一节课。他说："只要妈妈活着，就是我最大的动力，再苦再累也要熬过去，因为我是个顶天立地的男子汉！"

陶星初三的语文老师孙桂文回忆说，每当她在课堂上讲到孝道和做人时，陶星总是听得最认真，讲到朱自清《背影》、胡适《我的母亲》这些课文时，他甚至热泪盈眶。

记者发现，陶星喜欢一边哼唱那首《感恩的心》，一边做着家务活。"天地虽宽这条路却难走，看遍这人间坎坷辛苦，我还有多少爱我还有多少泪，要苍天知道我不认输。"可能是他跟歌词里的意境有太多共鸣。岳阳县三中团委书记廖娴老师告诉记者，陶星喜欢唱歌、播音，多次被评为优秀青年志愿者、优秀播音员、三好学生、德育标兵。学校青年志愿者组织去镇敬老院打扫卫生，陶星每次都很积极，并没有因为要照顾母亲而推辞。

陶星学习很刻苦，成绩一直排在班级前十名。陶星乐于帮助别人，很有人缘。高一时的同桌尹婉舒说，陶星为向她讲清一个数学题目不惜耗费自己宝贵的休息时间。前不久，学校有位女同学摔成重伤，学校号召捐款，陶星把衣兜里仅有的 5 元钱捐了出来，这可是他和母亲两天的伙食费。

 练 习

一、看了本文，试想想作为"90 后"的陶星给同龄的我们带来了哪些启示？

二、我们活在世上，不免要承担各种责任，试想想我们要承担哪些责任？如何承担？

19 责任心是成功的基石[①]

沃尔特·米勒

阅读提示

  本文节选自沃尔特·米勒所著的《这是我的错》一书。沃尔特·米勒（Walter Miller）是美国一位著名的社会活动家、职业培训专家和多家著名跨国公司的咨询顾问。他在考察了诸多成功人士以后发现，决定他们成功的最重要因素不是智商、领导力、沟通技巧、组织能力、控制能力等，而是责任，即一种努力行动、使事情的结果变得更积极的心理。《这是我的错》正是他向我们阐释责任理念的一本力作。

  《这是我的错》共分为四个部分。第一部分"这是我的错"，给我们讲述了犯错并不可怕，可怕的是没有主动地从内心深处承认自己的错误；第二部分"承担责任是成熟的标志"，向我们说明了责任是一个人成熟的标志，能够承担责任的人是可以委以重任的人，也是值得信赖的人；第三部分"做优秀的人"，告诉我们责任心是成功的基石，不负责任的人将会一事无成；第四部分"超越责任"则阐述了在荣誉、成功以及工作等方面，一切的一切都不能离开责任，责任是我们追求成功的基点和动力。该书在美国被誉为"每个员工的必读书"、"立足社会的第一盏路灯，可以照亮你脚下的台阶。"

  本文有叙有议，叙议结合，观点突出，行文简洁利落，不拖泥带水，带有鲜明的表达风格。仔细阅读本文，认真思考文中表达的关于责任的理念，或许会从中受到启迪。

---

  ① 节选自《IT'S MY FAULT》（中文译名《这是我的错》，吉林文史出版社 2004 年 5 月 1 日版）。沃尔特·米勒，美国著名的职业培训专家，社会活动家。他所创立的咨询公司致力于研究机构发展问题，并将"帮助所有机构把个人责任当作核心价值"作为公司的基本工作理念。自 1986 年毕业于弗吉尼亚大学后，米勒就积极投身于职业培训业。他现在已经是数家世界顶级公司和政府机构的职业顾问，其客户主要包括：奥迪公司、美洲银行、微软、芝加哥市政府等。本文题目为编者所加。

责任通往你的梦想

1929 年爆发了经济大危机，接踵而至①的是经济大萧条。此时正是找工作的难关，尤其对于刚刚走出校门的大学生来说，找一份理想的工作更是难上加难。怎样才能找到一份属于自己的工作呢？

一位年轻人正在为此事发愁，苦思冥想之后，他终于从自己的记忆中抽取出这样一条信息：他高中至大学的 7 年间，每个夏天都在家乡伊利诺斯州的狄克逊得克洛河畔当救生员。那条河位于一个自然森林公园里。那里有一家颇具乡村情趣的小旅馆。有几家人每个夏天都会去那里避暑。而他常教这几家人的孩子学游泳。每次教游泳的时候他总是很用心，并且寸步不离地跟在孩子们的身边，尽心尽力地避免发生意外。这些来度假的先生们大都在事业上颇有成就，他们对年轻人的工作态度十分赏识，因此常常对年轻人说让他大学毕业后去找他们。他们确信能帮他找到工作。

现在，年轻人决定去拜访他们。

可是，要选择什么样的工作呢？年轻人全方位地审视了自己的兴趣和能力。那时广播电台才刚刚崛起，是个尚未开垦的新领域。高中、大学的时候他曾经踢过足球并且参加过一些体育活动，也许当一名电台体育播音员是一个不错的选择。于是他找到其中的一位先生，并且直截了当地表达了自己的职业设想。

但是，很遗憾，他想干的工作是这位先生没有任何关系的行业，因此他得不到帮助。然而先生提出了一个很好的忠告："你瞧！这样也许更好。我能帮你找份工作（他列举了几个部门），然而那些给你工作的人只不过是为了给我帮忙而不是为了你。因此只要给了你一份工作，他们便会认为自己已尽到责任了。"他继续说道："现在你提到了一个很有前途的新领域，你应该鼓起勇气去敲那机会之门。也许你要敲上好几百次——每个推销员都是敲了好几百次门才能成交的。为了能进入这个领域，你尽管告诉那里的人你什么都愿意干，扫地打杂也行，这样你就有了起步的机会。你首先需要的就是在这个部门立足，成为其中的一员。做到这一步以后，你就会

---

① ［接踵（zhǒng）而至］后面人的脚尖接着前面人的脚后跟。形容人很多，一个接着一个。踵，脚后跟。

发现尽管正处于经济大萧条之中，但在这一领域的某个部门总会有人意识到：如果他的事业要发展，那么他必须起用新人，起用年轻人。"

年轻人觉得这位先生的话很有分量，就遵照他的指导开始去敲各家电台的大门。在遭受多次拒绝后，终于有一家电台的编辑部主任被他的这种不懈精神所打动，答应给他3个月的试用时间。

在这3个月里，年轻人勤快、细致、一丝不苟地做好自己的打杂工作。每天起早摸黑，负责所有办公室的清洁工作，还帮助电台播音员整理稿子。3个月后，他成为一名正式员工。虽然此时他已经结束试用期，不用再担心会不会被录用的问题，照理说也不必像以前那样小心谨慎地工作，但他吃苦耐劳的作风，以电台利益为重的责任感却一直没有改变。又过了3个月，电台开始创办体育频道，年轻人理所当然地成为体育播音员。

这时候，年轻人又去拜访那位先生，告知他成功的喜讯。那位先生并未感到意外，他笑着说道："我知道你会成功的，从你教我们孩子游泳开始，我就知道你是一个责任感很强的人，这样的人无论到了哪里都会被赏识，这只是时间早晚的问题。"

目标的设定与实现，这之间隔着一定的距离。要实现梦想，就得脚踏实地。责任心是通往梦想的关键的桥梁。离开这座桥，你只能望洋兴叹。

责任心使得人们能时刻表现出一种令人信任的气质，随时随地都让人感觉到这是一个优秀的人。

责任心可以驱除自卑，因为它所带来的成功会驱散内心的阴影，久而久之就可燃起成功的自信。

责任心可以扫去急躁和粗心，当你知道工作的分量，就会赋予自己工作的激情，从而促使自己克服工作中的不良习惯。

责任心常常与机遇结伴而行。常言说"机会总是垂青那些有准备的人。"而一个有高度责任感的人就是一个随时做好准备的人——他用自己勤恳的态度，谨慎的作风向世人证明：把工作交给他，他会干得很出色。

是金子总会发光。有责任心的人迟早会被证明：他们是优秀的人。

责任成就你的事业

无论做任何事务必竭尽全力。这种责任感的有无可以决定一个人日后事业上的成功与失败。不负责任，漫不经心，凡事不肯精益求精，消极应付，在关键时刻不愿尽最大努力，终会因自己不负责任的行为而吞下苦果。

无论从事什么样的工作，决定你成功的最重要因素不是智商、领导力、沟通技巧、组织能力、控制能力等等，而是一种努力行动、使事情的结果变得更积极的心理——责任。齐瓦勃以他的成功很好地诠释了这一点。

齐瓦勃是伯利恒钢铁公司——美国第三大钢铁公司的创始人。他出生在美国乡村，只受过短暂的学校教育。15岁那年，家中一贫如洗的他到一个山村做马夫。然而雄心勃勃的齐瓦勃无时无刻不在寻找着发展的机遇。3年后，齐瓦勃来到了钢铁大王卡内基所属的一个建筑工地打工。一踏进建筑工地，齐瓦勃就表现出了强烈的责任感。当其他人都在抱怨工作辛苦、薪水低并因此而怠工的时候，齐瓦勃却一丝不苟地工作着，并开始自学建筑知识。

一天晚上，同伴们都在闲聊，唯独齐瓦勃躲在角落里看书。恰巧公司经理到工地检查工作，经理看了看齐瓦勃手中的书，又翻了翻他的笔记本，什么也没说就走了。第二天，公司经理把齐瓦勃叫到办公室，问："你学那些东西干什么？"齐瓦勃说："我想我们公司并不缺少打工者，缺少的是既有工作经验又有专业知识的技术人员或管理者，对吗？"经理点了点头。不久，齐瓦勃就被升任为技师。打工者中，有些人讽刺挖苦齐瓦勃，他回答说："我不光是在为老板打工，更不单纯是为了赚钱，我是在为自己的梦想打工，为自己的远大前途打工。我们只能在认认真真的工作中不断提升自己。我要使自己工作所产生的价值，远远超过所得的薪水，只有这样我才能得到重用，才能获得发展的机遇。"抱着这样的信念，齐瓦勃一步步升到了总工程师的职位上。25岁那年，齐瓦勃做了这家建筑公司的总经理。

卡内基的钢铁公司有一个天才的工程师兼合伙人琼斯，在筹建公司最大的布拉德钢铁厂时，发现了齐瓦勃超人的工作热情和强烈的责任感。当时身为总经理的齐瓦勃，每天都最早来到建筑工地。当琼斯问齐瓦勃为什么总来这么早的时候，他回答说："只有这样，有什么急事的时候，才不至于耽搁。"工厂建好后，琼斯推荐齐瓦勃做了自己的副手，主管全厂事务。两年后，琼斯在一次事故中丧生，齐瓦勃接任了厂长一职。因为齐瓦勃的天才管理艺术及工作态度，布拉德钢铁厂成了卡内基钢铁公司的灵魂。因为有了这个工厂，卡内基才敢说："什么时候我想占领市场，市场就是我的，因为我能造出又便宜又好的钢材。"几年后，齐瓦勃被任命为钢铁公司的董事长。

后来，齐瓦勃终于成立了属于自己的大型柏利恒钢铁公司，并创下了非凡的业绩，真正完成了他从一个打工者到创业者的飞跃，成就了自己的事业。

不论做什么事，务必竭尽全力，正如齐瓦勃一样。这种对事业的责任心的有无可以决定一个人日后事业上的成功与失败。一个人工作时，如果能以生生不息的精神、火焰般的热忱，充分发挥自己的特长，那么不论他所做的工作怎样，都不会觉得劳苦。如果我们能以充分的热忱去做最平凡的工作，也能成为最精巧的工人；如果以冷淡的态度去做最高尚的工作，也不过是个平庸的工匠。倘若能处处以主动、努力的精神来工作，那么即使最平庸的职业也能增加他的威望和财富。

曾经有个老木匠准备退休。老板舍不得他的好工人走，问老木匠能否再建一座房子，老木匠说可以。但是大家后来都看出来了，他的心已不在工作上，他用的是软料，出的是粗活。房子建好的时候，老板把大门的钥匙递给他，并对他说："这是你的房子，我送给你的礼物。"老木匠惊得目瞪口呆，羞愧得无地自容。其实，我们又何尝不是这样。我们不负责任，漫不经心地"建造"着自己的生活，凡事不肯精益求精，而是消极应付，在关键时刻不愿尽最大努力，等我们惊觉自己的处境时，早已深困在自己"建造"的房子里了。

不管你的工作看起来是怎样的卑微，你都应当付之以艺术家的精神，应当有满腔的热忱和强烈的责任感。在任何情形下，都不要对自己的工作表示厌恶，更不要放弃你的工作责任心。如果你为环境所迫而做一些乏味的工作，那你也应当设法从这些乏味的工作中找出乐趣，付出你的努力，表现你的责任心。要懂得，从应当做而又必须做的事情中，总能找出乐趣。这是我们对于工作应抱的负责任的态度。有了这种态度，无论做什么工作，都能获得成功。因为你是在为你自己工作。

 练 习

一、课文中的那位先生为什么会对那位年轻人说"我知道你会成功的"？

二、"无论从事什么样的工作，决定你成功的最重要因素不是智商、领导力、沟通技巧、组织能力、控制能力等等，而是一种努力行动、使事情的结果变得更积极的心理——责任。"这句话你怎么理解？

三、责任心是成功的基石，不负责任的人将会一事无成。读完本文，谈谈自己对现在的学习、对将来的工作要负起什么样的责任。

20 我的心装着中国①

姚　明

阅读提示

　　他用高超的体育技能，在一个强手如林的国家运动项目中占有了一席之地，成就了很多人的梦想，成为了中国人的骄傲。他出色的表现和随时听从祖国召唤的爱国精神，使他带给人们的思考已经远远超过了体育本身。对祖国的情感，对现在的把握和对未来的期待，都将使他成为中国体育和 NBA 史上的英雄人物——他就是姚明。姚明的成功告诉了我们什么？他是如何实现他的梦想的？这些问题引人思索。本文节选自姚明的自传《我的世界我的梦》，文章中姚明回忆了自己在中国的一些成长历程及在 NBA 第一个赛季的生涯。它告诉我们：只要我们心中装着祖国，清醒地意识到自己的责任，坦然面对压力并接受挑战，就能最终克服困难，取得成功。

　　本文为自传体，以第一人称叙述，随性漫谈，语言亲切，文笔挥洒自如，文中多处文字颇有哲理意味，请细细品味。

　　回头看，我在 NBA 的第一年就像一条高速公路，很长很长，看不到路的尽头，甚至不知向前行驶多久才能休息。

　　我没看过妈妈打球，但我在上海东方队的教练跟我妈同一时期在国家队打球。他告诉我妈妈打球很努力，像只猛虎。我爸爸作为篮球手有一点软，所以他没打到国家队，大鲨鱼的教练是这样告诉我的。但他说爸爸投篮很好，像火箭一样，唰唰唰，没有弧线，但能进球，我看过。东方大鲨鱼队只有八年历史，但之前上海有一支职业队，没有名字，就叫上海队，我爸爸在那里打球。有许多球员像他一样，退休了，但仍然喜欢打球。每

---

　　① 节选自《我的世界我的梦》（长江文艺出版社．2004 年 9 月 1 日出版）。姚明，1980 年 9 月 12 日出生，身高 226 厘米，体重 140 公斤，NBA 中锋，现效力于休斯顿火箭球队。

个星期三老球员跟东方青年队比赛，我觉得这样很好。这样有很多机会和爸爸对阵。我那时候就比他块头大，爸爸总是从外线投篮，他不想在内线跟我接触。那时我仍然不能对着他灌篮，我太瘦了。另外，对着爸爸灌篮感觉总有些不好。

第一次跟爸爸对打，感觉跟第一次与大鲨鱼奥尼尔对打时一样。我那时还不是东方青年队的，只是个学生，大约 10 岁，1 米 80，爸爸 2 米 08。所以我说像跟奥尼尔对抗一样。怎样推开他呢？我不行。怎样越过他投篮呢？也不行。第一次和爸爸打球我拿他一点办法都没有。我也和妈妈对打，那时我长大了一些，也许 15 岁吧，是在东方青年队一场比赛之前。我想要热身，所以跟妈妈一对一。妈妈只有 1 米 88，她的钩手投篮没办法用在我身上，我每次都能阻挡住。只是好玩，但我赢了她，她差我太远了。父母是我最好的教练，尽管他们不和我一起练球，我们却总在一起谈论篮球——我每次比赛后，甚至在 NBA 的第一年都是如此。但他们和我一起打球的次数扳着手指头都能数过来。

我曾说过我只想打篮球，不想做这以外的很多事。但你记得"蝙蝠侠"的电影吗？片中，叔叔死之前说："更大权力，更多责任。"我相信这一点。我赚很多的钱，就有责任打好球，提高自己。许多人看我打球，我就有责任接受媒体采访。除此以外，每个球手都要力所能及地在场外帮助他人。他无法帮助每个人——这一点他也得明白——但他应该尽其所能。

我明白，我无法取悦每一个人。但问题是，我还是想努力这么做。我了解中国历史，知道我的成功对中国的同胞们来说意味着什么。很难相信，我们这样一个世界上历史最悠久的文明古国，在国外获得成功的人却如此之少。在我自己看来，能代表中国到国外打球是莫大的荣耀，我非常感激同胞们给予我的支持。初到 NBA 时，我在上海的报纸上登了"谁言寸草心，报得三春晖"，来答谢球迷对我的帮助。出于这个原因，每次出门，特别是在国内的时候，人们将我团团围住要签名合影，我感到很为难。人们的热情，从内心我无法回绝，但要满足每一个球迷的要求，我就会连打一场比赛的时间精力都没有了。我不得不学会说"不"，"太过分了"。全中国都对我有所期待，有时我觉得承受不了这样的重负。在 NBA 的第一年，我曾想会不会有一天我受不了而崩溃。现在，只是偶尔这么想。如果我是美国人，打篮球就只为自己、为家庭或为朋友，失败了，担心的只是亲人朋友伤心。但在国内，若失败的话，似乎会关系到每个中国人。也许这是我凭空的想象。压力是把剑，你可以将它指向外边，或对准自己。可以看成是肩上的重担，能把你压垮，也可以看成是背后的一只手，推动你前进。你得让压力服务于你，而非有损于你。

如果我想回忆以前的生活，我只要回到上海我和父母同住的公寓。那是为个子高的人特别设计的公寓——高大的家具，很高的淋浴头、门把手、柜子台面，甚至很高的马桶。有人来访，说像回到儿提时代。我的朋友章明基坐在我家的椅子上，脚离地面还差一大截。

起居室里有一个奖品陈列柜，有一张我和父母的照片，是夕阳中我们在一家餐馆照的，那天是庆祝我16岁生日。我站在椅子中间，向前倾，笑着。照片里没有别人。照片中的我看起来和现在很不一样，笑得很开心。我现在还会笑，但已不是那张脸。操心和疲劳让我脸上挂上了皱纹。原因是从1997年到2000年，我从未休过假，除了因打篮球，从未离开过上海。有一天我会休假的，但我不知道什么时候，也许要很久以后。我这样想：我是职业运动员，就要做职业选手的工作。有时非常疲惫，但也必须为球迷保持微笑。那就是电视广告和广告牌的好处，它们做我不能做的。有时我很累，写在脸上，但广告牌24小时都在笑。有一个记者问我，你的照片到处都是，你感觉如何。我说，现实中的我永远不会比照片里的姚明好看，那个姚明可以去拍电影。

面对任何事都能保持微笑，是一种天赋。我想，魔术师约翰逊就具有这种天赋。我一个朋友有一张他跟魔术师约翰逊在全明星赛上的合影，魔术师看上去和其他照片中我见到的都是一个样子：脸上挂着完美的微笑。你只要拍一张他的照片，谁想要跟他的合影，就将自己的照片贴上去就行了，效果和实际拍摄的没有两样。我觉得科比也有一点像那样。我没有这种天赋。我累的时候掩藏不了，无论场上还是场下。这是另一个我认为我不能拍电影的原因，虽然已有人发出邀请。我演不好戏，也无法找到替身。

NBA第一年结束后，我在上海家中过了20天。只有这20天像在天堂一样，我长了20磅①。再有20天就好了（但不要再长20磅）。好时光总是飞逝而过，上海是我的家，但我们在那里的公寓现在几乎像酒店一样，从

---

① ［磅］英美制重量单位。1磅等于0.4536千克。20磅等于9.07公斤。

来都呆不长，不足以找到回家的感觉。回头看，我在 NBA 的第一年就像一条高速公路，很长很长，看不到尽头，甚至不知向前行驶多久才能休息。当你无法看到头，路会显得更长，会觉得更累。有时我觉得需要停下加油，但路标却指示：前行 500 英里。所幸的是，我现在只是偶尔有此感觉。

网络是我放松的地方。我在电脑上花很多时间，打游戏、读 BBS、发信息。我会和别人海聊，聊生活、聊篮球。在一个网站上，我用自己的真名作网络名，但我想很多人都不相信那是我。这也不错，因为我可以用另一个身份去和别人交流。我还使用另一个网络名——那个名字来自于我喜爱的一个电脑游戏。我希望人们，特别是我的同胞们从这本书中了解到的是：不管做什么事，过程很重要；为达到目标，走完全过程是至关重要的。即使没有马上实现目标，在过程中总能学到些东西。我刚开始打球时，没人料想到我能打入 NBA。我自己连想都没想过。但是，看看我现在。重要的不是对失败做好心理准备，而是不畏惧失败。

 练 习

一、"回头看，我在 NBA 的第一年就像一条高速公路，很长很长，看不到路的尽头，甚至不知向前行驶多久才能休息"说明了什么？"有时我觉得需要停下加油，但路标却指示：前行 500 英里。所幸的是，我现在只是偶尔有此感觉"这句话中"加油"指什么？"现在只是偶尔有此感觉"说明了什么？

二、"更大权力，更多责任"在文中是如何阐述的？

三、请摘抄出课文中你认为对你有启发的句子并细细体会。

21　希伯来语的复活①

韦　笛

阅读提示

　　文化是一个国家民族的魂魄、而文化的根就是语言文字。综观人类的历史，文字变革在世界各国的历史司空见惯、例子举不胜举，但从没有一个国家、一个民族会自觉自愿地废弃本国文字，但凡有一点民族自尊心和自豪感的国家和民族是绝不可能容忍别的自然语或人造语成为本国本族的母语，最能确证这一点的是希伯来语的复活。本文写的就是十九世纪末犹太人埃里泽·本·耶胡达为了犹太民族的延续和复兴，如何历经种种困难，凭着非凡的毅力，带头奇迹般复活希伯来语的故事。

　　一个普通的犹太人，基于对祖国、对民族和民族文化的热爱和责任，让废弃了两千多年的化石语言复活，引回到千家万户的日常生活口语之中，创造了人类文明史上的奇迹，给了世人极大的感动和震撼。它启示我们，应该像犹太民族那样无比珍爱自己的文化和语言。它也告诉我们，应该像埃里泽·本·耶胡达那样，用伟大的责任感去创造我们的奇迹。

　　公元前70年，罗马人毁掉了犹太人的都城耶路撒冷，从此，犹太人被迫背井离乡，流落世界各地。为了生存，他们使用寄居国的语言，致使自己的母语希伯来语作为口语渐渐消失了。而且，这是一种没有元音只有辅音的文字，对于流传下来的古文献，人们已经难以读出那些文字的正确发音。语言学家都认为，这种古老语言已经如古埃及的象形文字一样，彻底消亡了。

---

　　① 选自《意林》2006年07期。希伯来语"sabra"意为"土生土长的以色列人"，是犹太人的民族语言，是世界上最古老的语言之一。它属于中东闪含语系闪语族的一个分支，没有元音字母，只有22个辅音字母，其文字从右往左书写。许多文学作品和文献是用这种语言创造出来的，今日则主要保留在《圣经》、死海古卷和大量犹太教法典及文献之中。

1881 年，一位瘦弱的立陶宛犹太人举家移居到巴勒斯坦的犹太聚居区。他之所以千里迢迢来到这里，是为了实现一个伟大的梦想：复兴希伯来语。他认为，为了犹太民族的延续与复兴，犹太人必须重说希伯来语。他相信，惟有共同的语言才能使散居世界各地的犹太人重新凝聚在一起。而要想使几乎死亡的希伯来语复活，其难度可想而知。几乎所有的人都认为，除非有奇迹发生，否则他的梦想绝不会变成现实。

然而，不论别人如何非议，这位名叫埃里泽·本·耶胡达的年轻人坚定地迈出了自己的脚步。他孜孜不倦地钻研古人留下的汗牛充栋①的希伯来典籍，并深入到周围犹太人的家庭中与主人交谈以收集古老的希伯来语单词。渐渐地，他积累了数目可观的词，而且开始创造新词。

为了进一步宣传自己的思想，1884 年，他编辑了一份周报。在他的影响下，越来越多的犹太人投身到希伯来语的复兴工作中。为了更好地复兴希伯来语，1890 年，他组建了一个希伯来语委员会（即今天的希伯来语研究院）。

但是，在他前行的路上，却遇到了强大的阻力。一方面，宗教势力强烈反对把"圣洁的"希伯来语变成人民的口语，他们认为这无疑是对希伯来语神圣性的亵渎。1894 年，他们把埃里泽·本·耶胡达送上了法庭。另一方面，大多数移民来自德语国家和东欧，对希伯来语相当生疏，对复活希伯来语持消极抵制态度。

尽管阻力重重，埃里泽·本·耶胡达依然不屈不挠地向前走着。经过他数十年如一日的努力，他差不多收集了所有的希伯来语词条，并且创造了很多新的希伯来语词。1904 年，他编出了第一本现代希伯来语词典，但他觉得远远不够。六年后，他开始着手编纂一本词汇量更大、内容更丰富的词典，试图包括所有的希伯来语单词。这是一项非常艰巨的工程，需要付出难以想象的繁重的劳动。

除了词典的编纂工作外，他还要大力推广希伯来语。他从自己做起，让妻子只使用希伯来语与自己的孩子们说话，同时，他还在为建立希伯来语学校四处奔波。为了这一切，他付出了巨大的代价：家境越来越穷，三餐难以为继；小儿子死于疾病，自己的健康也每况愈下；甚至，妻子一度

---

① ［汗牛充栋］形容藏书非常多。栋，脊檩。

也不理解他，想要离开他……

"苦心人，天不负！"他的努力，慢慢地获得了回报。他自己成为巴勒斯坦或者是全体现代犹太人中间第一个在日常生活中说希伯来语的人，他的家庭成为第一个说希伯来语的家庭，他的长子成为第一个只讲希伯来语的人。更重要的是，他的事业得到了越来越多的同胞的理解与支持；他的身后，开始有了大批的追随者。第一次世界大战结束时，第一代说希伯来语的家庭已经出现了。

尽管此后希伯来语在推广与应用过程中仍然受到不少的挑战，但希伯来语作为存活语言的地位从未动摇。

1948年5月以色列国建立，希伯来语——一种几乎死亡两千年重又复活的语言成了该国的国语，有五百万人使用。毫无疑问，希伯来语的复活，正是人类文明史上的伟大奇迹，而这个奇迹的源头，就是一个普通人"让犹太人重说同一种语言"的梦想。

 练 习

一、一个普通的犹太人能使一种几乎死亡两千年的语言复活，他能取得成功的原因是什么？

二、这篇文章在政治上、思想上给予了我们哪些启示？

单元实践活动

一、活动目的

1. 通过本次活动，使学生学会反思自己的责任。我有什么责任？我主动承担了吗？我尽心尽力了吗？在反思中，更加清楚地了解自身的责任，更好地履行责任，并在承担责任中不断成长。

2. 通过"我们的责任是什么"的口语活动，锻炼学生的口语表达能力。

二、活动安排

1. 制定此次活动的时间安排表。

2. 请制作一张表格，把你在学习、家庭、班集体、社会中的责任和自我评价列出来。

	责任	自我评价
学习		
家庭		
班集体		
社会		

3. 全班或分组就"我们的责任是什么"展开讨论，是一次练习口语表达和口语交际的机会。

4. 以小组为单位，一个小组派一个代表上台谈自己的看法，感受或体验。一个人谈完后，可让其他同学补充，谈谈感受，以起到互相启发、互相激励的作用。

5. 以"责任"为话题，写一篇600字左右的作文。

6. 条件许可的话，可以参加以下一些社会公益活动：

＊参加义务植树；

＊向居民宣传防火知识；

＊……

三、活动建议

1. 教师可用循循善诱的语言进行动员，启发学生思考，也可以举一些生动活泼的典型事例，激发起学生的兴趣，调动起学生参与此次活动的积极性。

2. 作文写完后最好是是全班交流，让全体学生分享这次活动的快乐。

四、活动评价

活动评价应尊重和保护学生学习语文的自主性和积极性，鼓励学生运用多种方法，从不同的角度，进行多样化的探究。活动评价应以学生的自我评价和相互评价为主。评价指标可包含以下几个方面：

1. 总结交流时所表现出来的口语交际能力、参与意识和情感态度，是否反映了学生真实的口语交际水平。

2. 作文是否具有自己独到的见解和独特的感受，是否表达了自己的真情实感，说出了自己想说的话，语言表达是否文从字顺。

3. 在班上开展的相互交流中是否具有初步的合作意识、创新精神和实践能力。

第四单元

自然与人文

单元说明

　　本单元以"自然与人文"为话题选编了七篇美文。通过阅读课文，理解文意，提炼课文要点，学会阅读，学会表达，做到言之有物，言之有情，言之有理，言之有序，培养对自然的尊重和热爱，对人文的理解和感悟，从中获得美好的情感体验。

　　在本单元中，余秋雨的《都江堰》描写了水利工程都江堰的伟大壮观，歌颂和赞扬了李冰的精魂，进而传诵中华民族贴近苍生、报效祖国、造福百姓的文化精义。贾平凹的《西安这座城》洋溢着浓浓的古意，展示了西安古城所特有的文化魅力和民族性格，说明西安最具古城魅力，永远是中国历史文化的魂魄所在地。王世贞的《蔺相如完璧归赵论》是一篇有名的史论，对司马迁所称誉的蔺相如完璧归赵这一史实，提出全面的质疑，予以全面的否定，表明作者自己的态度。林语堂的《秋天的况味》由香烟那温煦的热气想到秋天的况味，从而引出作者对秋天的独特的感悟。劳伦兹的《对动物的恻隐之心》通过介绍夜莺、狮子和老鹰的生活习性，描写那些聪明而有灵性的天鹅、鹦鹉和猿猴等动物，呼吁我们要尊重自然、爱护自然，并且试着去理解和保护身边的动物。王安忆的《上海的弄堂》用精致细腻的独特感受向我们展现了一个完全不同的上海弄堂世界，从多个角度刻画了托起上海这座城市躯体的无数个弄堂，让我们了解了风情独具的弄堂文化。岳飞"夺状元枪挑小梁王"的故事可以说是家喻户晓，老幼皆知。清代小说家钱彩用通俗流畅、简洁明快的语言向我们讲述了这个精彩动人的故事，让我们看到了具有高强武艺和英勇精神的岳飞的形象。

感知自然，感悟人文。

22　都　江　堰①

余秋雨

阅读提示

　　本文是一篇文化游记、"文化散文"。作者通过描写都江堰来反思历史、反思文化，歌颂和赞扬李冰的精魂，进而传诵中华民族的文化精义——贴近苍生，报效祖国、造福百姓。字里行间激荡着作者对都江堰的热爱和对李冰的敬慕的感情，蕴含着对都江堰巨大社会功用的赞叹。

　　通过解读课文，我们可以从中感受古代科学家、实践家李冰的人格魅力，从古代劳动人民的卓越创造中汲取思想精华，学习他们的奋斗和实干精神。我们也从中感受到余秋雨是一位富有使命感的文化旅行学者。他穿行于历史文化的时空隧道，用现代文化意识关照历史文化遗迹，在关照中体悟，在体悟中反思传统文化，进而来传达自己独特的文化诠释。

　　余秋雨的散文叙述风格宏大，以游记的方式进行，将"人、历史、自然"交融在一起，融情寓理，思辨色彩鲜明，语言酣畅、灵动，给人以审美的多维享受。

一

　　我以为，中国历史上最激动人心的工程不是长城，而是都江堰。

　　长城当然也非常伟大，不管孟姜女们如何痛哭流涕，站远了看，这个苦难的民族竟用人力在野山荒漠间修了一条万里屏障，为我们生存的星球留下了一种人类意志力的骄傲。长城到了八达岭一带已经没有什么味道，

---

　　① 选自《文化苦旅》，知识出版社，1992年版。原文共四节，课文选其中一至三节。余秋雨（1946～），浙江余姚人，当代作家、学者。

而在甘肃、陕西、山西、内蒙一带，劲厉的寒风在时断时续的颓壁残垣①间呼啸，淡淡的夕照、荒凉的旷野溶成一气，让人全身心地投入对历史、对岁月、对民族的巨大惊悸②，感觉就深厚得多了。

但是，就在秦始皇下令修长城的数十年前，四川平原上已经完成了一个了不起的工程。它的规模从表面上看远不如长城宏大，却注定要稳稳当当地造福千年。如果说长城占据了辽阔的空间，那么，它却实实在在地占据了邈远③的时间。长城的社会功用早已废弛④，而它至今还在为无数民众输送汩汩清流。有了它，旱涝无常的四川平原成了天府之国，每当我们民族有了重大灾难，天府之国总是沉着地提供庇护和濡养⑤。因此，可以毫不夸张地说，它永久性地灌溉了中华民族。

有了它，才有诸葛亮、刘备的雄才大略，才有李白、杜甫、陆游的川行华章。说得近一点，有了它，抗日战争中的中国才有了一个比较安定的后方。

它的水流不像万里长城那样突兀在外，而是细细浸润、节节延伸，延伸的距离并不比长城短。长城的文明是一种僵硬的雕塑，它的文明是一种灵动的生活。长城摆出一副老资格等待人们的修缮，它却卑处一隅，像一位绝不炫耀、毫无所求的乡间母亲，只知贡献。一查履历，长城还只是它的后辈。

它，就是都江堰。

二

我去都江堰之前，以为它只是一处水利工程罢了，不会有太大的游观价值。连葛洲坝都看过了，它还能怎么样？只是要去青城山玩，得路过灌县县城，它就在近旁，就乘便看一眼吧。因此，在灌县下车，心绪懒懒的，脚步散散的，在街上胡逛，一心只想看青城山。

---

① ［垣（yuán）］墙。
② ［惊悸（jì）］因受到惊吓而心脏急剧跳动。
③ ［邈（miǎo）远］遥远。
④ ［废弛（chí）］（政令、风纪等）因不执行或不被重视而失去约束作用。此处指原有的作用已经失去。
⑤ ［濡（rú）养］滋润哺育。

七转八弯，从简朴的街市走进了一个草木茂盛的所在。脸面渐觉滋润，眼前愈显清朗，也没有谁指路，只向更滋润、更清朗的去处走。忽然，天地间开始有些异常，一种隐隐然的骚动，一种还不太响却一定是非常响的声音，充斥周际。如地震前兆，如海啸将临，如山崩即至，浑身起一种莫名的紧张，又紧张得急于趋附①。不知是自己走去的还是被它吸去的，终于陡然一惊，我已站在伏龙观②前，眼前，急流浩荡，大地震颤。

即便是站在海边礁石上，也没有像这里这样强烈地领受到水的魅力。海水是雍容大度的聚会，聚会得太多太深，茫茫一片，让人忘记它是切切实实的水，可掬可捧的水。这里的水却不同，要说多也不算太多，但股股叠叠都精神焕发，合在一起比赛着飞奔的力量，踊跃着喧嚣的生命。这种比赛又极有规矩，奔着奔着，遇到江心的分水堤，刷地一下裁割为二，直窜出去，两股水分别撞到了一道坚坝，立即乖乖地转身改向，再在另一道坚坝上撞一下，于是又根据筑坝者的指令来一番调整……也许水流对自己的驯顺有点恼怒了，突然撒起野来，猛地翻卷咆哮，但越是这样越是显现出一种更壮丽的驯顺。已经咆哮到让人心魄俱夺，也没有一滴水溅错了方位。阴气森森间，延续着一场千年的收伏战。水在这里，吃够了苦头也出尽了风头，就像一大拨翻越各种障碍的马拉松健儿，把最强悍的生命付之于规整，付之于企盼，付之于众目睽睽。看云看雾看日出各有胜地，要看水，万不可忘了都江堰。

三

这一切，首先要归功于遥远得看不出面影的李冰。

四川有幸，中国有幸，公元前 251 年出现过一项毫不惹人注目的任命：李冰任蜀郡守。此后中国千年官场的惯例，是把一批批有所执持的学者遴选③为无所专攻的官僚，而李冰，却因官位而成了一名实践科学家。这里明显地出现了两种断然不同的政治走向，在李冰看来，政治的含义是浚理④，是消灾，是滋润，是濡养，它要实施的事儿，既具体又质朴。他领受了一

---

① ［趋附］投靠依附。
② ［观（guàn）］道教的庙宇。
③ ［遴（lín）选］选拔（人才）。
④ ［浚（jùn）理］疏通治理。

个连孩童都能领悟的简单道理：既然四川最大的困扰是旱涝，那么四川的统治者必须成为水利学家。

前不久我曾接到一位极有作为的市长的名片，上面的头衔只印了"土木工程师"，我立即追想到了李冰。

没有证据可以说明李冰的政治才能，但因有过他，中国也就有过了一种冰清玉洁的政治纲领。

他是郡守，手握一把长锸①，站在滔滔的江边，完成了一个"守"字的原始造型。那把长锸，千年来始终与金杖玉玺②、铁戟③钢锤反复辩论。他失败了，终究又胜利了。

他开始叫人绘制水系图谱。这图谱，可与今天的裁军数据、登月线路遥相呼应。

他当然没有在哪里学过水利。但是，以使命为学校，死钻几载，他总结出治水三字经（"深淘滩，低作堰"）、八字真言（"遇湾截角，逢正抽心"），直到20世纪仍是水利工程的圭臬④。他的这点学问，永远水气淋漓，而后于他不知多少年的厚厚典籍，却早已风干，松脆得无法翻阅。

他没有料到，他治水的韬略⑤很快就被替代成治人的计谋；他没有料到，他想灌溉的沃土将会时时成为战场，沃土上的稻谷将有大半充作军粮。他只知道，这个人种要想不灭绝，就必须要有清泉和米粮。

他大愚，又大智。他大拙，又大巧。他以田间老农的思维，进入了最澄澈的人类学的思考。

他未曾留下什么生平资料，只留下硬扎扎的水坝一座，让人们去猜详⑥。人们到这儿一次次纳闷：这是谁呢？死于两千年前，却明明还在指挥水流。站在江心的岗亭前，"你走这边，他走那边"的吆喝声、劝诫声、慰抚声，声声入耳。没有一个人能活得这样长寿。

秦始皇筑长城的指令，雄壮、蛮吓、残忍；他筑堰的指令，智慧、仁

---

① ［锸（chā）］挖土的工具；铁锹。
② ［玺（xǐ）］帝王的印。
③ ［戟（jǐ）］古代兵器。长柄一端有枪尖，旁边附有月牙形的利刃，可以直刺或横击。
④ ［圭臬（guīniè）］测日影的标杆，比喻典范、准则。
⑤ ［韬略］古代兵书中有《六韬》《三略》。借指用兵的谋略；也泛指计谋。
⑥ ［猜详］猜测辨析。

慈、透明。

有什么样的起点就会有什么样的延续。长城半是壮胆半是排场，世世代代，大体是这样。直到今天，长城还常常成为排场。都江堰一开始就清朗可鉴，结果，它的历史也总显出超乎寻常的格调。李冰在世时已考虑事业的承续，命令自己的儿子做三个石人，镇于江间，测量水位。李冰逝世四百年后，也许三个石人已经损缺，汉代水官重造高及三米的"三神石人"测量水位。这"三神石人"其中一尊即是李冰雕像。这位汉代水官一定是承接了李冰的伟大精魂，竟敢于把自己尊敬的祖师，放在江中镇水测量。他懂得李冰的心意，唯有那里才是他最合适的岗位。这个设计竟然没有遭到反对而顺利实施，只能说都江堰为自己流泻出了一个独特的精神世界。

石像终于被岁月的淤泥掩埋，本世纪70年代出土时，有一尊石像头部已经残缺，手上还紧握着长锸。有人说，这是李冰的儿子。即使不是，我仍然把他看成是李冰的儿子。一位现代作家见到这尊塑像怦①然心动，"没淤泥而蔼然含笑，断颈项而长锸在握"，作家由此而向现代官场衮衮诸公②诘问③：活着或死了应该站在哪里？

出土的石像现正在伏龙观里展览。人们在轰鸣如雷的水声中向他们默默祭奠。在这里，我突然产生了对中国历史的某种乐观。只要都江堰不坍，李冰的精魂就不会消散，李冰的儿子会代代繁衍。轰鸣的江水便是至圣至善的遗言。

 练 习

一、阅读课文画出各部分的中心句，然后给每部分加上一个小标题。

二、品味文中富有意蕴的语句，说说下列句子的含义。

1. 如果说，长城占据了辽阔的空间，那么，它却实实在在地占据了邈远的时间。

2. 长城的文明是一种僵硬的雕塑，它的文明是一种灵动的生活。长城摆出一副老资格等待人们的修缮，它却卑处一隅，像一位绝不炫耀、毫无

----

① ［怦（pēng）］象声词，形容心跳。

② ［衮（gǔn）衮诸公］称居高位而无所作为的官僚。衮，古代君王等的礼服。

③ ［诘（jié）问］追问；责问。

所求的乡间母亲，只知贡献。

3. 他大愚，又大智。他大拙，又大巧。他以田间老农的思维，进入了最澄彻的人类学的思考。

三、完成下列表格的内容。

比较对象 比较项目	长城	都江堰
修建时间	秦始皇时	比长城早数十年
规　　模	宏大	表面不如长城宏大
占据的时空		
社会功用		
水流外观		
文明状况		
心　　态		

四、课文结尾处有这样一段话："我突然产生了对中国历史的某种乐观。只要都江堰不坍，李冰的精魂就不会消散，李冰的儿子会代代繁衍。"此处，"李冰的精魂"指什么？"李冰的儿子"又指谁？请说说你的理解。

23　西安这座城①

贾平凹

阅读提示

　　本文作者从自己的生活入手，联系地方民谣，自然切题娓娓道来，然后从具有地方特色的建筑、艺术、方言、当地人民的生活习性及人杰地灵等不同的角度条分缕析地去介绍曾是中国历史上十三个王朝的首都——西安。从生活中拾取随处可见、可闻、可感的活着的历史，表现出洋溢着浓浓古意的西安所特有的文化魅力和民族性格，说明西安最具古城魅力，永远是中国历史文化的魂魄所在地。表达了作者对西安这座文化名城的热爱之情，以及对中国文化和历史传统的痴迷与自豪。

　　文章条理清晰，节奏从容舒缓，语言朴实凝练而蕴意深刻，具有浓郁的乡土气息。阅读时要细细品味，从中感悟西安这座城的历史文化底蕴以及它对西安人的影响，培养我们的审美情趣，激发我们对民族文化的热爱，提高我们的文化品位。

　　我住在西安城里已经是二十年了，我不敢说这个城就是我的，或我给了这个城什么，但二十年前我还在陕南的乡下，确实是做过一个梦的，梦见了一棵不高大的却很老的树，树上有一个洞。在现实的生活里，老家是有满山的林子，但我没有觅寻到这样的树，而在初作城里人的那年，于街头却发现了，真的，和梦境中的树丝毫不差。这棵树现在还长着，年年我总是看它一次，死去的枝柯②变得僵硬，新生的梢条软和如柳。我就常常盯着还趴在树干上的裂着背已去了实质的蝉壳，发许久的迷瞪③，不知道这蝉是蜕了几多回壳，生命在如此转换，真的是无生无灭，可那飞来的蝉又始

---

　　① 本文选自《北京文学》1992年11期。贾平凹（1952年～），陕西商州人，当代著名作家，著有《浮躁》、《废都》及反映陕南地域风情的系列散文等文学作品。

　　② 〔枝柯〕树枝。柯，草木的枝茎。

　　③ 〔迷瞪〕心里迷惑、糊涂。这里有因感触而发愣的意思。

于何时，又该终于何地呢？于是在近晚的夕阳中驻脚南城楼下，听岁月腐蚀得并不完整的砖块缝里，一群蟋蟀在唱着一部繁乐，恍惚里就觉得哪一块砖是我吧，或者，我是蟋蟀的一只，夜夜在望着万里的长空，迎接着每一次新来的明月而欢歌了。

我庆幸这座城在中国的西部，在苍茫的关中平原上，其实只能在中国西部的关中平原上才会有这样的城，我忍不住就唱起关于这个地方的一段民谣：

八百里秦川黄土飞扬，三千万人民吼叫秦腔①，

调一碗黏面②喜气洋洋，没有辣子嘟嘟嚷嚷。

这样的民谣，描绘的或许缺乏现代气息，但落后并不等于愚昧，它所透发的一种气势，没有矫情和虚浮，是冷的幽默，是对旧的生存状态的自审。我唱着它的时候，唱不出声的却常常是想到了夸父逐日③渴死在去海的路上的悲壮。正是这样，数年前南方的几个城市来人，以优越异常的生活待遇招募我去，我谢绝了，我不去，我爱陕西，我爱西安这座城。我生不在此，死却必定在此，当百年之后躯体焚烧于火葬场，我的灵魂随同黑烟爬出了高高的烟囱，我也会变成一朵云游荡在这座城的上空的。

当世界上的新型城市愈来愈变成了一堆水泥，我该怎样来叙说西安这座城呢？是的，没必要夸耀曾经是十三个王朝国都的历史，也不自得八水环绕④的地理风水，承认中国的政治、经济、文化的中心已不在了这里，对于显赫的汉唐，它只能称为"废都"。但可爱的是，时至今日，气派不倒的，风范犹存的，在全世界的范围内最具古城魅力的，也只有西安了。它的城墙赫然完整，独身站定在护城河上的吊板桥上，仰观那城楼、角楼、女墙⑤垛口，再怯弱的人也要豪情长啸了。大街小巷方正对称，排列有序的

---

① ［秦腔］流行于西北各省的地方戏曲剧种，由陕西、甘肃一带的民歌发展而成，是梆子腔的一种。

② ［黏（nián）面］用黍米、江米等的粉制作的食品。

③ ［夸父逐日］《山海经·海外北经》中的神话。夸父立志追赶太阳，赶到太阳入口处，感到焦渴，便喝干了黄河、渭水两河的水，仍感不足，终于渴死。他遗留下的杖却化成了一片桃林，叫做邓林。后来用"夸父逐日"比喻决心大且为达目的锲而不舍，有时也用作贬义，指不自量力。

④ ［八水环绕］西安东有灞河、浐河，西有沣（fēng）河、涝河，南有潏（yù）河、滈河，北有泾河、渭河，自古有"八水绕长安"之说。

⑤ ［女墙］城墙上面呈凹凸形的短墙。也叫女儿墙。

四合院和四合院砖雕门楼下已经黝黑如铁的花石门墩，让你可以立即坠入了古昔里高头大马驾驶了木制的大车喤喤喤开过来的境界里去。如果有机会收集一下全城的数千个街巷名称，贡院门、书院门、竹笆市、琉璃市、教场门、端履门、炭市街、麦苋街、车巷、油巷……你突然感到历史并不遥远，以至眼前飞过一只并不卫生的苍蝇，也忍不住怀疑这苍蝇的身上有着汉时的模样或是有唐时的标记。现代的艺术在大型的豪华的剧院、影院、歌舞厅日夜上演着，但爬满青苔的如古钱一样的城墙根下，总是有人在观赏着中国最古老的属于这个地方的秦腔，或者皮影木偶。这不是正规的演艺人，他们是工余后的娱乐，有人演，就有人看，演和看都宣泄的是一种自豪，生命里涌动的是一种历史的追忆，所以你也便明白了街头饭馆里的餐具，碗是那么粗的瓷，大得称之为海碗。逢年过节，你见过哪里的城市的街巷表演着社戏，踩起了高跷，扛着杏黄色的幡旗放火铳①，敲纯粹的鼓乐？最是那土得掉渣的土话里，如果依音笔写出来，竟然是文言文中的极典雅的词语，抱孩子不说抱，说"携"，口中没味不说没味，说"寡"，即使骂人滚开也不说滚，说"避"。你随便走进一条巷的一户人家中吧，是艺术家或者是工人、小职员、个体的商贩，他们的客厅是必悬挂了装裱考究的字画，桌柜上必是摆设了几件古陶旧瓷。对于书法绘画的理解，对于文物古董的珍存，成为他们生活的基本要求。男人们崇尚的是黑与白的色调，女人们则喜欢穿大红大绿的衣裳，质朴大方，悲喜分明。他们少以言辞，多以行动；喜欢沉默，善于思考；崇拜的是智慧，鄙夷的是油滑；有整体雄浑，无琐碎甜腻。西安的科技人才云集，产生了众多的全球也著名的数学家、物理学家，但民间却大量涌现着《易经》的研究家，观天象，识地理，搞预测，作遥控。你不敢轻视了静坐于酒馆一角独饮的老翁或巷头鸡皮鹤首②的老妪，他们说不定就是身怀绝技的奇才异人。清晨的菜市场上，你会见到手托着豆腐，三个两个地立在那里谈论着国内的新闻。在公共厕所蹲坑，你也会听到最及时的关于联合国的一次会议的内容。关心国事，放眼全球，似乎对于他们是一种多余，但他们就有这种古都赋予的秉性。

---

① ［火铳（chòng）］一种旧式火器。
② ［鸡皮鹤首］形容皮肤布满皱纹，头上白发苍苍。

"杞人忧天①"从来不是他们讥笑的名词，甚至有人庄严地提议，在城中造一尊巨大的杞人雕塑，与那巍然竖立的丝绸之路的开创人张骞②塑像相映成辉，成为一种城标。整个西安城，充溢着中国历史的古意，表现的是一种东方的神秘，囫囵囵③是一个旧的文物，又鲜活活是一个新的象征。

所以，我数次搬家，却总乐意在靠近城墙的地方住。现在我居住在叫甜水井的方位，井已经被覆盖了，但数个四合院内还保留着古老的井台。古往千百年来，全城的食用水靠这一带甜水供应，老一代的邻居还说得清最后一届水局④的模样，抱出匣子来让我瞧那手摸汗浸而光滑如铜的骨片水牌，耳畔里就隐约响起了驮着水桶的驴子叩击青石板街的节奏。星期日，去那嚣声腾浮的鸟市、虫市和狗市，或是赶那黎明开张、日出消散的露水集场，去城河沿上看那练习导引吐纳⑤之术的汉子，去旧古书店书摊购买几本线装的古籍，去寺院里拜访参禅⑥的老僧和高古的道长，去楼房的建筑工地的土坑里捡一堆称之为垃圾文物的碎瓷残片，分辨其字画属于汉的海风之格或属于唐的山骨之度，一切都在与历史对话，调整我的时空存在，圆满我的生命状态。所以，在我的居室里接待了全中国各地来的客人乃至海外的朋友，我送他们的常常是汉瓦当的一个拓片⑦，秦砖自刻的一方砚台，或是陪他们听一段已无弦索的古琴的无声的韶音⑧。我说，你信步在城里走走吧，钟楼已没钟，晨时你能听见的是天音，鼓楼已没鼓，暮时你能听见的是地声，再倘若你是搞政治的，你往城东去看秦兵马俑，你是搞艺术的，你往城西去看霍去病⑨墓前石雕。我不知疲劳地，一定要带领了客人朋友爬土城墙，指点那城南的大雁塔和曲江池，说，看见那大雁塔吗？那就是一

---

① [杞人忧天]《列子·天瑞》里的一则寓言。传说杞国有个人怕天塌下来，为此吃饭睡觉都感到不安。后来用这个成语比喻不必要的忧虑。

② [张骞(qiān)]西汉人，曾奉汉武帝之命两次出使西域，促进了中原和西域各少数民族的经济文化的交流和发展。

③ [囫囵囵(húlún)]整个的，完整的。

④ [水局]生产、供应水的机构。

⑤ [导引吐纳]气功练功的方法。

⑥ [参禅]指佛教徒静坐冥想领会佛理。

⑦ [拓(tà)片]把碑刻、铜器等文物的形状和上面的文字、图像拓下来的纸片。

⑧ [韶音]韶，传说是舜所作的乐曲名。《论语》里说孔子在齐国听了韶这种曲子后，"三月不知肉味"。这里用来指美妙的音乐。

⑨ [霍去病(前140～前117)]西汉名将。他前后六次出击匈奴，解除了西汉初年以来匈奴对汉王朝的威胁。

枚印石；看见那曲江池吧，那就是一盒印泥。记住，历史当然翻开了新的一页，现代的西安当然不仅仅是个保留着过去的城，它有着其他城市所具有的最现代的东西。但是，它区别于别的城市，是无言的上帝把中国文化的大印放置在西安，西安永远是中国文化魂魄的所在地了。

西安这座城，做过十三个王朝的首都。见证过汉唐盛世的辉煌，也目睹过国破城芜的悲凉；曾有过商贾云集、宫阙万幢的盛况，也有过荆棘成林、户不满百的衰颓。残破也好，热闹也罢，西安总是中国历史的中心和焦点，无数人瞩目，无数人向往。而今的西安，昔日的荣光已经褪色，但是朴实、厚重的历史积淀却比比皆是，洋溢在大街小巷，深入市井巷陌。

 练 习

一、作者是从哪些方面来表现西安是"最具古城魅力"，"永远是中国历史文化的魂魄所在地"这一特点的？

二、阅读课文，请找出文中作家笔下最能概括西安这座城特点的语句。

三、生活在西安这座城里的人有什么特征？请提炼概括西安人的特点，并说说为什么西安人会有这种特征？

四、我们常说："一方水土养育一方人"，请说说南方人和北方人有什么不同，与他们生活的环境有什么关系？

五、以《××这座城》为题写一篇短文。

24　蔺相如完璧归赵论①

王世贞

阅读提示

　　蔺相如的"完璧归赵"历来被人们称道。然而明代学者王世贞却有不同的看法。他所作的《蔺相如完璧归赵论》是一篇史论，对司马迁关于蔺相如的评价提出全面的质疑，进而全面否定。作者在文章开篇就以"蔺相如之完璧，人皆称之，予未敢以为信也"开宗明义，对世所称誉的蔺相如完璧归赵这一史实予以否定，表明了自己的态度，然后以分析秦、赵时势入手，从情与理两方面重点剖析两国外交上的形势，从而得出因为秦国不想和赵国为敌，因此"蔺相如之获全于璧也，天也。""天固曲全之哉！"的结论。

　　本文是一篇翻案文章，作者能独执异议，贵在识见高远，令人信服。文章逻辑清晰，论述严密，层层递进，步步深入，辩驳有力，尤其文中的假设论证一段文字，合情合理，很有说服力。

　　蔺相如之完璧，人皆称②之。予未敢以为信也。

　　夫秦以十五城之空名，诈赵而胁③其璧。是时言取璧者，情④也，非欲以窥赵也⑤。赵得其情则弗予，不得其情则予；得其情而畏之则予，得其情而弗畏之则弗予⑥。此两言决耳，奈之何既畏而复挑其怒也！

---

　　① 选自《古文观止》卷之十二明文 。王世贞（1526～1590），字元美，号凤洲，又号弇（yǎn）州山人，太仓（今江苏省太仓市）人，明代文学家、史学家。曾任南京刑部尚书。是明代"后七子"领袖之一，倡导"复古"，主张"文必秦汉散文，诗必盛唐"。主要作品有《弇州山人四部稿》
　　② [称] 赞扬。
　　③ [胁] 以威力相迫。
　　④ [情] 真实的。
　　⑤ [非欲以窥赵也] 并非想借此窥伺赵国。窥，伺机图谋。
　　⑥ [赵得其情则弗予，不得其情则予；得其情而畏之则予，得其情而弗畏之则弗予] 意思是赵国如果知道秦的意图就不给它，不知道就给它；知道而畏惧秦就给它，不畏惧就不给它。

且夫秦欲璧，赵弗予璧，两无所曲直也。入璧而秦弗予城，曲在秦；秦出城而璧归，曲在赵。欲使曲在秦，则莫如弃璧；畏弃璧，则莫如弗予。夫秦王既按图以予城，又设九宾①，斋②而受璧，其势不得不予城。璧入而城弗予，相如则前请曰："臣固知大王之弗予城也。夫璧非赵璧乎，而十五城秦宝也。今使大王以璧故，而亡其十五城，十五城之子弟皆厚怨大王以弃我如草芥也。大王弗予城而绐③赵璧，以一璧故，而失信于天下，臣请就死于国，以明大王之失信。"秦王未必不返璧也。今奈何使舍人怀而逃之，而归直于秦④？是时秦意未欲与赵绝耳。令秦王怒而僇⑤相如于市，武安君⑥十万众压邯郸，而责璧与信⑦，一胜而相如族⑧，再胜而璧终入秦矣。

吾故曰："蔺相如之获全于璧也，天也。"若其劲渑池，柔廉颇⑨，则愈出而愈妙于用⑩；所以能完赵者，天固曲全之哉！

 练 习

一、翻译全文。

二、阅读课文思考下列问题。

1. 王世贞在文中的主要观点是什么？

2. 比较王世贞与司马迁观点的不同，谈谈你自己的看法。

3. 学习此文，在学习方法上给你最大的启发是什么？

三、请概述"完璧归赵"的故事。

---

① [九宾]《周礼》中的九仪，是古代外交上最隆重的礼节，有九个迎宾赞礼的官员延引上殿。

② [斋] 斋戒，指在举行祭扫或较为隆重典礼之前，清心洁身，表示虔诚与恭敬。

③ [绐（dài）] 欺诈，欺骗。

④ [归直于秦] 把理直归于秦国，意思是使己方理亏。

⑤ [僇（lù）] 通"戮"，杀戮。

⑥ [武安君] 即白起，秦国著名大将。

⑦ [责璧与信] 责问璧的下落及为何无信义。

⑧ [族] 用作动词。族灭，全族被杀。

⑨ [劲渑（miǎn）池，柔廉颇] 劲渑池，指赵惠文王二十年（前278年），赵惠文王应秦昭王之约在渑池（今河南省渑池县）会盟之事。在会盟中，秦君臣屡次侮辱赵王，都遭到了蔺相如有力的回击。劲，强健、刚强。柔廉颇，指蔺相如由于立功，被赵王拜为上卿，廉颇不服，扬言要羞辱蔺相如，蔺相如为顾全大局，多次退让回避，使廉颇受到感动而负荆请罪。柔，温和、柔顺。

⑩ [愈出而愈妙于用]（蔺相如的行为）越发做得巧妙、高明。

四、从求异思维的角度谈谈你对下列传统观念的看法。

1. 愚公移山

2. 班门弄斧

3. 毛遂自荐

4. 酒香不怕巷子深

25 秋天的况味①

林语堂

阅读提示

这是一篇用词精炼，语言优美的散文。作者在文章开头，并没有开门见山的大肆煊染秋天之美景，而是通过一段香烟烟气的描写，把读者带入秋天那宁静、淡泊的气氛中。"看烟头白灰之下露出红光，微微透露出暖气，心头的情绪便跟着那蓝烟缭绕而上，一样的轻松，一样的自由。"作者把自己的思绪比作轻烟，巧妙体现出心中无限的遐想，由香烟那温煦的热气想到秋天的况味，引出对秋天的独特感悟。文中秋被比作雪茄、鸦片、用过二十年的烂字典、用过半世纪的书桌、一块老气横秋的招牌等等，这些意象被作者写得半雅半俗，亦庄亦谐，入情入理，可谓是别具一格。

本文构思的独到之处在于把赏秋与品味人生紧密结合，表现了作者的艺术独创。文章在语言表达方面也别具特色。作者展开丰富的联想，用博喻的手法来表达自己对人生的愉快感受，语言节奏优美、欢快，读其文如闻其声，听其语如见其人，于生动中见闲情逸趣。阅读时要反复诵读，细细品味。

秋天的黄昏，一人独坐在沙发上抽烟，看烟头白灰之下露出红光，微微透露出暖气，心头的情绪便跟着那蓝烟缭绕而上，一样的轻松，一样的自由。不转眼缭烟变成缕缕的细丝，慢慢不见了，而那霎时，心上的情绪也跟着消沉于大千世界，所以也不讲那时的情绪，而只讲那时的情绪的况味。待要再划一根洋火，再点起那已点过三四次的雪茄，却因白灰已积得太多，点不着，乃轻轻的一弹，烟灰静悄悄的落在铜炉上，其静寂如同我

---

①　选自《林语堂散文经典全集》，北京出版社 2007 年版。林语堂（1895～1976），原名林乐和，曾用名林玉堂，福建龙溪人。现代作家、学者。主要作品有长篇小说《京华烟云》、《风声鹤唳》，小品集《生活的艺术》、人物传记《武则天传》《苏东坡传》等。

此时用毛笔写在中纸上一样，一点的声息也没有。于是再点起来，一口一口的吞云吐露，香气扑鼻，宛如偎红倚翠温香在抱情调。于是想到烟，想到这烟一股温煦①的热气，想到室中缭绕暗淡的烟霞，想到秋天的意味。这时才想起，向来诗文上秋的含义，并不是这样的，使人联想的是萧杀，是凄凉，是秋扇，是红叶，是荒林，是姜草。然而秋确有另一意味，没有春天的阳气勃勃，也没有夏天的炎烈迫人，也不像冬天之全入于枯槁凋零。我所爱的是秋林古气磅礴气象。有人以老气横秋骂人，可见是不懂得秋林古色之滋味。在四时中，我于秋是有偏爱的，所以不妨说说。秋是代表成熟，对于春天之明媚娇艳，夏日之茂密浓深，都是过来人，不足为奇了，所以其色淡，叶多黄，有古色苍茏之慨，不单以葱翠争荣了。这是我所谓秋的意味。大概我所爱的不是晚秋，是初秋，那时暄气初消，月正圆，蟹正肥，桂花皎洁，也未陷入懔烈②萧瑟气态，这是最值得赏乐的。那时的温和，如我烟上的红灰，只是一股熏熟的温香罢了。或如文人已排脱下笔惊人的格调，而渐趋纯熟练达，宏毅坚实，其文读来有深长意味。这就是庄子所谓"正得秋而万宝成"结实的意义。在人生上最享乐的就是这一类的事。比如酒以醇以老为佳。烟也有和烈之别。雪茄之佳者，远胜于香烟，因其味较和。倘是烧得得法，慢慢的吸完一支，看那红光炙发，有无穷的意味。鸦片吾不知，然看见人在烟灯上烧，听那微微的哗剥声音，也觉得有一种诗意。大概凡是古老、纯熟、熏黄、熟练的事物，都使我得到同样的愉快。如一只熏黑的陶锅在烘炉上用慢火炖猪肉时所发出的锅中徐吟的声调，是使我感到同观人烧大烟一样的兴趣。或如一本用过二十年而尚未破烂的字典，或是一张用了半世的书桌，或如看见街上一块熏黑了老气横秋的招牌，或是看见书法大家苍劲雄深的笔迹，都令人有相同的快乐。人生世上如岁月之有四时，必须要经过纯熟时期，如女人发育健全遭遇安顺的，亦必有一时徐娘半老的风韵，为二八佳人所绝不可及者。使我最佩服的是邓肯③的佳句："世人只会吟咏春天与恋爱，真无道理。须知秋天的景色，更华丽，更恢奇，而秋天的快乐有万倍的雄壮、惊奇、都丽。我真可

---

① ［温煦（xù）］暖和。

② ［懔（lǐn）烈］极其寒冷。懔，古同"凛"，畏惧、害怕。

③ ［邓肯（1877～1927）］伊莎多拉·邓肯（Isadora Duncan），美国舞蹈家，现代舞蹈的奠基人。

怜那些妇女识见褊狭①，使她们错过爱之秋天的宏大的赠赐。"若邓肯者，可谓识趣之人。

一九四一年一月

 练 习

一、阅读课文思考"秋天的况味"是什么？

二、秋让你联想到什么？读完本文，你对秋有何感悟？

三、课外对比阅读《故都的秋》。

---

① ［褊（biǎn）狭］（观点）狭小；狭隘。

26 对动物的恻隐之心[①]

劳伦兹

阅读提示

　　劳伦兹是奥地利的一位动物行为学家。他主张"一个人必须对所有生命都怀有一份发自内心的真感情，才能去发现大自然的充满了令人着迷而又使人敬畏的美"。他正是以一种真实、深厚的感情去和动物做心灵的对话，去观察和探究动物世界的许多美妙与神奇的秘密的。

　　在这篇文章中他介绍了夜莺、狮子和老鹰的生活习性，解开了人们对善鸣的夜莺、懒得走动的狮子、头脑愚笨的老鹰的"误解"。他更怀着一颗慈悲的恻隐之心，去描写那些聪明而有灵性的天鹅、鹦鹉和猿猴，同情它们被监禁在笼子里或栏杆内生活的不幸，理解它们强烈的自由欲望遭到遏制的内心痛苦。让我们也像劳伦兹那样尊重自然、爱护自然，并且试着去理解和保护身边的动物吧！不仅仅是保护它们的身体，也要保护它们的心灵。

　　任何人只需到动物园去听听游客的谈话，就会发现一般人的同情心都表错了对象：那些最受人注意的动物，往往是最不需要同情、对牢笼生活适应得最好的动物；至于那些真正受苦的可怜虫，却得不到一点怜悯。一般人都喜欢同情在文学上大出风头的动物，像夜莺，像狮子，像老鹰。

　　我们对夜莺的误解，可以从文学上总以为是雌的夜莺在唱歌这一点上看得出来，德文里面，甚至"夜莺"这个字就是阴性。事实上，只有公的夜莺才唱歌，而且它们之所以要唱，一方面是对同类里面其他的公鸟示威，不许它们飞近自己的领土；另一方面，也是向偶尔飞过的雌鸟示意，表示它的新房已经准备好了，立刻就可以成家。

---

　　① 选自劳伦兹著《所罗门王的指环》（中国和平出版社 1998 年版）。游复熙、秀光容译。劳伦兹（1903～1989），奥地利动物行为学家。1973 年由于对动物行为学研究方面取得开拓性的成就而获诺贝尔奖。

任何人只要对鸟类有一点认识，都知道只有公的夜莺才"会"唱歌。把那么嘹亮的歌声，当作是雌鸟在抒情，就和学文学的人把丁尼生①创造的姬妮华（Guine-vere）当作是个大胡子一样的荒唐无稽。就是为了这个原因，威尔德②的童话故事：夜莺在"月光下对玫瑰吟唱，并把她心的泣血，——染在他的身上"，始终不能感动我；而且我得承认，当最后这位有胡子的姑娘因为胸上刺满了刺，而不得不停止歌唱的时候，我真是大大地松了一口气。

以后我还要详细讨论"笼中鸟"的苦处。不过，关在动物园笼子里的夜莺绝不是最难受的，当然，公鸟唱了又唱，却引不出一只雌的夜莺来，自然会有些失望；但是，即使是在林子里，通常因为公鸟的数目总比雌的多，所以有一批公鸟总免不了会受到这种"求之不得，辗转反侧"的痛苦。

狮子是另一种常常受到误解的动物，书里形容到它时，往往把它的居住地和它的性情一起说错。英国人称它作"丛林之王"（Kings of the jungle），未免把它住的地方说得太潮湿了；德国人，以他们一贯彻底的作风走到另一极端，又把它放到沙漠里去了，称它作"沙漠之王"（Wüstenknig）。事实上，不干不湿的大草原，才是它真正喜欢住的地方。而且，它所以显得那么不可一世、威风凛凛，被称作兽中之"王"，乃是因为它习惯猎取原野上较大的动物，常常要一跑好远，对于就在眼前的景物却不去注意而已。

狮子在受到关闭的时候，不像其他和它等智力的食肉兽一样难受，原因很简单，因为它并不那么喜欢活动。说得露骨一点，狮子大概是所有肉食动物里最懒的一种了。它的懒惰简直叫人羡慕。在天然的环境里，它虽然会为饥饿的威胁跑好远好远，但是很明显地，这并不是它的本性。因此，被捕的狮子很少会像狼或狐狸，在笼里走来走去的。就算它偶尔想松散一下筋骨，起来走动走动，它的样子就像在做饭后散步，简直悠闲极了，一点也不像一只被捕的食肉兽因为不得任意驰骋，只好在笼子里来回奔跑，以表示它的烦躁和怒气。

---

① ［丁尼生（1809～1892）］英国诗人。
② ［威尔德（1854～1900）］现在通常译作王尔德。英国作家、诗人。下文所说的故事出自他的童话作品《夜莺与玫瑰》。

在柏林动物园里，狮子住的地方非常之大，里面有一小块地铺满了砂石，还有用黄石堆成的岩崖。其实这种浪漫的安排完全是浪费，因为狮子只是懒懒地躺在那儿。如果造个大模型，放些动物标本进去，效果也差不多。

现在我们再看看老鹰吧，我真不愿意拆这种名鸟的台，但是我必须选择，"真"固执呀！事实是：所有真正的食肉鸟，比起燕雀（passerine）、鹦鹉一类的鸟都要笨得多。特别是金鹰（gold eneagle），简直可以说是所有的鸟里面最蠢的了，比起谷仓空地上养的鸡还不如。这当然不是说这种骄傲的鸟不漂亮、不起眼，或者不能代表一种真正野性的精神，而是说它心灵的秉赋，它对自由的喜爱，以及它在被俘之后的心理状况，不像其他的鸟那么敏感而已。

我到现在还记得，我的第一只、也是惟一的一只鹰带给我的失望。这是一只上等的老鹰。我因为怜悯她的关系，由一个流动的巡回动物园买得。她是一只漂亮的雌鹰，由羽毛的颜色看来，差不多就快长成了。她已完全驯服，很会招呼主人，后来我有了她，她也是一样，把头倒过来让她那可怕的钩嘴笔直地对着上方，这是她对人表示亲热的一个特别的姿势。而且她说话的声音非常轻柔，就像只小鸽子一样；其实和小鸽子相比，她真算只绵羊。我本来买她，是想学亚洲人那样，把她训练成一只猎鹰的。我对这件事的期望并不高，并不以为一定会成功，不过想用一只家兔做饵，看看这类食肉大鸟在猎食时的行为。这个计划结果完全失败，因为我的老鹰，就是在她非常饥饿的时候，也不肯损害兔子身上一根毫毛。

虽然她非常健壮，翅膀的羽毛也十分完好，但她却并不想飞。渡鸦、鹦鹉和秃鹰常常会为飞而飞，在空中嬉游，尽情享受飞翔之乐；但是我的这只鹰就不了，只有当空中有上旋的气流，她可以不费力地乘风而上的时候，才肯动一动翅膀。其实就是在那种情形下，她也从不飞得太高，她每次回来都会迷路。因为她盘旋而上的时候，一点方向观念也没有，所以每次都会降落到附近的地方，然后她就愚昧而忧愁地坐在那儿，一直等到我去把她找回来。

也许我不理她，她独自也可以找得回来。不过她长得太显眼了，每次总有人打电话给我，告诉我这只鹰现在正在某家的屋顶上，还有一大堆小孩正拿石子扔她。然后我得徒步走到那儿，因为这个蠢东西最怕的就是自行车——她真不知道害我走了多少路!

到后来我实在是不胜其烦了,又不愿把她永远拴在链子上,所以就把她送进休柏伦(Schnbrunner)动物园。

现在一般动物园的鸟舍都很宽敞,足够老鹰在里面翱翔了。如果我们能够问问这类笼中鹰对牢笼生活的意见,相信它们会说:"就是'鸟'口太多了一点,每次我和我的太太想在窠里添一根新枝,总会有一只讨厌的白头兀鹰来把它衔走。那些美洲秃鹰也不是什么好东西,它们比我们长得壮,架子大极了。不过,最讨厌的还要算安第斯山脉来的秃鹰了,真看它们不顺眼!……吃的东西还算不错,就是马肉太多了一点,假使是兔子就好了,可以连皮带骨一起吃掉。"总之,它们绝对不会提到对于自由的向往。

那么,到底哪些动物在被俘后最值得同情呢?对于这个问题,我前面已经回答了一部分:第一种是那些比较聪明而有较高灵性的生物,它们心思活泼,时时都要动,而且它们还有许多内在的、非常强烈的欲望,是在笼子里或栏杆内不能满足的。就是外行人也知道,凡是在自然的环境里惯于到处走动的动物,都天生对运动要求得特别强烈。老式的动物园往往把狐狸和狼放在很小的笼子里,这些动物其实都是特别爱动的。动的欲望受阻,对它们而言不啻是酷刑,在被关的动物里面,要数它们最为可怜了。

另外还有一种惨象,一般到动物园参观的人很少注意到的,就是天鹅这一类的候鸟。它们和大多数水鸟一样,一到冬天,就想南飞。动物园通常把这类鸟翅上尖端的骨节剪掉,阻止它们飞离,这些鸟却很少理会得它们已经不能飞了,总是一试再试。

我很不喜欢看剪了翅膀的水鸟,因为翅膀被剪已经很是不幸,再看到它们一再徒劳地张翅欲飞,实在令人不忍。就算有些水鸟并不介意翅膀被剪,似乎生活得很正常,我还是由衷地可怜它们。

一般说来,剪了翅膀的天鹅似乎并没有什么不乐,如果照顾得好,它们也一样地孵卵、养育子女。但是一到变换季节应该迁徙的时候,情形就不同了:它们总是一次又一次地游到池塘里背风的那一面,这样,当它们御风而起的时候,整个池面都可以供它们起飞。同时,它们在试飞前互相呼唤的声音是这么嘹亮,以至于老远老远都可以听得清楚。可是,当这种壮观的场面一再地因为翅膀不全而草草结束的时候,就是心肠再硬的人看了也会心酸。

许多动物园的管理方法都不尽妥善，但是在里面受苦的动物中间，要以我前面说过的这些感觉灵敏的生物最为不幸了；可是去动物园参观的游客却很少可怜它们，甚至当这些本来极有智慧的动物因为长期被禁，而退化到白痴的地步的时候，也没有人闻问。

我从来没有在关鹦鹉的房子前面听到一声同情的叹息；那些感情丰富的老太太们，为了防止动物受虐待，简直不遗余力，却能若无其事地眼看着一只灰色的大鹦鹉关在一个小小的笼子里，拴在一根栖木上！其实，这些大型的鹦鹉不但聪明而且精力旺盛，它们和乌鸦大概是鸟类仅有的几种和人一样会因为监禁无聊而受苦生病的。可是却没有人同情这些可怜的东西在钟罩型的小笼内捐生。最叫人难以了解的事，就是当它将头一伸一缩，为了逃出牢笼而做绝望的尝试的时候，它的多情的主人还以为它是在鞠躬呢！如果我们把这个不幸的家伙从牢笼里放出来，常常要等好几个礼拜，甚至好几个月之后，它才敢真正飞走。

猴子在受到禁闭的时候，情形更加可怜，尤其是所有类人的猿猴，它们是惟一的一种动物在受到关闭之后，会因为心灵上的损害而引起身体上的严重病态。尤其在它们独自被关在一个小笼子里时，病情就更严重了，有时甚至会因为无聊而死。

就是为了这个缘故，凡是由私人收养的小猴子，总是长得特别健壮活泼，因为它们就像"家庭中的一员"。可是等它们一旦长大，变得难以控制，而被送到动物园去之后，它们就开始消瘦憔悴了。我的那只戴帽猿"歌罗丽亚"就不能避免这种命运。

我常常说，要把类人猿养得好，最要紧的，就是避免使它们受到因为监禁而引起的心灵上的苦恼，这话确实一点也不夸张。我的手头就有一本叶克斯（Robert Yerkes）论猩猩的妙书，他大概可以算是研究这一类类人猿的权威了；从他的书里可以得到一个结论：要维持这类类人猿的健康，心理的保健和身体的保健同样重要。不幸的是，现在仍然有许多动物园把类人猿一头头单独地关在很小的笼子里，这实在是一种残酷的行为，法律应该禁止他们。佛罗里达州的橘园里，有一片很大的场地是叶克斯专门用来养类人猿的。他已经经营了好几年了，有一大群猩猩在里面生养不息，它们十分逍遥快活，就和我的白头翁在我给它们准备的鸟舍里一样。也许比你跟我还要自在得多呢！

练 习

一、阅读课文，概括课文中所描述的动物的主要习性。

二、请说说我们应该如何保护环境、保护自然、爱护动物？

27　上海的弄堂①

王安忆

阅读提示

　　本文是一篇带着浓郁人文气息的优美写景散文，作者从静态的呆板的上海弄堂着笔，用精致细腻的独特感受向我们展现了一个完全不同的上海弄堂世界，让我们了解了陈旧残破背后的独特灵魂，了解了历史弄堂外在形式下产生的独特文化心态。上海弄堂有豪华的公寓别墅，也有破败的棚户毡房；有神气的新式汽车，也有沉旧的黄包车；有西装革履的金融家、实业家，也有长袍马褂的贵族遗老，更有衣衫褴褛的贫苦大众；有市民们的流言蜚语，也有阴谋家的窃窃私语，还有革命者的策划密谈……无数个弄堂，既托起上海这座城市的躯体，也呈现了上海历史的沧桑。陈旧的年代，多样的形态，丰富的声色，激荡人心的感动与真诚，作者用人情化的笔触，从多个角度刻画了托起上海这座城市躯体的无数个弄堂，展现了风情独具的弄堂文化。

　　文章脉络清晰，语言生动形象。阅读时应抓住上海弄堂的主要特色，并通过对语言人性化、生动形象特色的欣赏体味来感受作者对上海弄堂的深情。

　　站在一个至高点看上海，上海的弄堂是壮观的景象。它是这城市背景一样的东西。街道和楼房凸现在它之上，是一些点和线，而它则是中国画中称为皴法②的那类笔触，是将空白填满的。当天黑下来，灯亮起来的时分，这些点和线都是有光的，在那光后面，大片大片的暗，便是上海的弄堂了。那暗看上去几乎是波涛汹涌，几乎要将那几点几线的光推着走似的。它是有体积的，而点和线却是浮在面上的，是为划分这个体积而存在的，

---

　　①　节选自《长恨歌》的第一章（作家出版社 2000 年 11 月第 5 版）。王安忆（1954～），上海人，当代女作家。其《长恨歌》曾获"第五届茅盾文学奖"。
　　②　[皴（cūn）法] 中国画画山石的技法之一。

是文章里标点一类的东西，断行断句的。那暗是像深渊一样，扔一座山下去，也悄无声息地沉了底。那暗里还像是藏着许多礁石，一不小心就会翻了船的。上海的几点几线的光，全是叫那暗托住的，一托便是几十年。这东方巴黎的璀璨①，是以那暗作底铺陈开。一铺便是几十年。如今，什么都好像旧了似的，一点一点露出了真迹。晨曦一点一点亮起，灯光一点一点熄灭。先是有薄薄的雾，光是平直的光，勾出轮廓，细工笔似的。最先跳出来的是老式弄堂房顶的老虎天窗，它们在晨雾里有一种精致乖巧的模样，那木框窗扇是细雕细作的；那屋披上的瓦是细工细排的；窗台上花盆里的月季花也是细心细养的。然后晒台也出来了，有隔夜的衣衫，滞着不动的，像画上的衣衫；晒台矮墙上的水泥脱落了，露出锈红色的砖，也像是画上的，一笔一画都清晰的。再接着，山墙上的裂纹也现出了，还有点点绿苔，有触手的凉意似的。第一缕阳光是在山墙上的，这是很美的图画，几乎是绚烂的，又有些荒凉；是新鲜的，又是有年头的。这时候，弄底的水泥地还在晨雾里头，后弄要比前弄的雾更重一些。新式里弄的铁栏杆的阳台上也有了阳光，在落地的长窗上折出了反光。这是比较锐利的一笔，带有揭开帷幕，划开夜与昼的意思。雾终被阳光驱散了，什么都加重了颜色，绿苔原来是黑的，窗框的木头也是发黑的，阳台的黑铁栏杆却是生了黄锈，山墙的裂缝里倒长出绿色的草，飞在天空里的白鸽成了灰鸽。

上海的弄堂是形形种种，声色各异的。它们有时候是那样，有时候是这样，莫衷一是②的模样。其实它们是万变不离其宗，形变神不变的，它们是倒过来倒过去最终说的还是那一桩事，千人千面，又万众一心的。那种石窟门弄堂是上海弄堂里最有权势之气的一种，它们带有一些深宅大院的遗传，有一副官邸③的脸面，它们将森严壁垒全做在一扇门和一堵墙上。一旦开进门去，院子是浅的，客堂也是浅的，三步两步便走穿过去，一道木楼梯在了头顶。木楼梯是不打弯的，直抵楼上的闺阁，那二楼的临了街的窗户便流露出了风情。上海东区的新式里弄是放下架子的，门是镂空雕花的矮铁门，楼上有探身的窗还不够，还要做出站脚的阳台，为的是好看街

---

① ［璀璨（cuǐcàn）］（珠玉等）光亮鲜明。
② ［莫衷一是］意见纷杂，不能有一致的看法。
③ ［官邸（dǐ）］政府为高级官员提供的住所。（跟"私邸"相区别）。

市的风景。院里的夹竹桃伸出墙外来，锁不住的春色的样子。但骨子里头却还是防范的，后门的锁是德国造的弹簧锁，底楼的窗是有铁栅栏的，矮铁门上有着尖锐的角，天井是围在房中央，一副进得来出不去的样子。西区的公寓弄堂是严加防范的，房间都是成套，一扇门关死，一夫当关万夫莫开的架势，墙是隔音的墙，鸡犬声不相闻的。房子和房子是隔着宽阔地，老死不相见的。但这防范也是民主的防范，欧美风的，保护的是做人的自由，其实是想做什么就做什么，谁也拦不住的。那种棚户的杂弄倒是全面敞开的样子，牛毛毡的屋顶是漏雨的，板壁墙是不遮风的，门窗是关不严的。这种弄堂的房屋看上去是鳞次栉比①，挤挤挨挨，灯光是如豆的一点一点，虽然微弱，却是稠密，一锅粥似的。它们还像是大河一般有着无数的支流，又像是大树一样，枝枝叉叉数也数不清。它们阡陌纵横，是一张大网。它们表面上是坦露的，实际上却神秘莫测，有着曲折的内心。黄昏时分，鸽群盘桓②在上海的空中，寻找着各自的巢。屋脊连绵起伏，横看成岭竖成峰的样子。站在至高点上，它们全都连成一片，无边无际的，东南西北有些分不清。它们还是如水漫流，见缝就钻，看上去有些乱，实际上却是错落有致的。它们又辽阔又密实，有些像农人撒播然后丰收的麦田，还有些像原始森林，自生自灭的。它们实在是极其美丽的景象。

　　上海的弄堂是性感的，有一股肌肤之亲似的。它有着触手的凉和暖，是可感可知，有一些私心的。积着油垢的厨房后窗，是专供老妈子一里一外扯闲篇的；窗边的后门，是供大小姐提着书包上学堂读书，和男先生幽会的；前边大门虽是不常开，开了就是有大事情，是专为贵客走动，贴了婚丧嫁娶的告示的。它总是有一点按捺不住的兴奋，跃跃然的，有点絮叨的。晒台和阳台，还有窗畔，都留着些窃窃私语，夜间的敲门声也是此起彼落。还是要站一个至高点，再找一个好角度：弄堂里横七竖八晾衣竹竿上的衣物，带有点私情的味道；花盆里栽的凤仙花、宝石花和青葱青蒜，也是私情的性质；屋顶上空着的鸽笼，是一颗空着的心；碎了和乱了的瓦片，也是心和身子的象征。那沟壑般的弄底，有的是水泥铺的，有的是石

---

　　① ［鳞次栉（zhì）比］像鱼鳞和梳子齿那样紧密有序地排列着。多用来形容房屋等密集排列。次，按顺序排列。比，并列。
　　② ［盘桓（huán）］徘徊，逗留；回旋环绕。

卵拼的。水泥铺的到底有些隔心隔肺，石卵路则手心手背都是肉的感觉。两种弄底的脚步声也是两种。前种是清脆响亮的，后种却是吃进去，闷在肚里的；前种说的是客套，后种是肺腑之言，两种都不是官面文章，都是每日里免不了要说的家常话。上海的后弄更是要钻进人心里去的样子，那里的路面是饰着裂纹的，阴沟是溢水的，水上浮着鱼鳞片和老菜叶的，还有灶间的油烟气的。这里是有些脏兮兮，不整洁的，最深最深的那种隐私也裸露出来的，有点不那么规矩的。因此，它便显得有些阴沉。太阳是在午后三点的时候才照进来，不一会儿就夕阳西下了。这一点阳光反给它罩上一层暧昧的色彩，墙是黄黄的，面上的粗砺都凸现起来，沙沙的一层。窗玻璃也是黄的，有着污迹，看上去有一些花的。这时候的阳光是照久了，有些压不住的疲累的，将最后一些沉底的光都迸出来照耀，那光里便有了许多沉积物似的，是黏稠滞重①，也是有些不干净的。鸽群是在前边飞的，后弄里飞着的是夕照里的一些尘埃，野猫也是在这里出没的。这是深入肌肤，已经谈不上是亲是近，反有些起腻，暗地里生畏的，却是有一股噬②骨的感动。

上海的弄堂感动来自于最为日常的情景。这感动不是云水激荡的，而是一点一点累积起来。这是有烟火人气的感动。那一条条一排排的里巷，流动着一些意料之外又情理之中的东西，东西不是什么大东西，但琐琐细细，聚沙也能成塔的。那是和历史这类概念无关，连野史都难称上，只能叫做流言的那种。流言是上海弄堂的又一景观，它几乎是可视可见的，也是从后窗和后门里流露出来。前门和前阳台所流露的则要稍微严正一些，但也是流言。这些流言虽然算不上是历史，却也有着时间的形态，是循序渐进有因有果的。这些流言是贴肤贴肉的，不是故纸堆③那样冷淡刻板的，虽然谬误百出，但谬误也是可感可知的谬误。在这城市的街道灯光辉煌的时候，弄堂里通常只在拐角上有一盏灯，带着最寻常的铁罩，罩上生着锈，蒙着灰尘，灯光是昏昏黄黄，下面有一些烟雾般的东西滋生和蔓延，这就是酝酿流言的时候。这是一个晦涩的时刻，有些不清不白的，却是伤人肺

---

① ［黏稠滞重］既有黏性，浓度又大，停留不畅。

② ［噬（shì）］咬。

③ ［故纸堆］指大量古旧的文献资料。

腑。鸽群在笼中叽叽哝哝的，好像也在说着私语。街上的光是名正言顺的，可惜刚要流进弄口，便被那暗吃掉了。那种有前客堂和左右厢房里的流言是要老派一些的，带薰衣草的气味的；而带亭子间和拐角楼梯的弄堂房子的流言则是新派的，气味是樟脑丸的气味。无论老派和新派，却都是有一颗诚心的，也称得上是真情的。那全都是用手掬水，掬一捧漏一半地掬满一池，燕子衔泥衔一口掉半口地筑起一巢的，没有半点偷懒和取巧。上海的弄堂真是见不得的情景。它那背阴处的绿苔，其实全是伤口上结的疤一类的，是靠时间抚平的痛处。因它不是名正言顺，便都长在了阴处，长年见不到阳光。爬墙虎倒是正面的，却是时间的帷幕，遮着盖着什么。鸽群飞翔时，望着波涛连天的弄堂的屋瓦，心是一刺刺的疼痛。太阳是从屋顶上喷薄而出，坎坎坷坷的，光是打折的光，这是由无数细碎集合而成的壮观，是由无数耐心集合而成的巨大的力。

 练 习

一、阅读这篇文章，说说作者从哪几个方面写了上海的弄堂？

二、上海的弄堂生活给你印象最深的是什么？从中你感受到了上海人怎样的一种生活态度？

三、弄堂老矣。今天在高楼大厦的影子背后，当你瞥见残留的弄堂，你会有怎样的感想？

28　夺状元枪挑小梁王　反武场放走岳鹏举①

钱　彩

阅读提示

　　岳飞是我国南宋时期杰出的军事家，著名的抗金民族英雄。他的一生有许多英雄传奇般的故事家喻户晓，在民间广为流传。"枪挑小梁王"就是他发生在武举科场上的一段传奇故事。

　　故事中最精彩的片段是他与小梁王的三次比试：先比试文才，岳飞作"枪论"，小梁王作"刀论"。结果岳飞妙笔生花，即刻而就；而小梁王心慌意乱，先将"刀论"写成"力论"，又左涂右改，胡乱交卷，自然比不上岳飞。接着比射箭，尽管有人从中作梗，但岳飞再次赢了小梁王。最后是马上比武，立下"生死文书"，结果岳飞夺状元、枪挑小梁王。在故事中，我们可以看到岳飞高强的武艺和英勇的精神。

　　文中对岳飞的描写生动鲜明，采用了欲扬先抑的手法，突出岳飞高超的武艺。对梁王的描写倒也生动可爱，体现他聪明反被聪明误的搞笑结局。

　　这个故事条理清晰，语言通俗流畅、简洁明快、精彩动人，可读性强。

诗曰：

落落贫寒一布衣，未能仗剑对公车。心承孟母三迁教，腹饱陈平六出奇。

铩羽②濡③飞嗟此日，腰金衣紫待何时？男儿未遂封侯志，空负堂堂七尺躯。

---

　　①　选自《说岳全传》第12回。钱彩（生卒年不详），字锦文，浙江杭州人，清代小说家。约清世宗雍正中前后在世。著有长篇历史小说《说岳全传》20卷80回。
　　②　［铩（shā）羽］鸟翅伤残，比喻失意或失败。
　　③　［濡（rú）］沾湿；沾染。

话说张邦昌①听得宗爷②说出那两桩故事，明知是骂他妒贤嫉能，却又自家有些心虚，发不出话来，真个是敢怒而不敢言，便道："岳飞③，且不要说你的文字不好，今问你敢与梁王④比箭么？"岳大爷道："老爷有令，谁敢不遵？"宗爷心中暗喜："若说比箭，此贼就上了当了！"便叫左右："把箭垛摆列在一百数十步之外。"梁王看见靶子甚远，就向张邦昌禀道："柴桂弓软，先让岳飞射罢。"邦昌遂叫岳飞下阶先射。又暗暗的叫亲随人去将靶子移到二百四十步，令岳飞不敢射，就好将他赶出去了。谁知这岳大爷却不慌不忙，立定了身，当天下英雄之面，开弓搭箭，真个是弓开如满月，箭发似流星，飕飕的一连射了九枝。只见那摇旗的摇一个不住，擂鼓的擂得个手酸。方才射完了，那监箭官将九枝箭，连那射透的箭靶，一齐拜上厅来，跪着。张邦昌是个近视眼，看那九枝箭并那靶子一总摆在地下，不知是什么东西。只听得那官儿禀道："这举子箭法出众，九枝箭俱从一孔而出。"张邦昌等不得他说完，就大喝一声："胡说！还不快拿下去！"

那梁王自想："箭是比他不过了，不若与他比武，以便将言语打动他，令他诈输，让这状元与我。若不依从，趁势把他砍死，不怕他要我偿命。"算计已定，就禀道："岳飞之箭皆中，倘然柴桂也中了，何以分别高下？不若与他比武罢。"邦昌听了，就命岳飞与梁王比武。

梁王听了，随即走下厅来，整鞍上马，手提着一柄金背大砍刀，拍马先自往校场中间站定，使开一个门户，叫声："岳飞！快上来，看孤家的刀

---

① ［张邦昌］张邦昌（1083？～1127）字子能，北宋末年永静军东光（今河北东光）人。举进士，历任尚书右丞、左丞、礼部侍郎、少宰、太宰等职。靖康元年（1126），金兵攻汴京（今河南开封），他任河北路割地使，力主议和，与康王赵构赴金作人质，以求割地赔款议和。靖康二年金兵陷汴京，掳去徽、钦二帝，金封他为帝，建国号楚，统治黄河以南地区。他始欲自杀，后经人劝即位，但不敢南面称朕，只东面受百官礼，自称予，手诏称手书。后金人北还，宋廷旧臣不再拥戴张邦昌，他只好避位。高宗即位，仍徙太保、奉国军节度使，封同安郡王。宰相李纲上书极言其罪，高宗责授昭化军节度副使、潭州（今湖南长沙）安置。后数其诸罪，赐死。

② ［宗爷］（1060～1128）中国宋代抗金大臣。字汝霖，浙江义乌人，民族英雄。北宋元祐六年（1091）应进士试，对策陈时弊，考官"以其言直，恐忤旨"，将宗泽置于"末科"，给以"赐同进士出身"。自此历任县尉、县令，勤政爱民，治绩卓著，名声远扬。

③ ［岳飞（1103～1142）］南宋抗金名将、民族英雄。字鹏举，谥武穆，后改谥忠武。河北相州汤阴永和乡孝悌里人（今河南安阳市汤阴县城东30里的菜园镇程岗村）。19岁投军抗辽，屡建奇功。绍兴十一年（1142年）十二月二十九日，秦桧以"莫须有"的罪名将岳飞毒死于临安风波亭，1162年，宋孝宗时诏复官，谥武穆，宁宗时追封为鄂王，改谥忠武，有《岳武穆集》。

④ ［梁王］柴桂，史上无考，疑虚构人物。

罢!"这岳大爷虽然武艺高强，怕他是个王子，怎好交手，不觉心里有些踌躇①。勉强上了马，倒提着枪，慢腾腾的懒得上前。那校场中来考的、看的，有千千万万，见岳飞这般光景，俱道："这个举子那里是梁王的对手？一定要输的了！"就是宗爷也知道："他是临场胆怯，是个没用的，枉费了我一番心血！"

　　且说梁王见岳飞来到面前，便轻轻的道："岳飞，孤家有一句话与你讲，你若肯诈败下去，成就了孤家大事，就重重的赏你；若不依从，恐你性命难保！"岳大爷道："千岁吩咐，本该从命，但今日在此考的，不独岳飞一人。你看天下英雄，聚集不少，那一个不是十载寒窗，苦心习学，只望到此博个功名，荣宗耀祖？今千岁乃是堂堂一国藩王，富贵已极，何苦要占夺一个武状元，反丢却藩王之位，与这些寒士争名？岂不上负圣主求贤之意，下屈英雄报国之心？窃为千岁不取，请自三思！不如还让这些众举子考罢。"梁王听了，大怒道："好狗头！孤家好意劝你，你若顺了孤家，岂愁富贵？反是这等胡言乱语。不中抬举的狗才！看刀罢！"说罢，当的一刀，望岳大爷顶门上砍来。岳大爷把枪望左首一隔，架开了刀。梁王又一刀拦腰砍来。岳大爷将枪杆横倒，望右边架住。这原是"鹞子②大翻身"的家数，但是不曾使全。恼得那梁王心头火起，举起刀来，当当当，一连六七刀。岳大爷使个解数，叫作"童子抱心势"，东来东架，西来西架，那里会被他砍着？梁王收刀回马，转演武厅来。岳大爷亦随后跟来，看他怎么。只见梁王下马上厅来，禀张邦昌道："岳飞武艺平常，怎能上阵交锋？"邦昌道："我亦见他武艺不及千岁。"宗爷见岳飞跪在梁王后头，便唤上前来道："你这样武艺，怎么也想来争功名？"岳飞禀道："武举非是武艺不精，只为与梁王有尊卑之分，不敢交手。"宗爷道："既如此说，你就不该来考了。"岳大爷道："三年一望，怎肯不考？但是往常考试，不过跑马射箭，舞剑抢刀，以品优劣。如今与梁王刀枪相向，走马交锋，岂无失误？他是藩王尊位，倘然把武举伤了，武举白送了性命；设或③武举偶然失手，伤了梁王，梁王怎肯干休？不但武举性命难保，还要拖累别人。如今只要求各位大老爷作主，令梁王与武举各立下一张生死文书。不论那个失手，伤了性命，大家不要偿命。武举才敢交手。"宗爷道："这话也说得是。自古道

---

①　[踌躇] 犹豫。

②　[鹞（yào）子] 雀鹰的俗称。

③　[设或] 如果；假若或者。

壮士临阵，不死也要带伤，那里保得定？柴桂你愿不愿呢？"梁王尚在踌躇，张邦昌便道："这岳飞好一张利嘴！看你有甚本事，说得这等决绝？千岁可就同他立下生死文书，倘他伤了性命，好叫众举子心服，免得别有话说。"梁王无奈，只得各人把文书写定，大家画了花押①，呈上四位主考，各用了印。梁王的交与岳飞，岳飞的交与梁王。梁王就把文书交与张邦昌，张邦昌接来收好。岳大爷看见，也将文书来交与宗泽。宗爷道："这是你自家的性命交关，自然自家收着，与我何涉②，却来交与我收？还不下去！"岳大爷连声道："是，是，是！"

　　两个一齐下厅来，岳大爷跨上马，叫声："千岁，你的文书交与张太师了。我的文书宗老爷却不肯收，且等我去交在一个朋友处了就来。"一面说，一面去寻着了众弟兄们，便叫声："汤兄弟③，倘若停一会梁王输了，你可与牛兄弟④守住他的账房门首，恐他们有人出来打攒盘⑤，好照应照应。"又向张显道："贤弟，你看账房后边尽是他的家将，倘若动手帮助，你可在那里拦挡些。王贤弟，你可整顿兵器，在校场门首等候，我若是被梁王砍死了，你可收拾我的尸首。若是败下来，你便把校场门砍开，等我好逃命。这一张生死文书，与我好生收着。倘然失去，我命休矣！"吩咐已毕，转身来到校场中间。那时节，这些来考的众举子，并那看的人，真个人千人万，挨挨挤挤，四面如打着围墙一般站着，要看他二人比武艺。

　　且说那梁王与岳飞立了生死文书，心里就有些慌张了，即忙回到账房之中。列位看官，这又不是出征上阵，只不过考武，为什么有起账房来呢？一则，他是一家藩王，比众不同；二来，已经买服奸臣，纵容他胡为，不去管他；三来，他是心怀不善，埋伏家将虞候⑥在内，以备防护。故此搭下这三座大账房，自己与门客在中间，两旁是家将虞候并那些亲随诸色人等。这梁王来到中间账房坐定，即唤集家将虞候人等齐集面前，便道："本藩今日来此考武，稳稳要夺个状元。不期⑦偏偏的遇着这个岳飞，要与本藩比

---

①　[花押] 旧时文书契约上用草书签的名字或代表签名的特殊符号。
②　[何涉] 什么关联。
③　[汤兄弟] 汤怀。
④　[牛兄弟] 牛皋。
⑤　[攒（cuán）盘] 聚集围攻的算盘。
⑥　[虞候] 宋时官僚雇用的侍从。
⑦　[不期] 没有约定，此为不料之意。

试，立了生死文书，不是我伤他，定是他伤我。你们有何主见赢得他？"众家将道："这岳飞有几个头，敢伤千岁？他若差不多些就罢；若是恃强①，我们众人一拥而出，把他乱刀砍死。朝中自有张太师等作主，怕他怎的？"

梁王听了大喜，重新整理好了，披挂上马，来到校场中间，却好岳大爷才到。梁王抬起头来，看那岳飞雄赳赳，气昂昂，不比前番②胆怯光景，心中着实有些胆怯，叫声："岳举子，依着孤家好！你若肯把状元让与我，少不得榜眼③、探花④也有你的分，日后自然还有好处与你，今日何苦要与孤家作对呢？"岳大爷道："王爷听禀，举子十载寒窗，所为何事？自古说：'学成文武艺，原是要货与帝王家的⑤。'但愿千岁胜了举子，举子心悦诚服。若以威势相逼，不要说是举子一人，还有天下许多举子在此，都是不肯服的！"

梁王听了大怒，提起金背刀，照岳大爷顶梁上就是一刀。岳大爷把沥泉枪咯当一架。那梁王震得两臂酸麻，叫声："不好！"不由心慌意乱，再一刀砍来。岳大爷又把枪轻轻一举，将梁王的刀枭⑥过一边。梁王见岳飞不还手，只认他是不敢还手，就胆大了，使开金背刀，就上三下四，左五右六，望岳大爷顶梁颈膊上只顾砍来。岳大爷左让他砍，右让他砍，砍得岳大爷性起，叫声："柴桂！你好不知分量。差不多全你一个体面，早些去罢了，不要倒了楣呀！"梁王听见叫他名字，怒发如雷，骂声："岳飞好狗头！本藩抬举你，称你一声举子，你擅敢冒犯本藩的名讳么？不要走，吃我一刀！"提起金背刀，照着岳大爷顶梁上呼的一声砍将下来。这岳大爷不慌不忙，举枪一架，枭开了刀，刷的一枪，望梁王心窝里刺来。梁王见来得利害，把身子一偏，正中肋甲绦⑦。岳大爷把枪一起，把个梁王头望下、脚朝天挑于马下；复一枪，结果了性命。只听得合校场中众举子并那些看的人，

---

① [恃（shì）强] 依仗自己的力量强大。

② [前番（fān）] 前一回。

③ [榜眼] 明清两代称科举殿试一甲第二名。

④ [探花] 明清两代科举制中称殿试考取一甲（第一等）第三名。

⑤ [学成文武艺，原是要货与帝王家的] "学成文武艺，货与帝王家"原出自于元朝无名氏杂剧《马陵道》的开头里即"楔子"。意思是学习好了文才也罢，武艺也罢，最终目的都是贡献给皇帝，都要替朝廷出力。这是我国传统的儒家道德观念，"学而优则仕"的意思。货，卖给。

⑥ [枭] 通"削"，用力改变物体的方向。

⑦ [肋（lèi）甲绦（tāo）] 保护肋骨的盔甲上的绦带。绦，用丝线编织成的圆形或扁平形带子，可以系扎或镶饰衣物。

齐齐的喝一声采。急坏了左右巡场官，那些护卫兵丁军夜班等，俱吓得面面相觑①。巡场官当下吩咐众护兵："看守了岳飞，不要被他走了！"那岳大爷神色不变，下了马，把枪插在地上，就把马拴在枪杆之上等令。

只见那巡场官飞奔报上演武厅来道："众位大老爷在上，梁王被岳飞挑死了，请令定夺。"宗爷听了，面色虽然不改，心里却也有些惊慌。张邦昌听了大惊失色，喝道："快与我把这厮绑起来！"两旁刀斧手答应一声："得令！"飞奔的下来，将岳大爷捆绑定了，推到将台边来。那时梁王手下这些家将，各执兵器抢出帐房来，想要与梁王报仇。汤怀在马上把烂银枪一摆，牛皋也舞起双锏，齐声大叫道："岳飞挑死梁王，自有公论。尔等若是恃强，我们天下英雄，是要打抱不平的！"那些家将看见风色不好，回头打探帐后人的消息，才待出来，早被张显把钩连枪，将一座帐房扯去了半边，大声吆喝道："你们谁敢擅自动手，休要惹我们众好汉动起手来，顷刻间叫你们性命休想留了半个！"当时这些看的人有笑的，有高声附和的，吓得这些虞候人等怎敢上前？况且看见刀斧手已将岳飞绑上去了，谅来张太师焉肯②放他，只得齐齐的立定，不敢出头。

只有牛皋看见绑了岳大哥，急得上天无路！正在惊慌，忽听得张邦昌传令："将岳飞斩首号令！"左右方才答应，早有宗大老爷喝一声："住着！"急忙出位来，一手扯了张邦昌的手，一手挽住王铎的手，说道："这岳飞是杀不得的！他两人已立下生死文书，各不偿命，你我俱有印信③落在他处。若杀了他，恐这些举子不服，你我俱有性命之忧。此事必须奏明圣上，请旨定夺才是。"邦昌道："岳飞乃是一介武生，敢将藩王挑死，乃是个无父无君之人。古言乱臣贼子，人人得而诛之，何必再为启奏？"喝叫："刀斧手，快去斩讫④报来！"左右才应得一声："得令！"

"得令"两字尚未说完，底下牛皋早已听见，大声喊道："呔⑤！天下多少英雄来考，那一个不想功名？今岳飞武艺高强，挑死了梁王，不能够做状元，反要将他斩首，我等实是不服！不如先杀了这瘟试官，再去与皇帝

---

① ［面面相觑（qù）］你看我，我看你，谁也说不出话来。形容大家惊异、恐惧或束手无策的样子。
② ［焉肯］怎么肯。
③ ［印信］原指公私图章，今多指政府机关的图章。在这里表示二人前头签下的生死文书。
④ ［斩讫（qì）］斩了完了。讫，完毕；终了。
⑤ ［呔（dāi）］叹词，表示提醒对方注意（多用于近代汉语，现在常用于传统戏曲念白）。

老子算账罢!"便把双锏一摆,望那大纛①旗杆上当的一声。两条锏一齐下,不打紧,把个旗杆打折,哄咙一声响倒将下来。再是众武举齐声喊叫:"我们三年一望,前来应试,谁人不望功名?今梁王倚势要强占状元,屈害贤才,我们反了罢!"这一声喊,趁着大旗又倒下,犹如天崩地裂一般。宗爷将两手一放,叫声:"老太师!可听见么?如此悉②听老太师去杀他罢了。"

张邦昌与那王铎、张俊三人,看见众举子这般光景,慌得手足无措,一齐扯住了宗爷的衣服道:"老元戎③,你我四人乃是同船合命的,怎说出这般话来?还仗老元戎调处安顿方好。"宗爷道:"且叫旗牌传令,叫众武举休得罗唣④,有犯国法,且听本帅裁处!"旗牌得令,走至滴水檐前,高声大叫道:"众武举听着,宗大老爷有令,叫你们休得罗唣,有犯国法,且静听大老爷裁处。"底下众人听得宗大老爷有令,齐齐的拥满了一阶,竟有好些直挤到演武厅上来七张八嘴的。

当下张邦昌便对着宗爷道:"此事还请教老元戎如何发放呢?"宗爷道:"你看人情汹汹⑤,众心不服,奏闻一事也来不及。不如先将岳飞放了,先解了眼前之危,再作道理。"三人齐声道:"老元戎所见不差。"吩咐:"把岳飞放了绑!"左右答应一声"得令",忙忙的将岳大爷放了。岳大爷得了性命,也不上前去叩谢,径去取了兵器,跳上了马,往外飞跑。牛皋引了众弟兄随后赶上。王贵在外边看见,忙将校场门砍开,五个弟兄一同逃出。这些来考的众武举见了这个光景⑥,谅来考不成了,大家一哄而散。这里众家将且把梁王尸首收拾盛殓⑦,然后众主考一齐进朝启奏。

不知朝廷主意如何,且听下回分解。

---

① [大纛(dào)] 古时军队或仪仗队的大旗。

② [悉] 全,都。

③ [元戎] 汉武帝时期的四级武功爵位。这里指宗泽。《汉书·食货志》刘攽注引《茂陵中书》说:"武功爵:一级曰造士,二级曰闲舆卫,三级曰良造,四级曰元戎士,五级曰官首,六级曰秉锋,七级曰千夫,八级曰乐卿,九级曰执戎,十级曰政戾庶长,十一级曰军卫。"

④ [罗唣(zào)] 又为"啰唣",吵闹。

⑤ [汹汹] 形容气势大或声势大。

⑥ [光景] 境况;状况。

⑦ [盛殓(liàn)] 把死人装进棺材。

 练 习

一、请复述一下岳飞"枪挑小梁王"的故事，指出文中描写的精彩之处。

二、请评说一下岳飞这个人物。

三、课外阅读《说岳全传》全本。

单元实践活动

亲近自然　追寻文化

一、活动设计目的

社会是语文学习的大课堂。中职教育要求我们要拓展语文教育新天地，让中职学生去实践、去探索。在实践和探索中感受生活，热爱生活，热爱自然，保护环境，爱护动物，了解和感悟人文知识，培养学生的人文素养，提高学生的人文素质。

二、活动内容

我们可以从"天下事、地方事、校园事、学生事"中不断挖掘语文课程资源。

1. 了解天下大事

如中国"神七"飞天实现中国人首次太空行走。教师组织学生搜集有关的新闻图片、文字，各国人民、政府对此事件的关注，以及此事件对中国、对世界的影响等资料。然后分类整理，讨论并发表自己的意见，开展"人类与自然"主题活动。还可将收集来的相关图片配上精彩的解说词，训练口语解说。

2. 体味地方文化

我们的学生来自不同的地方，各自的家乡都留下了许多富有地方特色的自然的或文化的遗产，比如许多名胜之地都有许多名人的足迹。请学生自由组队开展"地方文化鉴赏"的活动，介绍各地的节日习俗、饮食习俗等，了解不同地方所特有的文化魅力及风土人情，分享各地最美的风景、最灿烂的民俗。

3. 活跃校园文化

校园里的各种活动、现象都可以成为语文实践活动的资源。如开展讲故事比赛，讲述发生在校园里感人的事迹；开展自然环保主题的调研活动，写出调查报告；进行手抄报比赛；环保材料手工制作比赛（并介绍制作的意图和过程）等。

4. 讲述学生生活

学生在学习或生活中所存在的问题，都可以成为语文实践活动的鲜活的教育资源。如针对学生中乱扔纸屑、随地吐痰、浪费水电、破坏公物等不良行为和不良习惯，开展"校园是我家，美化靠大家"、"保护环境、爱护公物"等主题宣传演讲活动，让学生通过这些活动达成共识，认真改掉生活中的不良行为和习惯。这样通过语文实践活动所进行的教育，才真正成就学生的人生教育、情感教育和道德品质教育，提高学生的人文素质。

第五单元

传统与时尚

单元说明

　　本单元的话题是传统与时尚。所谓传统，是指世代传下来的具有一定特点的社会因素，如某种思想、作风、信仰、风俗、习惯等。时尚就是当下时间里一些人所崇尚的风气。这种时尚涉及生活的各个方面，如衣着打扮、饮食、行为、居住，甚至情感表达与思考方式等。

　　本单元选取了七篇较具代表性的文章来探讨这个话题。《金鲤鱼的百裥裙》通过金鲤鱼想穿一次百裥裙以争名分的梦想的破灭，揭示了旧社会封建等级制度无孔不入地渗透到日常生活领域，使得穿什么衣服也成了一种社会身份的标志，一种政治化的权力问题。由此揭示了旧中国妇女沉痛的心灵创伤。《米洛斯的维纳斯》则通过外形上的不完整、不确定，引起欣赏者们多种多样的想象，残缺的维纳斯雕像也从而具有了某种"神秘"气氛，并在艺术价值与艺术魅力方面有质的飞跃。《文与可画筼筜谷偃竹记》既是一篇文艺随笔，也是一篇记人散文，作为一篇文艺随笔，文章借画竹阐发了"胸有成竹"和"心手相应"这两方面的文艺创作思想。梁实秋的《男人与女人》以风趣幽默的语言，大胆描绘男人（或女人）的一些典型特点，概括出通达智慧的思想道理。《书生论剑》以面对"剑"的情绪变化为线索，展开联想，谈古论今，洋洋洒洒数千言，作者以其丰富的想象力，在现实与历史之间自由地穿行，将千年华夏历史文明，古老的民族文化，谱成一支跌宕起伏的青铜剑之歌，使读者欣赏到一篇带有浓重文化色彩的散文佳作。《看奥运游北京——时尚与传统交汇的休闲胜地后海》这篇报道则是将后海这一融会时尚与传统的地方展现在我们的面前。

　　传统与时尚是一对矛盾，两者不断地交汇、碰撞、冲突、调和。随着时代的变迁，经得起岁月荡涤的时尚，会成为传统。在时代求新潮浪中具有兼容性的传统，经过改良也可以成为时尚。重视传统文化的教育，尤其是里面的精髓，特别是我们民族文化里所特有的价值观念，在我们的教育里应该得到很好的实施。人没有价值观，就失去了评价事物的标准。

　　通过本单元的学习，我们要知道每个国家都有自己的传统和时尚，而无一例外的又都是将自己的传统文化经过改良和包装，在能够适应社会发展、跟上历史前进的脚步后推向市场的。在追求时尚的同时，应该考虑要用一些传统的东西来约束我们的思想和行为，固守我们的精神世界，并把遵守这些传统的东西作为一种时尚来鼓励学生，引导学生正确的消费和行为。

29 金鲤鱼的百裥裙①

林海音

阅读提示

　　林海音作为台湾女性文学奠定基础和开创局面之人，这篇短篇小说是林海音的女性意识在其描写传统婚姻悲剧的作品中非常富于代表性和时代意义。小说猛烈抨击封建婚姻残害妇女，通过金鲤鱼想穿一次百裥裙以争名分的梦想的破灭，表现了身为小妾的小人物令人心碎的遭遇及其凄惨的一生。封建等级制度无孔不入地渗透到日常生活领域，使得穿什么衣服也成了一种社会身份的标志，由此揭示了旧中国妇女沉痛的心灵创伤。

　　阅读时要理解百裥裙特殊的象征意义；体会小说颇具匠心的叙事结构：一是首尾呼应，突出现代背景，而中间则倒叙金鲤鱼过去的故事，并通过金鲤鱼与珊珊祖孙两代人的命运对比，突出时代变化的深刻内涵，同时也强化了金鲤鱼的悲剧意味。二是以百裥裙为叙述的中心线索：一开头就是特写式的详尽描写，继而以"谜语"增加悬念，再次突出百裥裙如何成为金鲤鱼的"笑话"，最后写出百裥裙令人意外的"真相"——一件未完工、未穿过的衣裙。这样的叙述方式，单一集中而起伏跌宕，起到了扣人心弦的艺术效果；同时，还要反复诵读，仔细品味小说的语言平实流畅，在不动声色中见出深味的特点。

金鲤鱼有一条百裥裙

　　金鲤鱼有一条百裥裙。大红洋缎的，前幅绣着"喜鹊登梅"。金鲤鱼就

---

　　① 本篇选自《台湾作家小说选集》。林海音（1918～2001），原名林含英，小名英子。祖籍台湾苗栗，生于日本大阪。幼年随父母移居北京城南，曾就读于北平女子师范学校，后毕业于世界新闻专科学校，担任过《世界日报》记者。1948年回台湾，担任过报社编辑、副刊主编，并创办《纯文学》月刊。代表作有长篇小说《晓云》、短篇小说集《城南旧事》、儿童文学集《金桥》等。裥（jiǎn），衣服上打的褶子。

喜欢个梅花。那上面可不是绣满了一朵朵的梅花。算一算，足足有九十九朵。两只喜鹊双双一对地停在梅枝上，姿式、颜色，配得再好没有；长长的尾巴，高高地翘着，头是黑褐色的，背上青中带紫，肚子是一块白。梅花朵朵，真像是谁把鲜花散上去的。旁边两幅是绣的蝴蝶穿花，周边全是如意花纹的绣花边。

裙子是刚从老樟木箱子里拿出来的，红光闪闪的平铺在大沙发上。珊珊不知怎么欣赏才好，她双手抚着胸口，兴奋地叹着气说：

"唉！不得了，不得了，我从来没有见过这么美丽的百裥裙！"

她弯下腰伸手去摸摸那些梅花；那些平整的裥子，那些细致的花边。她轻轻地摸，仿佛一用力就会把那些娇嫩的花瓣儿摸散了似的。然后她又斜起头来，娇憨地问妈妈：

"妈咪！这条百裥裙是你结婚穿的礼服吗？"

妈妈微笑着摇摇头。这时爸爸刚好进来了，妈妈看了爸爸一眼，对珊珊说："妈咪结婚已经穿新式礼服喽！"

"那么这是谁的呢？"珊珊又一边轻抚着裙子一边问。

"问你爸爸吧！"妈妈说。

爸爸并没有注意她们母女在说什么，他是进来拿晚报看的。这时他回过头来，才注意到沙发上的东西。他扶了扶眼镜，仔细地看了看，并没有看出什么来。

"爸，这是谁的百裥裙呀？不是妈咪跟你结婚穿的吗？"珊珊还是问。

爸爸只是轻轻摇摇头，并没有回答，仿佛他也闹不清当年结婚妈咪穿的什么衣服了。但是停一下，他像又想起了什么，扭过头来，看了那裙子一眼，问妈说："这是哪里来的？"

"哪里来的？"妈咪谜语般地笑了，却对珊珊说："是你祖母的呀！"

"祖母的？是祖母结婚穿的呀！"珊珊更加惊奇，更加发生兴趣了。

听说是祖母的，爸又伸了一下脖子，把报纸放下来，对妈咪说："拿出来做什么呢？"

"问你的女儿。"妈妈对女儿讲"问爸爸"，对爸爸却又讲"问女儿"了，总是在打谜语。

珊珊又耸肩又挤眼的，满脸洋表情，她笑嘻嘻地说：

"我们学校欢送毕业同学晚会，有一个节目是服装表演，她们要我穿民初的新娘服装呢!"①

"民初的新娘子是穿这个吗?"爸爸不懂,问妈妈。

"谁知道!反正我没穿过!"妈咪有点生气爸爸的糊涂,他好像什么事都忘了。

"爸,你忘了吗?"珊珊老实不客气的说:"你是民国十年才结婚的呀!结了婚,你就一个人跑到日本去读书,一去十年才回来,害得我和哥哥们都小了十岁(她撅了一下嘴)。你如果早十年生大哥,大哥今年不就四十岁了?连我也有二十八岁了呀!"

爸爸听了小女儿的话,哈哈地笑了,没表示意见。妈妈也笑了,也没表示意见。然后妈妈要叠起那条百裥裙,珊珊可急了。说:

"不要收呀,明天我要拿到学校去,穿了好练习走路呢!"

妈妈说:"我看你还是另想办法吧!我是舍不得你拿去乱穿,这是存了四十多年的老古董咧!"

珊珊还是不依,她扭着腰肢,撒娇说:"我要拿去给同学们看。我要告诉她们,这是我祖母结婚穿的百裥裙!"

"谁告诉你这是你祖母结婚穿的啦?你祖母根本没穿过!"妈妈不在意,随口就讲了这么一句话,珊珊略显惊奇的瞪着眼睛看妈咪,爸爸却有些不耐烦的责备妈妈说:

"你跟小孩子讲这些没有意思的事情干什么呢?"

但是妈妈不会忘记祖母的,她常说,因为祖母的关系,爸爸终于去国十年回来了,不然的话,也许没有珊珊的三个哥哥,更不要说珊珊了。

爸爸当然更不会忘记祖母,因为祖母的关系,他才决心到日本去读书的。

在这里,很少——可以说简直没有人认识当年的祖母,当然更不知道金鲤鱼有一条百裥裙的故事了。

六岁来到许家

许大太太常常喜欢指着金鲤鱼对人这么说:"她呀,六岁来到许家,会什么呀?我还得天天给她梳辫子,伺候她哪!"

---

① 〔民初〕中华民国初年的简称。

许大太太给金鲤鱼的辫子梳得很紧，她对金鲤鱼也管得很紧。没有人知道金鲤鱼的娘家在哪儿，就知道是许大太太随许大老爷在崇明县的任上，把金鲤鱼买来的。可是金鲤鱼并不是崇明县的人，听说是有人从镇江把她带去的。六岁的小姑娘，就流离转徙地卖到了许家。她聪明伶俐，人见人爱。虽然是个丫头的身份，可是许大太太收在房里当女儿看待。许家的丫头多的是，谁有金鲤鱼这么吃香？她原来是叫鲤鱼的，因为受宠，就有那多事的人，给加上个"金"字，从此就金鲤鱼金鲤鱼地叫顺了口。

许大太太生了许多女儿，大小姐，二小姐，三小姐，四小姐，五——还是小姐。到了五小姐，索性停止不生了。许家的人都很着急，许大老爷的官做得那么大，如果没个儿子，很蹩扭①。因此老太太要考虑给儿子纳妾了。许大太太什么都行，就是生儿子不行，她看着自己的一窝女儿，一个赛一个地标致②，如果其中有一个是儿子，也是这么粉团儿似的，该是多么的不同！

那天许大太太带着五个女儿，还有金鲤鱼，在花厅里做女红。她请了龚嫂子来教女儿们绣花。龚嫂子是湖南人，来到北京，专给宫里绣花的，也在外面兼教闺中妇女刺绣。许大太太懂得一点刺绣，她说顾绣③虽然翎毛花卉山水人物无不逼真，可是湘绣也有它的特长，因为湘绣参考了外国绣法，显得新鲜活泼，所以她请了龚嫂子来教刺绣。

龚嫂子来了，闺中就不寂寞，她常常带来宫中逸事，都不是外面能知道的。所以她的来临，除了教习以外，也还多了一个谈天的朋友。

那天许大太太和龚嫂子又谈起了老爷要纳妾的事。龚嫂子忽然瞟④了一眼金鲤鱼，努努嘴，没说什么。金鲤鱼正低头在白缎子上描花样。她这时十六岁了，个子可不大，小精豆子似的。许大太太明白了龚嫂子的意思，她寻思，龚嫂子的脑筋怎么转得那么快，眼前摆个十六岁的大丫头，她以前怎么就没想到呢！

金鲤鱼是她自己的人，百依百顺，逃不出她的手掌心。把金鲤鱼收房给老爷做姨太太，才是办法。她想得好，心里就畅快了许多，这些时候，

---

① ［蹩扭］又称别扭，不顺心、难对付的意思。
② ［标致］相貌、姿态美丽，多用于女子。
③ ［顾绣］指沿用明代顾氏绣法制成的刺绣。
④ ［瞟］斜着眼睛看。

为了老太太要给丈夫娶姨太太，她都快闷死了！

六岁来到许家，十六岁收房做了许老爷的姨太太，金鲤鱼的个子还抵不上老爷书房里的小书架子高呢！那不要紧，她才十六岁，还在长哪！可是，年头儿收的房，年底她就做了母亲了。金鲤鱼真的生了一个粉团儿似的大儿子，举家欢天喜地，却都来向许大太太道喜，许大太太高兴得嘴都合不拢了。

许大太太不要金鲤鱼受累，奶妈早就给雇好了。一生下，就抱到自己的房里来抚养。许大太太没有什么可操心的了。许大老爷，就让他归了金鲤鱼吧！她有了振丰——是外公给起的名字——就够了。

有许大太太这样一位大太太，怪不得人家会说："金鲤鱼，你算是有福气的，遇上了这位大太太。"

金鲤鱼也觉得自己确是有福气的。可是当人家这么对她说的时候，她只笑笑。人家以为，那笑意便是表示她的同意和满意，其实不，她不是那意思。她认为她有福气，并不是因为遇到了许大太太，而是因为她有一个争气的肚子，会生儿子。所以她笑笑，不否认，也不承认。

无论许大太太待她怎么好，她仍然是金鲤鱼。除了振丰叫她一声"妈"以外，许家一家人都还叫她金鲤鱼。老太太叫她金鲤鱼，大太太叫她金鲤鱼，小姐们也叫她金鲤鱼，她是一家三辈子人的金鲤鱼！金鲤鱼，金鲤鱼，她一直在想，怎样让这条金鲤鱼跳过龙门！

到了振丰十八岁，这个家庭都还没有什么大改变，只是这时已经是民国了，许家的大老爷早已退隐在家做遗老了。

这一年的年底，就要为振丰完婚。振丰自己嫌早，但是父母之命难违，谁让他是这一家的独子，又是最小的呢！对方是江宁端木家的四小姐，也才不过十六岁。

从春天两家就开始准备了。儿子是金鲤鱼生的，如今要娶媳妇了，金鲤鱼是什么滋味？有什么打算？

有一天，她独自来到龚嫂子家。

绣个喜鹊登梅吧

龚嫂子不是当年在宫里走动的龚嫂子了，可是皇室的余荫①，也还给她带来了许多幸运。她在哈德门里居家，虽然年纪大了，眼睛不行了，不能自己穿针引线地绣花，可是她收了一些女徒弟，一边教，一边也接一些定制的绣活，生意很好，远近皆知。东交民巷②里的洋人，也常到她家里来买绣货。

龚嫂子看见金鲤鱼来了，虽然惊奇，但很高兴。她总算是亲眼看着金鲤鱼从小丫头变成了大丫头，又从大丫头收房作了姨奶奶，何况——多多少少，金鲤鱼能收房，总还是她给提的头儿呢。金鲤鱼命中带了儿子，活该要享后福呢！她也听说金鲤鱼年底要娶儿媳妇了，所以她见了面就先向金鲤鱼道喜。金鲤鱼谢了她，两个人感叹着日子过得快。然后，金鲤鱼就说到正题上了，她说：

"龚嫂子，我今天是来找龚嫂子给绣点东西。"

于是她解开包袱，摊开了一块大红洋缎，说是要做一条百褶裙，绣花的。

"绣什么呢？"龚嫂子问。

"就绣个喜鹊登梅吧！"金鲤鱼这么说了，然后指点着花样的排列，她要一幅绣满了梅花的"喜鹊登梅"，她说她就爱个梅花，自小爱梅花，爱得要命。她问龚嫂子对于她的设计，有什么意见？

龚嫂子一边听金鲤鱼说，一边在寻思，这条百褶裙是给谁穿的？给新媳妇穿的吗？不对。新媳妇不穿"喜鹊登梅"这种花样，也用不着许家给做，端木家在南边，到时候会从南边带来不知道多多少少绣活呢！她不由得问了：

"这条裙子是谁穿呀？"

"我。"金鲤鱼回答得很自然，很简单，很坚定。只是一个"我"字，分量可不轻。

"噢——"龚嫂子一时愣住了，答不上话，脑子在想，金鲤鱼要穿大红百褶裙了吗？她配吗？许家的规矩那么大，丫头收房的姨奶奶，哪就轮上

---

① ［余荫］剩留下来的荫庇，一般指前辈对后代的保佑。
② ［东交民巷］当时外国商人、使领馆比较集中的北京所在地。

穿红百裥裙了呢？就算是她生了儿子，可是在许家，她知道得很清楚，儿子归儿子，金鲤鱼归金鲤鱼呀。她很纳闷，可是她仍然笑脸迎人地依照了金鲤鱼所设计的花样——绣个满幅喜鹊登梅。她答应赶工半月做好。

喜鹊登梅的绣花大红百裥裙做好了，是龚嫂子亲自送来的。谁有龚嫂子懂事？她知道该怎么做，因此她直截了当地就送到金鲤鱼的房里。

打开了包袱，金鲤鱼看了看，表示很满意，就随手叠好又给包上了，她那稳定而不在乎的神气，真让龚嫂子吃惊。龚嫂子暗地里在算，金鲤鱼有多大了？十六岁收房，加上十八岁的儿子，今年三十四喽！到许家也快有三十年喽，她要穿红百裥裙啦！她不知道应当怎么说，金鲤鱼到底该不该穿？

金鲤鱼自己觉得她该穿。如果没有人出来主张她穿，那么，她自己来主张好了。送走了龚嫂子回到房里，她就知道"金鲤鱼有条百裥裙"这句话，一定已经被龚嫂子从前头的门房传到太太的后上房了，甚至于跨院堆煤的小屋里，西院的丁香树底下，到处都悄声悄语传这句话。可是，她不在乎，金鲤鱼不在乎。她正希望大家知道，她有一条大红西洋缎的绣花百裥裙了。

很早以来，她就在想这样一条裙子，像家中一切喜庆日子时，老奶奶，少奶奶，姑奶奶们所穿的一样。她要把金鲤鱼和大红百裥裙，有一天连在一起——就是在她亲生儿子振丰娶亲的那天。谁说她不能穿？这是民国了，她知道民国的意义是什么——"我也能穿大红百裥裙"，这就是民国。

百裥裙收在樟木箱子里，她并没有拿出来给任何人看，也没有任何人来问过她，大家就心照不宣吧。她也没有试穿过，用不着那么猴儿急。她非常沉着，她知道该怎么样的沉着去应付那日子——她真正把大红绣花百裥裙穿上身的日子。

可是到了冬月底，许大太太发布了一个命令，大少爷振丰娶亲的那天，家里妇女一律穿旗袍，因为这是民国了，外面已经兴穿旗袍了。而且两个新人都是念洋学堂的，大家都穿旗袍，才显得一番新气象。许大太太又说，她已经叫了亿丰祥的掌柜的来，做旗袍的绫罗绸缎会送来一车，每人一件，大家选吧。许大太太向大家说这些话的时候，曾向金鲤鱼扫了一眼。金鲤鱼坐在人堆里，眼睛只望着没有人的地方，身子扳得纹风不动，她真沉得住气。她也知道这时有多少只眼睛向她射过来，仿佛改穿旗袍是冲着她一个人发的。空气不对，她像被人打了一闷棍子。她真没想到这一招儿，心像被啃蚀般的痛苦。她被铁链链住了，想挣脱出来一下，都不可能。

到了大喜的日子，果然没有任何一条大红百裥裙出现。不穿大红百裥裙，固然没有身份的区别了，但是，穿了呢？不就有区别了吗？她就是要这一点点的区别呀！一条绣花大红百裥裙的分量，可比旗袍重多了，旗袍人人可以穿，大红百裥裙可不是的呀！她多少年就梦想着，有一天穿上一条绣着满是梅花的大红西洋缎的百裥裙，在上房里，在花厅上，在喜棚下走动着。窸窸窣窣①的声音，是从熨得平整坚实的裙裥子里发出来的。那个声音，曾令她羡妒，令她渴望，令她伤心。

一 去 十 年

当振丰赶到家，站在他的亲生母亲的病榻前时，金鲤鱼已经在弥留②的状态中了。她仿佛睁开了眼，也仿佛哼哼地答应了儿子的呼声，可是她什么都不知道了。

这是振丰离国到日本读书的十年后，第一次回家——是一个急电给叫回来的。不然他会呆多久才回来呢？

当振丰十八岁刚结婚时，就感觉到家中的空气，对他的亲生母亲特别的不利，他也陷入痛苦中。他有抚养着他的母亲，宠惯着他的姐姐，关心着他的父亲，敬爱着他的亲友和仆从，但是他也有一个那样身份的亲生的母亲。他知道亲生母亲有什么样的痛苦，因为传遍全家的"金鲤鱼有一条百裥裙"的笑话，已经说明了一切。在这个新旧思想交替和冲突的时代和家庭里，他也无能为力。还是远远地走开吧，离开这个沉闷的家庭，到日本去念书吧！也许这个家庭没有了他这个目标人物，亲生母亲的强烈的身份观念，可以减轻下来，那么她的痛苦也说不定会随着消失了。他是怀着为人子的痛苦去国的，那时的心情只有自己知道，让他去告诉谁呢！

他在日本书念得很好，就一年年地呆下去了。他吸收了更多更新的学识，一心想钻研更高深的学问，便自私地顾不得国里的那个大家庭了。虽然也时时会兴起对新婚妻子的歉疚，但是结果总是安慰自己说，反正成婚太早，以后的日子长远得很呢。

现在他回来了，像去国是为了亲生母亲一样，回来仍是为了她，但母

---

① ［窸窸窣窣（xīxisūsū）］象声词，形容细小的摩擦声音。

② ［弥留］病重快要死了。

亲却死了！死，一了百了。可是他知道母亲是含恨而死的，恨自己一生连想穿一次大红百裥裙的机会都被剥夺了，对她是一件多么残酷的事。她是郁郁不欢地度过了这十年的岁月吗？她也恨儿子吗？恨儿子远行不归，使她在家庭的地位，更不得伸张而永停在金鲤鱼的阶段上。生了儿子应当使母亲充满了骄傲的，她却没有得到，人们是一次次地压制了她应得的骄傲。

振丰也没有想到母亲这样早就去世了，他一直有个信念，总有一天让这个叫"妈"的母亲，和那个叫"娘"的母亲，处于同等的地位，享受到同样的快乐。这是他的孝心，悔恨在母亲的有生之年，并没有向她表示过，竟让她含恨而死。

这一家人虽然都悲伤于金鲤鱼的死，但是该行的规矩，还是要照行。出殡的那一天，为了门的问题，不能解决。说是因为门窄了些，棺材抬不过去。振丰觉得很奇怪，他问到底是哪个门嫌窄了？家人告诉他，是说的"旁门"。因为金鲤鱼是妾的身份，棺材是不能由大门抬出去的，所以他们正在计划要把旁门的门框，临时拆下一条来，以便通过。

振丰听了，胸中有一把火，像要燃烧起来。他的脸涨红了，抑制着激动的心情，故意问："我是姨太太生的，那么我也不能走大门了？"

老姑母苦笑着责备说："傻孩子，怎么说这样的话！你当然是可以走大门……"

振丰还没等老姑母讲完，便冲动的，一下子跑到母亲的灵堂，趴伏在棺木上，捶打痛喊着说："我可以走大门，那么就让我妈连着我走一回大门吧！就这么一回！就这么一回！"

所有的家人亲戚都被这景象吓住了。振丰一直伏在母亲的棺木上痛哭，别人也不知道该怎么劝解，因为太意外了。结局还是振丰扶着母亲的棺柩，由堂堂正正的大门抬了出去。

他觉得他在母亲的生前，从没有能在行为上表示一点孝顺，使她开心，他那时是那么小，那么一事无知，更缺乏对母亲的身份观念的了解。现在他这样做了，不知道母亲在冥冥中可体会到他的心意？但无论如何，他沉重的心情，总算是因此减轻了许多。

现在算不得什么了

看见妈妈舍不得把百裥裙给珊珊带到学校去，爸爸倒替珊珊说情了，他对妈妈说：

"你就借她拿去吧，小孩子喜欢，就让她高兴高兴。其实，现在看起来，这些都算不得什么了！那时，一条百裥裙对于一个女人的身份，是那样的重要吗？现在想来，真是不可思议的。看女学生只要高兴，就可以随便穿上它在台上露一露。唉！时代……"

话好像没说完，就在一声感喟下戛然而止①了。而珊珊只听了头一句，就高兴得把百裥裙抱了起来。其余，爸爸说的什么，就完全不理会了。

妈妈也想起了什么，她对爸爸说："振丰，你知道，我当初很有心要把这条百裥裙放进棺材里，给妈一起陪葬算了，我知道妈是多么喜欢它。可是……"

妈也没再说下去了，她和爸一时都不再说话，沉入了缅想②中。

珊珊却只顾拿了裙子朝身上比来比去，等到裙子扯开来是散开的两幅，珊珊才急得喊妈妈："妈咪，快来，看这条裙子是怎么穿法嘛！"

妈拿起裙子来看看，笑了，她翻开那裙腰，指给爸爸和珊珊看，说："我说没有人穿过，一点儿不错吧？看，带子都还没缝上去哪！"

 练 习

一、解释下列词语并给加点的字词注音。

娇憨　　　流离　　　蹩扭

瞟　　　　遗老　　　戛然而止

二、阅读课文回答问题。

1. 百裥裙有什么特殊的象征意义？

2. 小说描绘孙女的天真和儿子的反抗，对金鲤鱼的悲剧命运有什么作用？

3. 为什么说这篇小说是在平易的叙述中见出内涵的深刻？

三、就金鲤鱼悲剧的主客观原因，谈谈你的看法。

---

① ［戛（jiá）然而止］形容声音突然中止。

② ［缅想］又称缅怀，指追想（已往的事迹）。

30　米洛斯的维纳斯①

清冈卓行

阅读提示

　　米洛斯的阿芙洛蒂德俗称米洛斯的维纳斯、断臂的维纳斯、维纳斯像等，大理石雕像高204厘米，由亚力山德罗斯创作于约公元前150年左右，1820年在爱琴海的米洛斯岛被发现，1821年5月起收藏于法国巴黎卢浮宫，是卢浮宫三宝（爱神"维纳斯"雕像、"胜利女神"雕像、"蒙娜丽莎"画像）之一。

　　米洛斯的维纳斯，双臂残缺，作者认为不但不遗憾，相反，是"借舍弃部分来获取完整的偶然追求"，"是向着无比神妙的整体的奋然一跃"。这种在外形上的不完整、不确定，能够引起欣赏者们多种多样的想象，残缺的维纳斯雕像也从而具有了某种"神秘"气氛，并在艺术价值与艺术魅力方面有质的飞跃。

　　阅读文章时，应注意把握全文，探讨文章主旨；结合语境，理解文中含义深刻的语句，培养我们在阅读中抓关键词句来把握文意，领会文章主旨的能力；同时要领悟文中阐述的美学观点，提高生活中发现美、欣赏美的能力。

　　我欣赏着米洛斯的维纳斯，一个奇怪的念头忽地攫住我的心——她为了如此秀丽迷人，必须失去双臂。也就是说，使人不能不感到，这座丧失了双臂的雕像中，人们称为美术作品命运的、同创作者毫无关系的某些东西正出神入化②地烘托着作品。

---

　　①　选自《当代世界名家随笔》（上海教育出版社1996年版）。清冈卓行，生于1922年，日本当代诗人、小说家。米洛斯的维纳斯，又称"米洛斯的阿佛洛狄忒"，大理石雕，高204厘米。相传是古希腊亚历山德罗斯于公元前150年至前50年雕刻的。在希腊神话中，阿佛洛狄忒是爱与美的女神。罗马神话中称维纳斯。掌管人类爱情、婚姻、生育以至一切动植物的生长繁殖。生于海中，以美丽著称。其雕像于1820年发现于希腊米洛斯岛，为半裸全身像，面容俊美，身材匀称，衣衫滑落至髋（kuān）部，双臂残缺，仍展示出女性特有的曲线美，显得端庄而妩媚。收藏于巴黎罗浮宫博物馆。

　　②　[出神入化]形容技艺达到绝妙的境界。

据说，这座用帕罗斯岛产的大理石雕刻而成的维纳斯像，是19世纪初叶米洛斯岛的一个农人在无意中发掘出来的，后被法国人购下，搬进了巴黎的罗浮宫①博物馆。那时候，维纳斯就把她那条玉臂巧妙地遗忘在故乡希腊的大海或是陆地的某个角落里，或者可以说是遗忘在俗世人间的某个秘密场所。不，说得更为正确些，她是为了自己的丽姿，无意识地隐藏了那条玉臂，为了漂向更远更远的国度，为了超越更久更久的时代。对此，我既感到这是一次从特殊转向普遍的毫不矫揉造作的飞跃，也认为这是一次借舍弃部分来获取完整的偶然追求。

我并不是想在这里玩弄标新立异之说。我说的是我的实际感受。毋庸赘言，米洛斯的维纳斯显示了高贵典雅同丰满诱人的惊人的调和。可以说，她是一个美的典型。无论是她的秀颜，还是从她那丰腴②的前胸延向腹部的曲线，或是她的脊背，不管你欣赏哪儿，无处不洋溢着匀称的魅力，使人百看不厌。而且，和这些部分相比较，人们会突然觉察到，那失去了的双臂正浓浓地散发着一种难以准确描绘的神秘气氛，或者可以说，正深深地孕育着具有多种多样可能性的生命之梦。换言之，米洛斯的维纳斯虽然失去了两条由大理石雕刻成的美丽臂膊，却出乎意料地获得了一种不可思议的抽象的艺术效果，向人们暗示着可能存在的无数双秀美的玉臂。尽管这艺术效果一半是由偶然所产生，然而这却是向着无比神妙的整体美的奋然一跃呀！人们只要一度被这神秘气氛所迷，必将暗自畏惧两条一览无遗的胳膊会重新出现在这座雕像上。哪怕那是两条如何令人销魂勾魄的玉臂！

因此，对我来说，关于复原米洛斯的维纳斯那两条已经丢失了的胳膊的方案，我只能认为全是些倒人胃口的方案，全是些奇谈怪论。当然，那些方案对丧失了的原形是做过客观推定的，所以，为复原所做的一切尝试，都是顺理成章③的。我只不过是自找烦恼而已。然而，人们对丧失了的东西已经有过一次发自内心的感动之后，恐怕再也不会被以前的、尚未丧失的往昔所打动了吧。因为在这里成为问题的，已不是艺术效果上的数量的变

---

① ［罗浮宫］法国故宫，在巴黎中心。占地18万平方米。1793年起辟为国家博物馆和艺术品陈列馆。

② ［丰腴（yú）］丰满。

③ ［理顺成章］原指写作遵循事理，自成章法，后来多用来指说话、做事合乎情理、不违背常例。出自《朱子语类》卷十九："文者，顺理而成章之谓也。"

化，而是质量的变化了。当艺术效果的高度本身已经迥然①不同之时，那种可以称为对欣赏品的爱的感动，怎能再回溯而上，转移到另一个不同对象上去呢？这一方是包孕着不尽梦幻的"无"，而那一方却是受到限制的、不充分的"有"，哪怕它是何等的精美绝伦②。

比如，也许她的左手掌上托着一只苹果，也许是被人像柱支托着，或者是擎着盾牌，抑或③是玉笏④？不，兴许根本不是那样，而是一座显露着入浴前或出浴后羞羞答答的娇姿的雕像。而且可以进一步驰骋想象——会不会其实她不是一座单身像，而是群像中的一个人物，她的左手搭放在恋人的肩头。人们从考证的角度，从想象的角度，提出形形色色的复原试案。我阅读着这方面的书籍，翻阅着书中的说明图，一种恐惧、空虚的感觉袭上心来。选择出来的任何一种形象，都如我方才所述，根本不能产生超越"丧失"的美感。如果发现了真正的原形，我对此无法再抱一丝怀疑而只能相信时，那我将怀着一腔怒火，否定掉那个真正的原形，而用的正是艺术的名义。

在这里，从别的意义上讲，令人饶有兴趣的是，除了两条胳膊之外，其他任何部位都丧失不得。假定丧失的不是两条胳膊，而是其他的肉体部分，恐怕也就不会产生我在这篇文章中谈到的魅力了。譬如说，眼睛被捅坏了，鼻子缺落了，或是乳房被拧掉了，而两条胳膊却完好无损地安然存在着，那么，这座雕像兴许就不可以放射出变幻无穷的生命光彩了。

为什么丧失的部位必须是两条胳膊呢？这里我无意接受雕刻领域躯干像方面的美学理论。我只是想强调胳膊——说得更确切些，是手——在人的存在中所具有的象征意义。手，最深刻、最根本地意味着的东西是什么呢？当然，它有着实体和象征之间的一定程度的调和，但它是人同世界、同他人或者同自己进行千变万化交涉的手段。换言之，它是这些关系的媒介物，或者是这些千变万化交涉的原则性方式。正因为如此，一个哲学家所使用的"机械是手的延长"的比喻，才会那么动听，文学竭力赞颂初次

---

① ［迥（jiǒng）然］形容差别很大。
② ［绝伦］独一无二，没有可以相比的。伦，同类、同等。
③ ［抑或］连词，表示选择关系。
④ ［笏（hù）］古代臣朝见君时手中拿的狭长板子，用玉、象牙、竹木制成，上面可以记事。也叫手板。

捏握情人手掌的幸福感受的述怀,才会拥有不可思议的严肃力量。不管是哪种场合,这都是极其自然的,极其富有人性的。而背负着美术作品命运的米洛斯的维纳斯那失去了的双臂,对这些比喻、赞颂来说,却是一种令人难以相信的讥讽。因为,正相反,米洛斯的维纳斯正是丢失了她的双臂,才奏响了追求可能存在的无数双手的梦幻曲。

 练 习

一、作者认为,维纳斯"为了如此秀丽迷人,必须失去双臂"。你同意这种观点吗?谈谈你的看法。

二、联系全文,理解下列句子的含义。

1. 也就是说,使人不能不感到,这座丧失了双臂的雕像中,人们称为美术作品命运的、同创作者毫无关系的某些东西正出神入化地烘托着作品。

2. 我既感到这是一次从特殊转向普遍的毫不矫揉造作的飞跃,也认为这是一次借舍弃部分来获取完整的偶然追求。

3. 人们只要一度被这神秘气氛所迷,必将暗自畏惧两条一览无遗的胳膊会重新出现在这雕像上。哪怕那是两条如何令人销魂勾魄的玉臂!

4. 如果发现了真正的原形,我对此无法再抱一丝怀疑而只能相信时,那我将怀着一腔怒火,否定掉那个真正的原形,而用的正是艺术的名义。

5. 这一方是包孕着不尽梦幻的"无",而那一方却是受到限制的、不充分的"有",哪怕它是何等的精美绝伦。

三、假如你去买维纳斯石膏像,商店有两种:一种是双臂残缺的,一种是双臂完好的。你准备买哪一种,为什么?试写一篇短文谈谈自己对"残缺"与"完美"的认识。

31　文与可画筼筜谷偃竹记①

苏　轼

阅读提示

　　这是苏轼为好友文与可《筼筜谷偃竹》画卷所写的一篇题画记。我们既可以把它看成是一篇很有见地的文艺随笔，也可以视之为一篇悼念性的记人散文。

　　作为一篇文艺随笔，文章借画竹阐发了两方面的文艺创作思想。第一是"胸有成竹"。"故画竹必先得成竹于胸中，执笔熟视，乃见其所欲画者，急起从之，振笔直遂，以追其所见，如兔起鹘落，少纵则逝矣。"其涵义是胸中要有鲜活完整的艺术形象。第二是"心手相应"。"夫既心识其所以然，而不能然者，内外不一，心手不相应，不学之过也。"其涵义是要在实践中掌握熟练的艺术技巧。

　　作为一篇记人散文，文章通过记叙与文与可交往的轶事，着重表现了文与可豁达、爽朗、风趣的个性，以及两人之间的深厚情谊。阅读文章时，不仅要注意理解"胸有成竹"和"心手相应"这两方面的文艺创作思想，还要学习文章记叙轶事来表现人物个性的写作方法，同时还要体会文章是怎样以"画竹"为线索贯穿全篇的。

---

　　① 本篇选自《经进东坡文集事略》。苏轼（1037～1101），字子瞻，号东坡居士，眉州（即今四川眉山）人。是北宋著名文学家、书画家、散文家、诗人、词人。他与他的父亲苏洵（1009～1066）、弟弟苏辙（1039～1112）皆以文学名世，世称"三苏"，均列位于唐宋八大家。苏轼是唐宋文艺创作成就最为全面的一位作家，他的散文汪洋恣肆，明白畅达，诗歌清新豪健，自成一家，词开豪放一派，有《东坡七集》、《东坡乐府》。文与可（1018～1079），名同，字与可，四川省梓潼县人。北宋仁宗时期的一位著名的画家，他特别擅长画竹子，有"墨竹大师"之称，他与苏轼是表兄弟，曾任洋州（今陕西洋县）知州。著有《丹渊集》。筼筜谷（yúndāng），地名，在陕西洋州西北五里处，谷中多产茎粗、杆长、节大的竹子，叫筼筜竹，故名。偃竹，仰斜的竹子。

竹之始生，一寸之萌①耳，而节叶具焉②。自蜩腹蛇蚹③以至于剑拔十寻者④，生而有之也。今画者乃节节而为之，叶叶而累⑤之，岂复有竹乎！故画竹必先得成⑥竹于胸中，执笔熟视，乃见其所欲画者，急起从之，振笔直遂⑦，以追其所见，如兔起鹘落⑧，少纵则逝⑨矣。与可之教予如此。予不能然⑩也，而心识其所以然。夫既心识其所以然，而不能然者，内外不一，心手不相应，不学之过也。故凡有见于中⑪，而操之不熟者，平居⑫自视了然，而临事忽焉丧之⑬，岂独竹乎？

子由⑭为《墨竹赋》，以遗与可，曰："庖丁，解牛者也，而养生者取之⑮；轮扁，斫轮者也，而读书者与之⑯。今夫夫子之托于斯竹也，而予以为有道者则非耶⑰？"子由未尝画也，故得其意而已。若予者，岂独得其意，并得其法。

与可画竹，初不自贵重。四方之人持缣素⑱而请者，足相蹑⑲于其门。

---

① ［萌］萌芽，这里指初生的竹笋。

② ［而节叶具焉］但节、叶都具备了。具，具备。焉，句末的语气助词。

③ ［蜩（tiáo）腹蛇蚹（fù）］蝉的腹部、蛇的腹下。蜩，蝉。蛇蚹，蛇腹下代足爬行的横鳞。蝉的腹部是分节的，蛇的腹下分节、有鳞片，这些特征都与竹笋有些相像。

④ ［剑拔十寻］剑拔，剑从鞘中拔出，这里用来形容修长的竹子如剑出鞘，挺拔有力。寻，古代八尺为一寻。

⑤ ［累］加，积。

⑥ ［成］完整的。

⑦ ［振笔直遂］动笔作画，一气呵成。直，径直。遂，完成。

⑧ ［兔起鹘（hú）落］兔子刚跳起来，鹘就飞扑下去。比喻动作敏捷。也比喻绘画或写文章迅捷流畅。鹘，一种猛禽，又名隼（sǔn）。

⑨ ［少纵则逝］稍微一放松就消失了。形容时间或机会等很容易过去。纵，放。逝，消失。

⑩ ［然］这样。

⑪ ［见于中］心中有了构思。

⑫ ［平居］平常，平时。

⑬ ［忽焉丧之］忽然不见了，忘记了。丧，丧失。

⑭ ［子由］即苏辙，字子由，苏轼的弟弟。

⑮ ［庖丁，解牛者也，而养生者取之］语出《庄子·养生主》。意思是庖丁是宰割牛的，而讲求养生之道的人可以从中悟出养生的道理。庖丁，掌厨的人叫"庖"，名丁，这里指宰牛的人。取，取法。

⑯ ［轮扁，斫轮者也，而读书者与之］语出《庄子·天道》。意思是轮扁是斫轮的，（他所讲的道理）读书的人也赞成。轮扁，斫轮的工匠，名扁。斫，砍，削。

⑰ ［今夫夫子之托于斯竹也，而予以为有道者则非耶］现从您在所画的竹上托寓的意蕴来看，我认为您是深知道理的人，难道不是吗？夫子，指文与可。托，寄托。

⑱ ［缣（jiān）素］古人用来作画的白绢。

⑲ ［足相蹑］脚互相踩碰，形容来求文与可作画的人很多。

与可厌之，投诸地而骂曰："吾将以为袜材①。"士大夫传之，以为口实①。及与可自洋州还，而余为徐州②。与可以书遗余曰："近语士大夫：'吾墨竹一派，近在彭城③，可往求之。'袜材当萃于子矣④。"书尾复写一诗，其略云："拟将一段鹅溪⑤绢，扫⑥取寒梢⑦万尺长。"予谓与可："竹长万尺，当用绢二百五十匹，知公倦于笔砚，愿得此绢而已。"与可无以答，则曰："吾言妄矣，世岂有万尺竹哉！"余因而实⑧之，答其诗曰："世间亦有千寻竹，月落庭空影许长⑨。"与可笑曰："苏子辩则辩矣，然二百五十匹绢，吾将买田而归老⑩焉。"因以所画筼筜谷偃竹遗予，曰："此竹数尺耳，而有万尺之势。"筼筜谷在洋州，与可尝令予作《洋州三十咏》，《筼筜谷》其一也。予诗云："汉川修竹贱如蓬⑪，斤斧何曾赦箨龙⑫。料得清贫馋太守，渭滨千亩在胸中⑬。"与可是日与其妻游谷中，烧笋晚食，发⑭函得诗，失笑喷饭满案。

元丰二年正月二十日，与可没于陈州⑮。是岁七月七日，予在湖州曝⑯书画，见此竹，废卷⑰而哭失声。昔曹孟德《祭乔公文》，有"车过"、"腹

---

① ［口实］话柄。
② ［余为徐州］我任徐州知州。苏轼于熙宁十年（1077）至元丰二年（1079 任徐州知州）。
③ ［彭城］今江苏徐州。
④ ［袜材当萃于子矣］做袜子的材料（指画绢）将要聚集到您那里去了。
⑤ ［鹅溪］地名，在四川盐亭西北，以产绢著名。唐时用它做贡品，宋人绘画以它为上品。
⑥ ［扫］指用笔作画。
⑦ ［寒梢］指竹。因竹耐寒，故名。
⑧ ［实］证实。
⑨ ［影许长］影子有这么长。许，这样。
⑩ ［归老］归家养老。
⑪ ［汉川修竹贱如蓬］汉川，汉水。修竹，长竹。蓬，蓬草。
⑫ ［斤斧何曾赦箨（tuò）龙］斤，斧头。箨龙，竹笋的别名。
⑬ ［渭滨千亩在胸中］这句话字面的意思是苏轼戏言文与可吃了渭水岸边的千亩竹林，实指他胸中装着丰富的竹子形象。渭滨，渭川之滨。渭水河边以产竹闻名。千亩，千亩竹林。《史记·货殖列传》有赞语称"渭川千亩竹"。
⑭ ［发］打开。
⑮ ［没于陈州］"没"通"殁"，死亡。陈州，今河南淮阳。文与可于元丰元年十月调任湖州知州，从开封赴任，走到陈州的宛丘驿病势，年六十一岁。
⑯ ［曝］晒。
⑰ ［废卷］放下画卷。

189

痛"之语①。而予亦载与可畴昔②戏笑之言者，以见与可于予亲厚无间如此也。

 练 习

一、作者在这篇文章中主要阐发了哪两方面的艺术创作思想？

二、文中记叙了文与可的哪些事件，分别说明了文与可的什么个性？

三、文章的主旨是什么？作者是怎样表达这一主题思想的？

四、本文是怎样以"画竹"为线索贯串全篇的？

五、通过阅读这篇文章，我们应该从中汲取哪些启迪和教益？

---

① [昔曹孟德《祭乔公文》，有"车过"、"腹痛"之语] 据《三国志·魏书·武帝纪》裴松之的注文记载，曹操年轻时，乔玄很赏识他。乔玄死后，曹操路过故乡谯郡，用太牢的隆重仪式祭祀乔玄，并作《祀故太尉乔玄文》，文中写到："又承从容约誓之言：'殂逝之后，路有经由，不以斗酒只鸡相沃酹，车过三步，腹痛勿怪。'虽临时戏笑之言，非至亲之笃好，胡肯为此辞乎？"本篇引此典故，说明曹操与乔玄之间亲密的关系，从而表白自己与文与可之间亲密的关系。

② [畴昔] 昔日，从前。

32　中秋节的吃食①

苌　苌

阅读提示

　　"民以食为天"，中华美食源远流长，美食故事也精彩纷呈，无论是追述一种佳肴名称的来历或是阐述文化名人与某一道美食的亲密关系，都能为我们留下一段美好而有趣的故事。从这些典故中了解文人食性以及他们在美食上的创造，真可谓是一席穿越时空的盛宴，妙不可言。随着生活水平的提高，现在人们对吃的要求也逐渐提高了，吃饱已经不是人们唯一的目标，不但要吃饱更要吃好。饮食文化已经开始越来越被人所重视。

　　这是一篇介绍中秋节饮食民俗的文章，作者介绍了中秋节吃月饼的来历、各地月饼的区别与美妙，中秋节美食的各个品种和吃法，如涓涓细流，潺潺而出。不仅让人领略到那令人馋涎欲滴、叹为观止的中秋名菜小吃，而且从作品的字里行间享受了一番精神的美味佳肴。阅读文章时要注意学习作者大量引用典故和名家关于中秋节吃食的作品来增添文章的文化情趣的写作方法；我们也能从中联想家乡的各种饮食民俗及其所蕴涵的文化底蕴。

　　八月十五应该吃月饼。民间有几个传说的版本：原来各户都住着一个鞑子（这"鞑子"是什么我也不知道，别的传说中，有的说是"元朝残酷的统治阶级"，搞得好像他和朱元璋是一头的，还是讲"鞑子"的版本靠谱点），说这鞑子在家作威作福，无恶不作，人们实在忍受不了，约定在八月十五这天，一齐动手杀死鞑子，就将这个密约写在纸上，夹在月饼内，互相赠送。后来大事已成，八月十五吃月饼的风俗也保留下来。

　　不过文献记载在元代以前就有月饼了，可见上述传说不可靠。《洛中见闻》中讲，唐僖宗在中秋节吃月饼，觉得很好吃，正好听说新科进士在曲

---

① 选自《三联生活周刊》2007 年第 35 期。苌苌，女，《三联生活周刊》记者。

江开宴，便让御膳房用红绫包裹月饼赏赐给他们。到了宋代，月饼已有"荷叶"、"金花"、"芙蓉"等花名，有说那个时代的代表诗人苏东坡咏月饼道："小饼如嚼月，中有酥与饴。"但我老找不到出处，有点怀疑这是哪个糕饼铺的老板编的，而不像是写"不知天上宫阙，今夕是何年"的苏东坡本人写的。

在山东老家过中秋节，有把各户的月饼摆出来，让小孩一边吃一边唱，比较各户月饼优劣的习惯。吃月饼的意义，一般都认为是取团圆之意，象征合家团圆。但是就原来意义说，应该是拜月的供品和人们的节日食品。由于咱们国家人特别爱给家族团圆找说法，月饼才兼有了团圆饼的含义。以前在各地月饼中，以广式、苏式、京式最有名，但现在常听到的好像是港式、星巴克式、哈根达斯式。

不流行的不一定是因为不好被市场淘汰。苏式月饼讲究吃刚出炉的，香气扑鼻，炙手可热①，一口咬下去松软绵香，还有酥皮扑簌扑簌像花瓣般落下来。但就因为太娇气了，不方便携带赠送，想吃苏式月饼，您请苏州吧。美食家赵珩②对广式月饼独霸天下有些不以为然。他告诉我们，在四五十年前的北京，有种京式月饼和传说的"掉在地上砸个坑"的自来红月饼有天壤之别："翻毛月饼是瑞芳斋最具代表性糕点，不止卖中秋一季。其大小如现在的玫瑰饼，周身通白，层层起酥，薄如粉笺，细如绵纸，从外到内可以完全剥离出来，松软无比，决无起酥不透的硬结。馅子是枣泥的，炒得丝毫没糊味儿，且甜淡相宜。"

但自从瑞芳斋在60年代歇业后，他最常吃的也是广式月饼了。每到中秋前夕，上海亲戚就给他家寄来杏花村的月饼，"杏花村的月饼皮薄馅大，也属广式月饼的路子，但用糖适度，甜而不腻"。赵珩家的一个邻居是山西人，每到中秋就自己做月饼。以油和面起酥，馅不大也不甜。"山西人本来就擅长面食，他们都自个买月饼模子，做改良月饼。"

"北京人悠闲惯了，讲究吃和时令相合的东西。其实，中秋节最时令的吃食就是水果。"赵珩说，"一定要吃石榴，这时石榴正好熟透了。石榴多

---

① ［炙手可热］本意指手摸上去感到热得烫人。比喻权势大，气焰盛，使人不敢接近。含贬义。媒体扩大其使用范围，形容一切"吃香"的事物，完全背离其本义。语出自唐代杜甫《丽人行》"炙手可热势绝伦，慎莫近前丞相嗔。"炙，烤肉。

② ［赵珩］北京燕山出版社总编辑兼任北京史研究会理事，是个比较典型的北京"老饕"。

子，在民间有多子多福的意思。还有西瓜，现在西瓜快下市了，但在以前都是农历六月底才上市，到中秋节吃正好。葡萄讲究吃玫瑰香，京白梨，还有南方来的枇杷等。水果是很重要的一个门类，因为正好是丰收的季节，唐宋以来都是这么过的。"

富察敦崇①在清末出版的《燕京岁时记》中记载："每届中秋，府第朱门皆以月饼果品相馈赠。至十五月圆时，陈瓜果于庭以供月，并祀以毛豆、鸡冠花。是时皓月当空，彩云初散，传杯洗盏，儿女喧哗，真所谓佳节也。"可见先人们过中秋，并不是月饼一枝独秀。"这一两年，眼瞅着中国人对月饼的消化能力越来越低了。大概和现在大家过中秋都在外面吃饭有关系。"沈宏非说，"酒足饭饱之后，再吃吃甜腻油重的月饼显然不合适。为什么哈根达斯月饼受欢迎？因为可以当饭后甜品吃"。可能也和这市场"只比贵，不比好"有关，被赋予了太多文化附加值的食物，毕竟不如螃蟹那样的天然时令尤物来得令人想念。

老话说"八月十五，菊黄蟹肥"，《红楼梦》第38回就写到一场中秋螃蟹宴。史湘云在"藕香榭"大摆螃蟹宴，贾宝玉和众姐妹用"桂花蕊熏的绿豆面子"洗手，坐在山坡桂花荫下的毡子上，持蟹赏花，以"菊"和"蟹"为题赛诗行酒令。"贾母那边一迭声问：'见了什么这样乐，告诉我们也笑笑。'鸳鸯等忙高声笑回道：'二奶奶来抢螃蟹吃，平儿恼了，抹了他主子一脸的螃蟹黄子。主子奴才打架呢。'"黛玉因不大吃酒，又不吃螃蟹，自令人掇了一个绣墩倚栏杆坐着，拿着钓竿钓鱼。别人给她拿来黄酒，她说："我吃了一点子螃蟹，觉得心口微微的疼，须得热热的喝口烧酒。"宝玉就给她端来合欢花浸的烧酒，喝了，做了首咏菊的诗："毫端蕴秀临霜写，口吃嚼香对月吟。"衬得其他人没了颜色。宝钗不甘下风，就做了首诗咏蟹："眼前道路无经纬，皮里春秋空焦黑。"老辣的句子，显出了她与黛玉的区别。《红楼梦》中铺陈的美食很多，但场面最大的就是这次蟹宴了。可见食蟹对古代大户人家来说也是个事儿，不过吃蟹的细节着墨不多，只是用来为环境和气氛做个烘托罢了。王敦煌在《吃主儿》里用了8页纸写他怎么吃完一只蟹。螃蟹身上每个部位都有吃主儿专用的名词，他们家吃的蟹只分肥蟹和极肥蟹。"只凭手和口剥蟹，借用蟹身上的爪尖做工具，速度

---

① ［富察敦崇］晚清著名民俗学家，他撰写的《燕京岁时记》闻名海内外。

之快令人惊奇。剥出的螃蟹皮干干净净，整整齐齐，绝对不会再带着吃不干净的地方，也不可能再有残留在皮里的肉丝。"但是，"中秋并不是北方吃蟹最好的季节。"王敦煌接受电话采访时说，"应该是在公历11月底12月初时候。从前北方吃蟹讲究七尖八团，因为北方水冷，蟹繁殖期早，说的是白洋淀来的'胜芳大蟹'，早断档多年了，现在都成了九尖十团了。"王敦煌说一口老北京土话，与北京大院话和北京胡同话都不太一样，因为小时候他爸、妈下方，他是由家里的老仆玉爷带大的。王敦煌的爸爸是旗人王世襄，除了研究明式家具，更是有名的"吃主儿"。王敦煌最津津乐道的他剥蟹的本事，是在他八九岁上爸爸手把手教给他的。"我很反对使用那'蟹八件'，我现在牙口不好了，需要借助其中的一件工具，蟹钳子，不过也就质量特别好的值得用用。我给我爸爸剥蟹，嘿，5分钟剥两只。全国许多螃蟹产区早就没野生蟹了，'大闸蟹'已经成为河蟹的代名词，而且价格不菲，要是会剥蟹，剥得干净，也对得起自己呀。"

苏州画家叶放在他的朋友眼中，就是个生活在现代的古人。每年中秋节他都是和朋友们办雅集。前几年，他买了艘古船，停在三山岛附近，一到中秋都带朋友坐"百年船"喝"百年茶"，听"千年琴"赏"万古月"。有一年中秋，他做了一个叫做"花事"的雅集。那天的菜单很养眼："天香引（丁香花，鸭肉）、寻瑶草（代代花，猴头菇）、点绛唇（玫瑰花，猪肉）、沉醉东风（茶花、芥蓝）、梅花引（梅花，虾仁，虾排）、疏影（梅花，荸荠）、澡兰香（兰花，花，猪肉）、望湘人（竹荪，芦笋）、霜天小角（菊花，蟹黄，蟹膏）、杏花天影（杏花，蛋清，干贝）、解语花（百合花，藕，猪肉）、摸鱼儿（玉兰花，塘鲤鱼）"

和同好一起赏花，咏花，食花，来自叶放童年食花的记忆。叶放生在苏州一个名门望族①，对他来说，花事雅集是发思古之幽情，也是营造新的文化意境。他说："我们现在的很多文化活动都有符号化的问题。我就想重新思考，营造一种文化情境来提供文化想象，太符号化的东西很容易产生审美疲劳。当一种文化形式或行为，被某种审美习惯所包装的时候，情感

---

① ［名门望族］指高贵的、地位显要的家庭或有特权的家族。望族，旧指有声望的官僚、显贵等的家族。出自于清代李绿园《歧路灯》第103回"即如家嫂，是名门望族，他本族本家进士一大堆，他偏是异样的难讲。"

只能停留在经验里，而体验的空间也随之被埋没了，可偏偏这体验能使你在过程中获得感悟，在快乐中慰藉情爱，这是我们现代生活不可忽视的问题。你看，传统文化想象的体验不是也可以在现代生活中进行么？创造情境就是很好的途径，不同的情境构成不同的文化体验。"

"南京人中秋爱吃月饼外，还吃各种时鲜的瓜果，鲜藕、熟菱、柿子、石榴、糖芋头等。不过现在我们过中秋，就是一帮好朋友一起吃一顿饭。随便吃什么，可能全国各地的菜。"南京作家韩东说，"我还不知道今年中秋节是几号，以前还会想着吃桂花鸭。桂花鸭正好在桂子飘香之时应市，肥而不腻，但现在随时都能吃到，也就不一定非中秋节的时候吃了。"南京人酒后还喜欢食一小糖芋头，浇以桂浆，也就是糖桂花。"桂浆"。取名自屈原《楚辞·少司命》"援北方闭兮酌桂浆"，中秋前后采摘，用糖及酸梅腌制而成。

 练 习

一、文中引用了哪些典故和名家作品，这对表现文章中心有什么作用？

二、饮食使文字变得活色生香，文字让饮食从此流传四方。在你记忆中曾经有哪些食事让你念念不忘呢？请你就此写一篇短文谈谈你的看法。

三、课外阅读陆文夫的《美食家》，感受"吃"所蕴涵的文化底蕴，让我们在反复的品尝、玩味和思索中获得各种不同的审美感受。

33 看奥运游北京
——时尚与传统交汇的休闲胜地后海①

杨伟明

阅读提示

2008 年，当您置身于"同一个世界，同一个梦想"的奥运盛会中，您也将同时感受着北京这座东方文明古都风貌。

北京是辽、金、元、明、清 5 个朝代的都城，世界上最大的皇宫——紫禁城坐落在京城的中轴线上，加上皇家园林颐和园、万里长城以及著名的北京四合院恭王府等等，全市文物古迹达到 7300 多项，旅游景点 200 多处。作为首都，北京是中国的政治、文化、外交中心，这个拥有 1100 多万人口的城市已经成为一个现代化国际大都市。首都机场距市中心 23.5 公里，是目前中国规模最大、设备最先进的航空港；市内仅五星级宾馆就有近 40 家，国际直拨电话可达 240 个国家和地区。北京的 8、9 月份正值夏末秋初，这是北京一年当中最好的季节，天空蓝得一泻千里；如果站在紫禁城的高处，能够看到辽远的燕山山脉，既高朗，又静远，整个城市都显得格外大气、通透。可以说，北京既有古典风韵，又具时尚气息。

这篇报道则是将后海这一融会时尚与传统的地方展现在我们的面前。

如果您到北京来，后海是一个不得不去的地方。这里是北京市中心一个繁华的时尚生活区。虽然地处喧闹的市区，但却闹中取静，四周是古朴的四合院和胡同，时尚和传统悄悄地融合在了一起。

后海又叫什刹海，地处北京市中心，距天安门仅有几公里，与著名的

---

① 选自国际在线专稿（2008 年 7 月 17 日）。后海是指前海、后海、西海三块水面的什刹海。后海东起地安门外大街，西至新街口大街，南起平安大街，北至北二环，总面积 146.7 公顷，其中水域面积 34 公顷，绿地面积 11.5 公顷。这是北京城内 700 年以前元大都时期的古老水域。

北海一水相连，与景山、故宫遥遥相对。说是"海"，其实是一个巨大的人工湖，是旧时皇家独享的一泓①清池。后海从 13 世纪开始就是北京城的繁华商业区。这是一个古老的东方文化与现代的西方文化相碰撞的地方。是一个古代的北京与现代的北京相结合的地方。灿烂的午后，或是华灯已上的夜晚，来到后海，总有你可以发现的新东西。

随着夜幕的降临，霓虹灯一盏一盏亮起，后海的风情逐渐显露出来。沿着后海的湖畔有很多酒吧，每一个都有自己的特色。从环境、装饰到食物、饮品，都与众不同。有的喧闹，有的安静。但不约而同地，每个酒吧都有自己独特的氛围。您可以在后海的酒吧里品茶喝酒观荷花。下面就让我们一起走进几个有特色的酒吧。

"左岸"有非常舒服的大沙发。午后，与几个好友坐在有阳光的窗下，可以很舒展，很放松。推开"蓝莲花"的门，可以感觉到从泰国飘来的木瓜香气。里面服务员的着装也是泰式风格。双手合十冲你微笑起来，仿佛回到家一般。

夜晚，月色如钩，几个老友坐在甲丁坊二楼，听不远处船上的笙箫，看在水上漂浮的荷灯。聊天，品酒，可以放松神经，可以从酒中品味生活。

甲丁坊的调酒师姚彬说："很多酒调在一起有不同的口味，也有不同的感觉。中国人就觉得酸甜苦辣嘛，都喜欢先酸再甜再苦。所以调酒是非常神秘、非常有追求的一种东西。"

从酒吧里出来，您也可以在后海的特色饭店或小吃店里饱餐一顿。银锭桥畔的百年老号清真餐馆"烤肉季"让人回味无穷。边欣赏美景，看过往的行人，边吃着烧烤美味，生活的享受也就如此了。

羊房胡同 11 号，有各色的官府菜馆。比如厉家菜。这里最奇特的是，顾客不能点菜，菜馆每日有自己的菜谱，做什么就吃什么。无论你是名人，还是国家元首，一律不给点菜。西海岸边的景色，小桥流水，江南人家，茶道、船餐，让食与乐完美调和。

还有那些藏匿在胡同中的小吃，北京的特色小吃爆肚、卤煮味道、还有豆汁，无不让人垂涎欲滴②。您还可以坐三轮车游胡同参观四合院看名人

---

① ［泓］量词，清水一道或一片叫一泓。
② ［垂涎（xián）欲滴］馋得连口水都要滴下来了。形容十分贪婪的样子。涎，口水。

故居。坐上人力三轮车，由前海西街郭沫若故居出发，顺前海北沿过银锭桥登鼓楼。然后再乘车过鸦儿胡同到银锭桥墩。大小金丝套、大翔凤、小翔凤，光是这些胡同的名字就有浓浓的老北京味。在这一带，既有古代皇家花园，也有京剧大师梅兰芳的故居等。

68岁的戴洪章是后海地区胡同游的人力三轮车夫。他生在胡同，长在胡同，现在也住在胡同里。戴先生对胡同的感情非常深。他说，关于胡同的历史和故事，几天几夜也说不完。"欢迎大家去体验一下胡同的生活，老百姓居民的普通生活，品尝一下在四合院居住生活的体会。欢迎大家有时间到胡同去转转。"

后海还有很多特色小店可以逛。烟袋斜街是一条百年老街。这条老街上曾经以卖烟袋、烟斗著称，现在则布满了各式各样的特色小店。你可以去"星瑶制衣工作室"做一件中式小褂儿，在小古董店淘两样小玩意儿，到"鑫园浴池"搓搓背，去老理发馆刮个脸。随意落坐街头，不经意间听两声小贩的吆喝或是京腔京韵的寒暄①，在时尚与民俗相融合的酒吧阁楼里坐坐，叫一杯冰茶，或钻入一旁的饰品小店，选一枝发簪。

"天堂眼"是一家卖藏饰的小店。店主尼玛降泽说，他喜欢后海，因为这里有喧哗都市难得的清静。他喜欢有古迹，有寺庙的地方，这样的地方让人感觉亲近。

"烟袋斜街是北京很古老的一条街道嘛，所以老北京的和民族的东西才适合这里的文化。所以有文化特色、民族特色在这里比较适合一些。我觉得民族的东西应该是走在最前面的。"

后海还汇集了许多有趣的民间艺术。游客可以在后海畔看到吹糖人的师傅。他们把滚烫的糖稀揉在手里，制成空心的小面团，然后通过一个小孔洞往里吹气，糖面团就在他们的手里变成了各种形状，公鸡、小老鼠、小葫芦。小孩子见了总要缠着爸爸妈妈给买一个。

这里还有为游客直接在T恤衫上提笔作画的师傅。朱茂富先生就是其中的一位。朱茂富师傅喜欢画龙。他说龙是中华民族创造出来的一种牛头、鹿角、狮鬃、虾须、鱼尾、蛇身、鹰爪、虎掌的动物。龙的身上融合了原始民族崇拜的各种动物图腾，是中国各个民族融合的象征，体现了中华文

---

① ［寒暄］问寒问暖。今多泛指宾主见面时谈天气冷暖之类的应酬话。暄，温暖。

明的包容和大度。"龙不只是一个图形，表现一个民族的诞生、形成。作为一个中国艺术家，我有这个责任和义务把中国文化弘扬发展开来，传承下去。"

就是在后海湖畔，在喧闹的都市中一片清静的场所，有如此多的点滴等待人去发掘，去尝试。

来自瑞典的克里斯汀·比约克说："这里非常安静，当你漫步在这里的时候。外面汽车的吵闹声似乎都远去了，感觉很好。"

 练 习

一、这篇报道是如何将时尚与传统交汇在一起的？

二、你觉得后海的什么地方最吸引你？说说你的理由。

三、你的家乡有什么地方也是时尚与传统交汇的休闲胜地？试与同学们互相交流。

34　男人与女人[①]

梁实秋

阅读提示

　　梁实秋的作品深受英国作家兰姆的随笔和我国散文家周作人早期小品的影响，避谈大道理，而放眼生活琐事和人生百态，喜欢援引中外诗文和名言逸事，以亲切的絮语、风趣幽默的口吻，概括出通达智慧的思想道理。这类文字新鲜活泼，文笔质朴，温柔敦厚，内敛深沉的风雅意韵蓬勃盎然，令人回味无穷。

　　梁实秋的《男人》与《女人》从自己个人的观察角度出发，大胆描绘男人或女人的一些典型特点，文字幽默诙谐俏皮夸张极尽戏谑之能事，所谈男人或女人的一些毛病当然不能一概而论，但男女有别，这些毛病大多并非女人或男人所共有。作者意在揭女人和男人的丑，而不是把女人和男人都否定。

　　阅读文章时，要注意作者喜用雅致的骈句，引据用典。他深厚的古文修养气质在雅语中得到淋漓尽致的挥洒；还要注意作者最擅长用调侃轻松的语调，将评论对象以讲故事拉家常的口吻向你娓娓道来，既犀利辛辣又幽默风趣的笔法往往让人哭笑不得，却紧紧揪动着读者的心。

男　　人

　　男人令人首先感到的印象是脏！当然，男人当中亦不乏刷洗干净洁身

---

　　① 　选自散文集《雅舍小品》（1949年台·正中）。梁实秋（1903～1987），原籍浙江杭县，生于北京。学名梁治华，字实秋，一度以秋郎、子佳为笔名。著名文学评论家、散文家、翻译家。曾与徐志摩、闻一多创办新月书店，主编《新月》月刊。后迁至台，历任台北师范学院英语系主任、英语教研所主任、文学院院长、国立编译馆馆长。代表作有《雅舍小品》、《雅舍谈吃》、《看云集》、《偏见集》、《秋室杂文》、长篇散文集《槐园梦忆》等。译有《莎士比亚全集》等。主编有《远东英汉大辞典》。

自好①的，甚至还有油头粉面衣冠楚楚的，但大体讲来，男人消耗肥皂和水的数量要比较少些。某一男校，对于学生洗澡是强迫的，入浴签名，每周计核，对于不曾入浴的初步惩罚是宣布姓名，最后的断然处置是定期强迫入浴，并派员监视，然而日久玩生②，签名簿中尚不无浮冒情事。有些男人，西装裤尽管挺直，他的耳后脖根，土壤肥沃，常常宜于种麦！袜子手绢不知随时洗涤，常常日积月累，到处塞藏，等到无可使用时，再从那一堆污垢存货当中拣选比较干净的去应急。有些男人的手绢，拿出来硬像是土灰面制的百果糕，黑糊糊黏成一团，而且内容丰富。男人的一双脚，多半好像是天然的具有泡菜霉干菜再加糖蒜的味道，所谓"濯足万里流"③ 是有道理的，小小的一盆水确是无济于事，然而多少男人却连这一盆水都吝而不用，怕伤元气。两脚既然如此之脏，偏偏有些"逐臭之夫"喜于脚上藏垢纳污之处往复挖掘，然后嗅其手指，引以为乐！多少男人洗脸都是专洗本部，边疆一概不理，洗脸完毕，手背可以不湿，有的男人是在结婚后才开始刷牙。"扪虱而谈"④ 的是男人。还有更甚于此者，曾有人当众搔背，结果是从袖口里面摔出一只老鼠！除了不可挽救的脏相之外，男人的脏大概是由于懒。

对了！男人懒。他可以懒洋洋坐在旋椅上，五官四肢，连同他的脑筋（假如有），一概停止活动，像呆鸟一般；"不闻夫博奕者乎⑤……"那段话是专对男人说的。他若是上街买东西，很少时候能令他的妻子满意，他总是不肯多问几家，怕跑腿，怕费话，怕讲价钱。什么事他都嫌麻烦，除了指使别人替他做的事之外，他像残废人一样，对于什么事都愿坐享其成，而名之曰"室家之乐"。他提前养老，至少提前三二十年。

紧毗连着"懒"的是"馋"。男人大概有好胃口的居多。他的嘴，用在吃的方面的时候多，他吃饭时总要在菜碟里发现至少一寸见方半寸厚的肉，

---

① ［洁身自好］保持自己纯洁，不同流合污。也指怕招惹是非，只顾自己好，不关心公众的利益。语出《孟子·万章上》"归洁其身而已矣。"文中指保持自己清洁。洁，纯洁。好，喜爱。

② ［日久玩生］日子长久了，种种弊病便相继发生。玩，忽视。

③ ［濯足万里流］语出晋左思的《咏史八首（其五）》，形容气势胸怀之高远。

④ ［扪虱而谈］一面捋着虱子，一面谈着。形容谈吐偷窃，无所畏忌。扪，按。

⑤ ［不闻夫博奕者乎］语出《论语》。子路曰："饱食终日，无所用心，难矣哉！不有博奕者乎？为之，犹贤乎已。"意思是子路说："整天吃饱了饭，什么心思也不用，真太难了！不是还有下棋的游戏吗？干这个，也比闲着好。"

才能算是没有吃素。几天不见肉，他就喊"嘴里要淡出鸟儿来！"若真个三月不知肉味，怕不要淡出毒蛇猛兽来！有一个人半年没有吃鸡，看见了鸡毛帚就流涎三尺。一餐盛馔①之后，他的人生观都能改变，对于什么都乐观起来。一个男人在吃一顿好饭的时候，他脸上的表情硬是在感谢上天待人不薄；他饭后衔着一根牙签，红光满面，硬是觉得可以骄人。主中馈②的是女人，修食谱的是男人。

男人多半自私。他的人生观中有一基本认识，即宇宙一切均是为了他的舒适而安排下来的。除了在做事赚钱的时候不得不忍气吞声的向人奴膝婢颜外，他总是要做出一副老爷相。他的家便是他的国度，他在家里称王。他除了为赚钱而吃苦努力外，他是一个"伊比鸠派"③，他要享受。他高兴的时候，孩子可以骑在他的颈上，他引颈受骑，他可以像狗似的满地爬；他不高兴时，他看着谁都不顺眼，在外面受了闷气，回到家里来加倍的发作。他不知道女人的苦处。女人对于他的殷勤委曲，在他看来，就如同犬守户鸡司晨一样的稀松平常，都是自然现象。他说他爱女人，其实他不是爱，是享受女人。他不问他给了别人多少，但是他要在别人身上尽量榨取。他觉得他对女人最大的恩惠，便是把赚来的钱全部或部分拿回家来，但是当他把一卷卷的钞票从衣袋里掏出来的时候，他的脸上的表情是骄傲的成分多，亲爱的成分少，好像是在说："看我！你行么？我这样待你，你多幸运！"他若是感觉到这家不复是他的乐园，他便有多样的藉口不回到家里来。他到处云游，他另辟乐园。他有聚餐会，他有酒会，他有桥会，他有书会画会棋会，他有夜会，最不济的还有个茶馆。他的享乐的方法太多。假如轮回之说不假，下世侥幸依然投胎为人，很少男人情愿下世做女人的。他总觉得这一世生为男身，而享受未足，下一世要继续努力。

"群居终日，言不及义"④，原是人的通病，但是言谈的内容，却男女有别。女人谈的往往是"我们家的小妹又病了！""你们家每月开销多少？"之类。男人的是另一套，普通的方式，男人的谈话，最后不谈到女人身上便

① ［盛馔（zhuàn）］丰盛的饮食。馔，饮食、吃喝。
② ［中馈］酒食。
③ ［伊比鸠派］现译为"伊比鸠鲁派"，伊比鸠鲁派提倡寻求快乐与幸福。
④ ［群居终日，言不及义］语出《论语》。子曰："群居终日，言不及义，好行小慧，难矣哉！"意思是整天聚在一块，说的都达不到义的标准，专好卖弄小聪明，这种人真难教导。

不会散场。这一个题目对男人最有兴味。如果有一个桃色案他们唯恐其和解得太快。他们好议论人家的阴私，好批评别人的妻子的性格相貌。"长舌男"是到处有的，不知为什么这名词尚不甚流行。

女 人

有人说女人喜欢说谎；假如女人所捏撰的故事都能抽取版税，便容易致富。这问题在什么叫说谎。若是运用小小的机智，打破眼前小小的窘僵，获取精神上小小的胜利，因而牺牲一点点真理，这也可以算是说谎，那么，女人确是比较地富于说谎的天才。有具体的例证。你没有陪过女人买东西吗？尤其是买衣料，她从不干干脆脆地说要做什么衣，要买什么料，准备出多少钱。她必定要东挑西拣，翻天覆地，同时口中念念有词，不是嫌这匹料子太薄，就是怪那匹料子花样太旧，这个不禁洗，那个不禁晒，这个缩头大，那个门面窄，批评得人家一文不值。其实，满不是这么一回事，她只是嫌价码太贵而已！如果价钱便宜，其他的缺点全都不成问题，而且本来不要买的也要购储起来。一个女人若是因为炭贵而不生炭盆，她必定对人解释说："冬天生炭盆最不卫生，到春天容易喉咙痛！"屋顶渗漏，塌下盆大的灰泥，在未修补之前，女人便会向人这样解释："我预备在这地方装安电灯。"自己上街买菜的女人，常常只承认散步和呼吸新鲜空气是她上市的唯一理由。艳羡汽车的女人常常表示她最厌恶汽油的臭味。坐在中排看戏的女人常常说前排的头等座位最不舒适。一个女人馈赠别人，必说："实在买不到什么好的……"其实这东西根本不是她买的，是别人送给她的。一个女人表示愿意陪你去上街走走，其实是她顺便要买东西。

总之，女人总喜欢拐弯抹角的放一个小小的烟幕，无伤大雅，颇占体面。这也是艺术，王尔德[①]不是说过"艺术即是说谎"么？这些例证还只是一些并无版权的谎话而已。

女人善变，多少总有些哈姆雷特式，拿不定主意；问题大者如离婚结婚，问题小者如换衣换鞋，都往往在心中经过一读二读三读，决议之后再复议，复议之后再否决，女人决定一件事之后，还能随时做一百八十度的

---

① ［王尔德（1854～1900）］奥斯卡·王尔德（Oscar Wilde），又译奥斯卡·怀尔德，英国唯美主义艺术运动的倡导者，著名的作家、诗人、戏剧家、艺术家。

大转弯，做出那与决定完全相反的事，使人无法追随。因为变得急速，所以容易给人以"脆弱"的印象，沙士比亚有一名句："'脆弱'呀，你的名字叫做'女人'！"但这脆弱，并不永远使女人吃亏。越是柔韧的东西越不易摧折。女人不仅在决断上善变，即便是一个小小的别针位置也常变，午前在领扣上，午后就许移到了头发上。三张沙发，能摆出若干阵势；几根头发，能梳出无数花头。讲到服装，其变化之多，常达到荒谬的程度。外国女人的帽子，可以是一根鸡毛，可以是半只铁锅，或是一个畚箕。中国女人的袍子，变化也就够多，领子高的时候可以使她像一只长颈鹿，袖短的时候恨不得使两腋生风，至于钮扣盘花，滚边镶绣，则更加是变幻莫测。"上帝给她一张脸，她能另造一张出来。"

"女人是水做的"，是活水，不是止水。女人善哭。从一方面看，哭常是女人的武器，很少人能抵抗她这泪的洗礼。俗语说："一哭二睡三上吊"，这一哭确实其势难当。但从另一方面看，哭也常是女人的内心的"安全瓣"。

女人的忍耐的力量是伟大的，她为了男人，为了小孩，能忍受难堪的委曲。女人对于自己的享受方面，总是属于"斯多亚派"① 的居多。男人不在家时，她能立刻变成为素食主义者，火炉里能爬出老鼠，开电灯怕费电，再关上又怕费开关。平素既已极端刻苦，一旦精神上再受刺激，便忍无可忍，一腔悲怨天然的化做一把把的鼻涕眼泪，从"安全瓣"中汩汩而出，腾出空虚的心房，再来接受更多的委曲。女人很少破口骂人（骂街便成泼妇，其实甚少），很少揎②袖挥拳，但泪腺就比较发达。善哭的也就常常善笑，迷迷的笑，吃吃的笑，格格的笑，哈哈的笑，笑是常驻在女人脸上的，这笑脸常常成为最有效的护照。女人最像小孩，她能为了一个滑稽的姿态而笑得前仰后合，肚皮痛，淌眼泪，以至于翻筋斗！哀与乐都像是常川有备，一触即发。

女人的嘴，大概是用在说话方面的时候多。女孩子从小就往往口齿伶俐，就是学外国语也容易琅琅上口，不像嘴里含着一个大舌头。等到长大之后，三五成群，说长道短，声音脆，嗓门高，如蝉噪，如蛙鸣，真当得

---

① ［斯多亚派］雅典城有一个用希腊著名画家波立戈诺特的绘画装饰起来的富丽堂皇的画廊。大约在公元前 308 年，希腊哲学家们在这个地方创立了一个学派。画廊在希腊文中叫斯多亚（stoa），所以，这个学派就叫斯多亚学派，也可以叫画廊学派。

② ［揎（xuān）］捋起袖子露出胳膊。

好几部鼓吹！等到年事再长，万一堕入"长舌"型，则东家长，西家短，飞短流长，搬弄多少是非，惹出无数口舌；万一堕入"喷壶"型，则琐碎繁杂，絮聒①唠叨，一件事要说多少回，一句话要说多少遍，如喷壶下注，万流齐发，当者披靡，不可向迩②！一个人给他的妻子买一件皮大衣，朋友问他"你是为使她舒适吗？"那人回答说："不是，为使她少说些话！"

女人胆小，看见一只老鼠而当场昏厥，在外国不算奇闻。中国女人胆小不至如此，但是一声霹雷使得她拉紧两个老妈子的手而仍战栗不止，倒是确有其事。这并不是做作，并不是故意在男人面前做态，使他有机会挺起胸脯说："不要怕，有我在！"她是真怕。在黑暗中或荒僻处，没有人，她怕；万一有人，她更怕！屠牛宰羊，固然不是女人的事，杀鸡宰鱼，也不是不费手脚，胆小的缘故，大概主要的是体力不济，女人的体温似乎较低一些。有许多女人怕发胖而食无求饱，营养不足，再加上怕臃肿而衣裳单薄，到冬天瑟瑟打战，袜薄如蝉翼，把小腿冻得作"浆米藕"色，两只脚放在被里一夜也暖不过来，双手捧热水袋，从八月捧起，捧到明年五月，还不忍释手，抵抗饥寒之不暇，焉能望其胆大。

女人的聪明，有许多不可及处，一根棉线，一下子就能穿入针孔，然后一下子就能在线的尽头处打上一个结子，然后扯直了线在牙齿上砰砰两声，针尖在头发上擦抹两下，便能开始解决许多在人生中并不算小的苦恼，例如缝上衬衣的扣子，补上袜子的破洞之类。至于几根篾棍，一上一下的编出多少样物事，更是令人叫绝。有学问的女人，创辟"沙龙"③，对任何问题能继续谈论至半小时以上，不但不令人入睡，而且令人疑心她是内行。

练 习

一、阅读课文请分别概括出文中描述的男人与女人的特点。

二、作者喜用雅致的骈句，引据用典。请你在文中找出一些这样的句

---

① ［絮聒（guō）］唠叨不休。

② ［不可向迩］不可接近。迩，近。

③ ［沙龙］现在"沙龙"一词一般意为较大的客厅，原来指的是装点有美术品的屋子。沙龙原为意大利语，17世纪传入法国，最初为卢浮尔宫画廊的名称。日后逐渐指一种在欣赏美术结晶的同时，谈论艺术、玩纸牌和聊天的场合，所以沙龙这个词便变为不是陈列艺术品的房间，而更多的是指这样的集会了。

子，并说说它们的作用。

三、作者最擅长用调侃轻松的语调，将评论对象以讲故事拉家常的口吻向你娓娓道来，既犀利辛辣又幽默风趣的笔法往往让人哭笑不得。请你在文中找出一些这样的例子，并说说它们的作用。

读完本文，你觉得现在的男人和女人与梁实秋现实笔下的男人和女人有什么不同吗？用一篇短文谈谈你的看法。

35 书生论剑①

>   "书生"即指作者作为一个文人出现，"论"是评论，"剑"是一种兵器，其实就是作者借论剑来评论历史。作者以一书生的口气，围绕剑器，谈古论今，洋洋洒洒数千言，使读者欣赏到一篇带有浓重文化色彩的散文佳作。文章中，作者以面对"剑"的情绪变化为线索，展开联想，串联全文。文章的思想脉络是睹剑凝视，惊讶剑之精美；遥想舞剑铸剑的传奇故事，思考人类古今爱剑的实质，不禁感慨万千。作者以其丰富的想象力，在现实与历史之间自由地穿行，情感乘着剑的翅膀，在广袤的时空飞舞，将千年华夏历史文明，古老的民族文化，谱成一支跌宕起伏的青铜剑之歌。
>
>   阅读文章时，要了解古代青铜文化，感悟中华民族所崇尚的正义、公道以及除暴安良的精神；了解青铜剑有关的历史典故，体会青铜剑所蕴含的古代文化知识和精神品质；同时要培养我们的思辨能力、联系实际提出自己的见解的创新能力，感悟青铜剑在现实中的意义。

  古代的兵刃，除去睡在墓穴和地下的，多半都是走进博物馆去歇着了。只有剑器，还常常在今人的生活里露面。自然，这剑早已不是那剑，不再是两千多年前的青铜锻造的，剑锋上不再有凶神恶煞的寒光和深紫色的凝血，很难找到那种蛮野、剽悍②、豪侠和阳刚之气了，也听不见它在匣中铮铮的鸣叫了。

---

  ① 选自韩静霆（1944～）山东省高唐县人，当代作家。现为中国作协、美协、音协、视协、剧协等会员，空军文艺创作室主任，文职将军。著有《凯旋在子夜》《孙武》《战争让女人走开》《大出殡》《魔力》《市场角落的皇帝》等小说作品，创作的歌曲包括《今天是你的生日，中国》《希望》《世纪春雨》等，著有诗集《凤凰鸟》，散文集《太阳宫赋》等。

  ② ［剽悍］敏捷而勇猛，也作慓悍。

我对远古的青铜剑器，一向有一种感性的敬畏和崇拜。我在中国青铜器的展厅里，和青铜古剑对视了很久很久。剑器上的铭文①鸟篆能带着我穿越时空隧道，目睹它们浴血战斗时的无所畏惧和奋不顾身。剑器的祖先，是兽骨雕成的"骨剑"，它的家族初创纪念日不详，大约是商代。春秋战国时期，应该是它最辉煌的生命高峰期。这时候，它就像一个壮年的汉子，身材修长坚实，没有一点儿赘肉，浑身喷薄②着血性。经过千锤百炼的青铜剑器的光色，有一种黄金的质感，闪烁着高贵、狂野和傲岸的神气。日月星辰在剑体上奔跑，像火苗在泼泼辣辣燃烧，无言但顽强地倾吐着一种建立功勋和短兵相接③的渴望。渴望用血来淬火，渴望那种血浆浇在剑锷之上时，"刺啦"一声烧干的声色齐进的快感。这时候，观众会瞪大眼睛，怀疑自己看到的根本不是什么"火苗"了，而是冰山极顶透出的寒光，不由得汗毛直竖，打起冷战。它的造型是那么优美和雅致。越是优美雅致，就越像是一位儒雅的杀手，不动声色，高深莫测，让人难以预料杀机将起于何时。剑身上要么铸有神秘的龟背纹，那龟纹在春秋时期是"日者"④占卜吉凶的依据；要么，镌刻着像符咒一样的鸟篆，标示着持剑人是谁。越王勾践的名字和青铜剑一起，一九六五年在湖北江陵出土。它在地下埋藏了两千余载，出土之后依然寒光四射。它的光芒使当代最先进的铸造工艺相形见绌⑤。当今制作最精美的枪械，如果不擦油，不包装，埋在地下只需经一个梅雨季，瓦蓝的光色就全没了，就会锈成一个金属疙瘩。青铜剑沉睡两千余载不生锈，经当代质子 X 荧光非真空分析和测定，中外专家瞠目结舌⑥，它经过了精妙的铬化处理。而这种氧化铬的防锈技术，外国人在两千年之后，一九三七年才惊喜地问津。

　　青铜剑的剑柄，有美丽的鎏金纹线装饰，还有安放中指的凸箍。这种

---

　　① ［铭文］器物、碑碣等上面的文字（大多铸成或刻成）。
　　② ［喷薄］形容水涌起或太阳上升的样子。
　　③ ［短兵相接］双方用刀剑等短兵器进行搏斗。比喻面对面地进行针锋相对的斗争。
　　④ ［日者］即古时占候卜筮的人。《墨子·贵义》说："子墨子北之齐，遇日者。日者曰：'帝以今日杀黑龙于北方，而先生之色黑，不可以北。'墨子不听，遂北，至淄水。墨子不遂而反焉。日者曰：'我谓先生不可以北。'"司马贞《史记索隐》按："名卜筮曰'日者'以墨，所以卜筮占候时日通名'日者'故也。"
　　⑤ ［相形见绌（chù）］跟另一人或事物比较起来显得远远不如。绌，不足，不够。
　　⑥ ［瞠（chēng）目结舌］形容受窘或惊呆的样子。瞠，直看，瞪着眼。

量体裁衣①般的精细，手掌碰上去就舒服得要命。看上去，不像是手找到了剑，更像是剑老早就在等待着人的手，在折磨人的等待和企盼之后，手与剑终于"一拍即合"了。人握住剑柄，就被引诱得手也痒，心也痒，生出挥舞一番的冲动，青铜剑是天成的舞师，带着人舞蹈。它不像斧钺只会粗鲁地狂砍乱伐，也不像戈戟只会单调地突刺横扫。它灵活飞动，让人在冷铁相搏的肉搏战中也闪展腾挪舞个不停。千变万化的政治之舞与扑朔迷离的剑之光轮，常常让敌方死也不知道怎么死的。剑光四射，看不见哪是人哪是剑。一人一剑，化成千万个人，千万支剑，人和剑，青铜和灵肉合二为一了。剑的锋刃划开敌人胸肤时，简直不会有什么声音，犹如快刀切开豆腐一样轻巧，插入对方犀甲时也挺省时省力的，就像在海滩上以锥刺沙。用剑杀人不像杀人，倒像是水银灯下手术刀轻盈地划着直线和弧线。剑器和别的兵刃相磕，在迸放的金星中，声音如钟、如磬、如杯盏相碰。不过，一般兵器，那些"凡夫俗子"们，碰上尊贵的宝剑可要倒大霉了。史书《战国策》说到青铜剑之锋利，断牛马，截金银，椽子柱子碰上断为三截，巨石触之碎成百块。青铜剑在造型艺术和铸造科学上的双向成就，不知古人从何得道，已成为千古之谜。古之名剑见于记载的，有干将、莫邪、龙渊、太阿、纯均、湛卢、巨阙、鱼肠、胜邪。九剑擎天，惹起战事无数。良剑各怀绝技，互不相让，个个出鞘如芙蓉出水，蛟龙出岫，带着清风，带着长啸。凝眸看它那如水溢于塘中的剑锷，几乎能看见古人睿智非凡的眼睛在闪动。我实在搞不懂，古人怎么想到要把杀人武器制造得无与伦比②的精美？用美来杀人，太残酷太有效太刺激了。古人能工巧匠绝顶聪明，是否也伴随着无解的蒙昧？他们在享尽创造的快感之后，夜里会不会在浸满血污的噩梦中惊醒？

我不知道是古人神化了青铜剑，还是青铜剑本来就神。登上那"骤雨过时，有铜绿如雪花小豆，点缀于土石之上"的铜绿山③，面对三千六百年前先祖留下的铜矿竖井、斜井和冷却了的古炼炉，我一时惊讶得说不出话来。遥想美妙绝伦的青铜古剑飞翔出世的一刹那，亲手创造出奇迹的先民

---

① ［量（liàng）体裁衣］按照身材剪裁衣服，比喻根据实际情况办事。

② ［无与伦比］没有能比得上（多含褒义）。

③ ［铜绿山］《大冶县志》曾描述铜绿山"每骤雨过时，有铜绿如雪花小豆，点缀土石之上，故名"。

也无法不惊骇万分，纷纷在冲天火光中匍匐在地，谁还能怀疑先民铸剑本身就是传奇呢？山中铜绿色的顽石化成熔浆，获得精气和生命，成为铜剑，成为世之瑰宝①，如此这般采掘、冶炼、铸造的精良技艺，西周先民师承何方神祇②？从何得来？也许永远是谜中之谜。

《吴越春秋·阖闾内传》说，干将莫邪夫妻为吴王铸剑，"采五山之铁精，六合之精英"，候天伺地，百神临观。古书又说，昆仑山有形似兔子的怪兽，雄的黄色，雌的白色，掘了地道潜入吴国武器库，把兵刃全吃了。吴王下令猎得"双兔"，开其腹，发现怪兽肚子里有"铁胆肾"。遂命工匠将粒粒铁胆肾投入炉中铸剑。冶炼伊始就很玄乎了，铸剑的过程更奇异。据说，铸剑大师欧冶子铸剑时，矿石不熔化，夫妻双双投入炉中，熔汁才流将出来。欧冶子的学生干将莫邪夫妻俩铸剑，又碰到了同样的考验，"铁汁"三月不出。这天夜里，夫妇争着往炉子里跳。彼时，风悲日薰，炉火将衰，莫邪说服了丈夫，站在炉台之上，挥泪诀别。干将简直要疯了，狂呼大叫，命令三百童男童女把头发、指甲剪下，扔到炉子里。三百人披麻戴孝，拼命装炭，扯动巨大的牛皮制的风箱，之后，一齐跪倒炉前。莫邪纵身一跃，像一根羽毛投入火中，以身殉剑。顷刻间，炉里发出了咕嘟咕嘟的声音，火焰腾空而起，照红了半边天，青铜的熔浆开锅了！喷溅而出！"干将""莫邪"雌雄两剑铸成了。读了这段传奇，感叹一代又一代铸剑师殉剑的悲壮，不由人不相信青铜剑的灵性。匣中的剑在静夜里发出嗡嗡的嘶鸣和铮铮的私语，也没什么可奇怪的了。青铜剑是精灵，是人的精魂所化。人在火中涅槃③，再生为剑。剑身上熔铸了人的精气血肉！传奇故事虽然不免张扬，阐释的道理却是颠扑不破④的：没有天，哪有地？没有山，哪有矿？没有人，哪有炉火？没有生命，何为剑？

历代帝王好剑，就像贵族女性爱好珍珠项链、翡翠耳坠儿和黄金胸针儿一样，偏执成癖。珠光宝气的女人和佩戴名剑的帝王，都一样乐意炫耀尊贵、奢华和威风。楚王有过龙渊、太阿、工布剑；吴王有过鱼肠、湛卢、胜邪剑；越王勾践更胜一筹，给自己搜罗了五只名剑。剑与鼎同是权威的

① ［瑰宝］特别珍贵的东西。
② ［神祇（qí）］"神"指天神，"祇"指地神，神祇泛指神明。
③ ［涅槃］佛教用语，指所幻想的超脱生死的境界，也用作"死"（指佛）的代称。
④ ［颠扑不破］无论怎么摔打都不破，比喻永远不会被推翻（多指理论）。

象征，上方宝剑，可以为君王代言，说是"剑在故王在"。可是，尽管一代代王侯妄图对名剑永久占有，终于没有人能与剑齐寿。王侯们一个个倒下朽成烂泥了，青铜剑从土里站起来，依旧是雄姿勃发，光彩照人！春秋战国期间，佩剑的长短、重量，还标志着士的身份，剑分上制、中制、下制，士分上士、中士、下士。佩带着青铜剑的神气活现的士们，被历史的弯刀像割庄稼一样，一排又一排伐倒了。古剑却抖落尘灰走了出来，青铜还是青铜，拂之铮铮有声。"日落我不落，灯灭我不灭，山存我就存，海在我就在。"这番青铜剑的自白说的极好。剑器自古是男性的性征之一，又是必备的防身武器，古文《释名·释兵》中有一解："剑，检也，所以防剑非常也。"仅从湖北江陵雨台山出土的172件剑器就可以知道，剑大量走向了民间，春秋男子穷得无瓦釜陪葬，也要一把青铜剑随葬，带剑上路。因此，我们面对青铜剑器，就是面对包括帝王公卿、大夫和平民的整个春秋时代。青铜剑是我们的历史老师。这是别的武器想也不敢想的。

　　人类武库中林林总总①的兵器，充其量都只是冷面杀手，只会嗜血杀人，唯独剑器身上闪烁着儒雅的文化光彩。它和诗人相亲，与文人结缘。我一闭上眼睛，就能看见伟大的浪漫诗人屈原佩剑呼号着走来。他流放于穷途，行吟于泽畔。脸黑瘦黑瘦的，塌了腮，形同枯死的槁木。鞋子跑丢了，赤着两脚。衣服扯烂了，袍带乱舞。长发飘飘，连头上的峨冠也不知丢在何处了，可他手里依然紧紧攥着一柄青铜剑！青铜剑成为诗人最后的旅伴儿，唯一可以信任的知己和三闾大夫的证明。屈原身后，钟情于剑器的诗人层出不穷。铜剑铁剑，都有此殊荣。李白酒酣兴时，"三杯拂剑舞秋月"，王维情怀激烈时，"聊持宝剑动星文"，高适忧愤感叹"岂知书剑老风尘"。辛弃疾的"醉里挑灯看剑，梦回吹角连营"，活画出一代儒将悲壮而飘逸的胸怀，令后世文人墨客望其项背，羡慕得死去活来。最动人的还属杜甫《观公孙大娘舞剑器并序》。这年杜甫五十五岁，流落在草木萧疏的白帝城中，偶见公孙大娘的弟子，临颍李十二娘美妙的剑舞。一下子想起了五六岁的时候，看过的公孙大娘舞剑器。诗人一打开记忆之门，五十年前的剑光舞影，就来了。倘若不是白花花的剑光照亮了童年杜甫的心，哪能历历如昨，如此清晰？那时，玄宗有歌舞女乐八千人，公孙大娘名冠第一，

---

　　① ［林林总总］形容繁多。

可以想见舞姿之美，也可以想见其手中剑器铸造之精良。观众人山人海呀，天地也随着剑器上下起伏呢！"耀如羿射九日落，矫如群帝骖龙翔。来如雷霆收震怒，罢如江海凝清光。"① 杜氏的四句诗，惹得千古学人喋喋不休，你说公孙大娘手里还有个小红旗儿在翻转；他说哪有什么红旗，公孙大娘手里明明是火把。其实，根本没有什么红旗和火把，这里说的除了剑，就是人，是人剑合一的奇境。公孙氏出剑如后羿射日那样的迅疾耀眼，矫捷似群帝驾着龙在云中穿行。九日落天的光谱，群龙翔云的曲线，雷霆收震怒似的狂放精神，江海凝清光般的收剑姿态，当然会让杜甫记上一辈子，让后人说上一百辈子。诗人写罢这首诗之后的第三个年头死了。他咏诵的剑舞的风采，永远照耀后世。特别是杜诗人观剑的时候，望彻了大唐帝国由盛而衰的五十年，渗透了人世间的沧桑变化，尤为令人叹服。上面说到的古代诗人们，吟剑，观剑，舞剑，是剑器的光荣，也是诗人的幸运。诗人找到了剑器，剑器也找到了诗人，千古绝唱就这样应运而生了。文人骚客几乎没有不爱剑的，像我这样毫无用处的一介书生，也爱剑爱得要命。这一方面是那金属的锋刃，能给柔弱的文人一点儿精神上的雄性补充，是一味药。一方面，文人可以借题发挥，抒发一些胸中积郁的豪气。更重要的，当然还是剑器本身具有的那种文质彬彬②的品格在起作用，一拍即合。剑器又实在，又质朴，又刚直，又不张扬。它在匣中有那种"天生我材必有用"的矜持，哗然出鞘，则犹如明珠出土，光彩四射。人可以挥剑决浮云，也可以把生死托付给它。在先民眼里，剑还不只是剑，更是一种足以避邪的正义、正直的象征。传统中驱魔降妖的钟馗，总是剑不离身。民间认为，一把雕刻的桃木剑挂在房中，百邪皆退。流传很广的"十年磨一剑，霜刃未曾试，今日把与君，谁有不平事"③ 的诗句，把剑器当成了追求公平、公正的唯一利器。而"宁为折剑头，不做绕指柔"的箴言，又递进了一层，剑器被人格化了。它宁可生命折断，不肯卑躬屈膝，实现着"威武不能淫，贫贱不能屈"的最高人生准则。

今人爱剑，不但不逊于古人，而且又添了很多的新花样儿。影视剧中的

---

① 语出杜甫《观公孙大娘弟子舞剑器行》，这是描绘公孙舞蹈给杜甫留下的美好印象。
② ［文质彬彬］形容人文雅有礼貌。
③ 语出贾岛的《剑客》，大意是用十年的功夫来磨励这把宝剑，霜雪般锋利的剑刃还没试验过。我今日把它亮出来摆在您面前，请告诉我谁遇到了不公平的事？

剑侠层出不穷。他们的装束行头总是差不多的：弄个宽檐破竹笠，遮着半个带伤疤的脸；穿上一身啰里啰嗦的袍子，累月不洗。裹腿是要打得，身后的包袱可背可不背，瘦马可有可没有，只有一样东西必备，这就是剑器。而且，剑器要带着鞘，要横着握在角色的手里。只要手里有了剑，就能成大侠了。就会有漂亮红粉跟在屁股后面死乞白赖要"献身"，就可以捉迷藏似的玩一些三角恋爱四角恋爱，并佐以仇杀、情杀、追杀、暗杀。"剑侠"虽然有时不得不弄点眼药水儿当眼泪，赚下的观众的眼泪却是真的。影视中屡屡出场的剑器，不过是道具，能糊弄过去就行。观众取神遗貌，也很宽容，只要有个像剑一样的东西比划着，就能有"雄起"的感受。剑的最大消费群，还是立下壮志要健身的民众们。体育比赛和健身用的剑，倒是剑模剑样儿的。剑身溜直，电光闪眼，剑柄上缀以丝条和长穗儿，舞起来讲究手眼身法步，心神意志足。因为是比赛和健身，当然不能真干，不能拿越王勾践剑和吴王光剑乱砍乱伐。玩具一般的剑器，就这样成为一种时尚了。当年的铸剑师干将莫邪，怎么也想不到我们今天的人口爆炸和剑器普及。他们要是知道宝剑终于成为大众手里的平常玩意儿，宁肯弹铗垂泪"下岗"，宁肯把铸剑的炉子改成烤羊腿烤羊肉串的炉子，也不会纵身投火的。事已至此，我们应该对干将莫邪做些深入细致的思想工作。敬爱的干将同志莫邪大嫂，从远处着想呢，铸剑为犁，熔戈为爵，化干戈为玉帛，是普天下志士仁人的千年梦想，如果有这么一天，能把这个世界美坏了！从近处看呢，作为杀人武器的剑，演变成孩子们的玩具和成人健身的器械，仅仅是不断发生的战争对于武器的挑剔和选择，这也是一种进步，必须理解。变武器为玩具，毕竟在当代还是天真的童话。其实我们现在比以前任何时候，都更加需要跨世纪的"干将莫邪"。我们需要那种以身殉剑的伟大精神和领先于天下的锻造武器的技艺。干将莫邪率领 300 童男童女披麻戴孝铸剑的组织管理才能，突临炉火不举炉壁烧结时的快速反应和攻关手段，给个兵器工业部老总副老总干干，肯定称职。当然，如果再佐以杜甫李白为写作班子，专事歌唱新武器的诞生，就更好了。贤人云集，文武兼备，我们还愁什么愁？我这番臆想①，完全是有感而发。且看，人类武库里，剑器下了岗，被称为"剑"的地对空、空对地、地对地导弹正在全球许多地方滋生疯长。化学武器，细菌武器，核

---

① ［臆想］主观的想象。

武器，早也不再是新鲜货色。世界正在演变成一个巨大的火药桶。青铜退役，钢铁值更，率直刚烈的剑被鬼精鬼灵的枪械取代，已经是陈年旧事了。人们制造杀人武器的手段越来越精，那些闪烁着温柔的瓦蓝色光焰的手枪，其实更像玩具。或者说，以扩张、侵略和掠夺为乐子的战争魔鬼，从来就把枪炮当玩具，把杀人当成闹着玩儿。

这可不是危言耸听①。

仅仅是为活着，我们也得"铸剑"，也得呼唤干将莫邪，魂兮归来！

说到这儿，回眸再看那青铜之剑，不由人不感慨万千。它静静地躺在博物馆里，一言不发，仿佛正在小憩。它曾经给文人以文采，赐哲人以哲思，让考古学家印证历史。它曾经啸傲疆场，万马军中夺上将首级。它曾经夜夜醒在中军大帐，等待着点兵排阵的料峭的拂晓。它曾经用耀眼的光焰装点着春秋的辉煌！如今，春秋时代的辉煌渐渐地暗淡了，冷兵器时代的人唤马嘶远去了……我忽然莫名其妙地打了一个寒噤②，茫然四顾幽幽的展厅。我明明知道佩剑的祖先不会来的，可我似乎看见他们了！我看见佩剑的先人在遥远的天地之交，正回过头来望着我们，我不知道还应该说些什么。我知道，不论用多么美丽的诗句来歌唱青铜剑器，都过时了。

 练习

一、联系全文，理解下列句子的含义。

1. 青铜剑是我们的历史老师。这是别的武器想也不敢想的。

2. 它曾经给文人以文采，赐哲人以哲思，让考古学家印证历史。

3. 我知道，不论用多么美丽的诗句来歌唱青铜剑器，都过时了。

二、文中引用干将莫邪夫妻的悲壮故事，有什么作用？

三、文章写了今人对剑的认识，作者的看法是怎样的？

四、学完本文后，你对剑和剑文化有何体会，请以"剑"为题目写一篇文章，要求有自己的创建，有自己的观点，有自己的理由，字数不超过600字。

---

① ［危言耸听］故意说吓人的话使听的人吃惊。
② ［寒噤］因受冷或受惊而身体颤动。

追寻传统文化　引领时尚风潮

中国是一个文明古国。既然是文明古国，就自然有其独特的魅力所在。有其独特的风俗，有传统的节日，更有其独特的来自与一个古国的教育，来自于一个古国的精神。不过，这种精神，正被着一些希奇古怪的外国文明所取代。就从我们的节日来看，年轻人都记得圣诞节，情人节，可有多少人愿意过端午，过重阳呢？我们的传统文明不是没有内涵，只不过这些内涵都是深刻的，都是含蓄的。因为，中国，本身就是一个含蓄的国度。我们的传统文化，有着很多人都难以理解的底蕴和内涵；我们的传统文化有着如丝丝小雨般的缠绵。传统与时尚是一对矛盾，两者不断地交汇、碰撞、冲突、调和。下面设计了两项活动，请你任选一项。

寻访家乡的传统文化

一、活动设计目的

中华民族有着五千多年的文明史，中华传统文化源远流长，博大精深。它作为一种积淀型文化，长期以来，形成了一种具有相对稳定性的民族精神。我们今天的许多传统节日与习俗，都是传统文化的凝结，都有着特定的思想内涵。在中华大地上，不同民族、不同地域，都有着各自独特的传统文化。了解中华民族传统文化的辉煌成就，可以增强我们的民族自豪感，并激励我们去创造更大的辉煌。"寻访家乡的传统文化"实践活动，就是为了让学生在实践活动中继承和创新民族传统文化，弘扬民族精神与创新精神，培养爱国主义情感。

文化是一种历史现象，每一个时代，都有着与之相适应的文化，并随着社会物质生产的发展而发展。文化又是一种地域现象，不同国家、民族的文化，都有着各自的特征，而且相互交融和渗透。我们中华民族有着五千年的文明史，从而也产生了具有自身特色的中国传统文化。与其他国家和民族相比，中华民族传统文化具有如下三个主要特征。

第一，源远流长，绵延不绝，具有强烈的时代性和顽强的再生力。

第二，丰富多彩，博大精深，具有鲜明的整体性和活跃的多元性。

第三，长于积淀，注重交流，具有相当的稳定性和一定的开放性。

二、活动内容

1. 开展考察或其他活动，学生事先写好行动计划书，设计好调查问卷，准备收集资料的相应工具，如笔记本、照相机等。

2. 事先制定外出活动的时间、地点、活动内容，并争取教师和家长的支持。

3. 鼓励学生运用多种方法搜集、处理信息，培养学生搜集处理信息的能力。

4. 在活动进行中，发挥创造性，教师将自己定位于学生的合作伙伴。不过多地干涉学生的活动，更不能用自己的观点去影响学生。

5. 进行总结评价，不过分关注结果，注重自己的体验与感受。

三、活动过程的指导

1. 组织形式

在组织学生进行活动策划和讨论时，可以班级为单位。学生外出考察活动和开展宣传活动，可自由组合成 3～5 人的小组，各小组独立行动。

2. 准备工作

① 向学生进行安全教育和文明礼貌教育。

② 进行调查问卷设计方法、摄影技术等方面的指导培训。

③ 学生参与考察活动和实践活动时，会遇到许多困难，教师要鼓励学生主动、大方地与人交流，积极、自信地参与活动，并引导学生精心进行活动策划。

调查采访活动"你眼中的时尚"

一、活动设计目的

"时尚"这个词现在很流行了，英文为 fashion，几乎是经常挂在某些人的嘴边，频繁出现在报刊媒体上。追求时尚似已蔚然成风，可时尚是什么？时尚可以流行，但范围是十分有限的，如果广为流行，那还有时尚的感觉吗？追求时尚是一门"艺术"。模仿、从众只是"初级阶段"，而它的至臻境界应该是从一拨一拨的时尚潮流中抽丝剥茧，萃取出它的本质和真义，来丰富自己的审美与品位，来打造专属自己的美丽"模板"。追求时尚不在于被动的追随而在于理智而熟练的驾驭。总之，时尚是个包罗万象的概念，它的触角深入生活的方方面面，人们一直对它争论不休。不过一般来说，时尚带给人的是一种愉悦的心情和优雅、纯粹与不凡感受，赋予人们不同的气质和神韵，能体现不凡的生活品味，精致、展露个性。同时我们也意识到，人类对时尚的追求，使人类生活更加美好，无论是精神的或是物质的。

二、活动内容

你想了解别人眼中的时尚吗？请你在班上进行采访，采访对象不限，请做好采访记录，并对材料进行分析，写出一份关于校园时尚观的调查报告。

第六单元

和谐与创新

　　和谐指协调、融洽与调和。辩证唯物主义和谐观认为和谐是对立事物之间在一定条件下的具体、动态、相对与辨证的统一。自古以来中国就有和谐的理念，儒家提倡"和而不同"所描述的就是一种和谐共生的关系，是中国传统文化的价值核心所在。和谐社会更是人类所追求的最美好的社会状态和理想，人们各尽其能、各得其所共创美好和谐的未来。因此和谐是世界的本质，构建以人为本的社会主义和谐社会是我们奋斗的理想和目标。创新指独创与革新，人类就是在不断打破陈旧、勇于创新中获得了社会发展的无穷动力。这两个词汇贯穿人类发展的全过程，当然也包含了文化发展的每一个阶段。

　　本单元精心选择了一些经典美文来反映和谐与创新的话题，《读伊索寓言》反映的是人思维观念的创新，思考时要善于另辟蹊径，才能产生新的想法和感受。《探春理家》叙述的是在封建社会走向没落的时期，一些胸怀抱负的有志之士勇于担当责任，对腐朽的制度进行大胆的改革与创新，虽然不能挽狂澜于既倒，但也是一种尝试与体验。《〈礼经〉七则》从中国传统文化的角度介绍我国古代礼制的精华，宣扬的是和谐谦让的礼节风范。《守望的天使》中父母对子女无私的爱为我们讲述的是亲情的和谐之美；《心与手》则描述了警察与罪犯之间以人为本的和谐关系。《容忍与自由》

论述了一组相互对立的态度之间的辨证关系，阐述"没有容忍，就没有自由"的观点；《麦当劳中的中国文化表达》从麦当劳企业带着西方饮食文化的精华，并从中国本土吸收传统文化的营养，实现企业本土化的发展历程，为我们展现中西方文化的冲突、碰撞，最终达到融合的情景。七篇文章从各自不同的角度让我们感受中国文化中最动感、最有活力的内涵。

36 读伊索寓言①

钱钟书

阅读提示

　　这是一篇读后感。作者洞烛世相，借《伊索寓言》里的九个故事进行联想引申，用创新的思维方式重新思考古老寓言所包含的意义与价值，纠正寓言中的浅薄之见，表达自己对人生的独到见解，讽刺现代社会中一些不学无术、无知浅陋、自欺欺人、妄自尊大、虚荣嫉妒、为富不仁、贪得无厌、伪善皆是、可悲可怜的人。阅读课文时可以比照寓言原先的含义与课文中阐述的新意，体会创造良好的社会生活环境对儿童进行真善美教育的主题。

　　文章从人们日常生活的普遍体验切入话题，大量运用了反语、讽刺的手法，意思表达含蓄、思维创新独到，语言幽默诙谐，阅读时可以仔细体会。

　　比我们年轻的人，大概可以分作两种。第一种是和我们年龄相差得极多的小辈，我们能够容忍这种人，并且会喜欢而给以保护；我们可以对他们卖老，我们的年长只增添了我们的尊严。还有一种是比我们年轻得不多的后生，这种人只会惹我们的厌恨以至于嫉忌，他们已失掉尊敬长者的观念，而我们的年龄又不够引起他们对老弱者的怜悯；我们非但不能卖老，还要赶着他们学少，我们的年长反使我们吃亏。这两种态度是到处看得见的。譬如一个近三十的女人，对于十八九岁女孩子的相貌，还肯说好，对于二十三四岁的少女们，就批判得不留情面了。所以小孩子总能讨大人的喜欢，而大孩子跟小孩子之间就免不了时常冲突。一切人事上的关系，只要涉到年辈②资格先后的，全证明了这个分析的正确。

---

　　① 选自《写在人生边上》（中国社会科学出版社1990年版）。钱钟书（1910～1998），字默存，号槐聚，江苏无锡人。现代文学研究家，学者，作家。他的代表作有诗论《谈艺录》、学术论著《管锥编》、短篇小说集《人兽鬼》、长篇小说《围城》、散文集《写在人生边上》等。

　　② [年辈] 年龄与辈分。

从整个历史来看，古代相当于人类的小孩子时期。先前是幼稚的，经过几千百年的长进，慢慢地到了现代。时代愈古，愈在前，它的历史愈短；时代愈在后，它积的阅历愈深，年龄愈多。所以我们反是我们祖父的老辈，上古三代反不如现代的悠久古老。这样，我们的信而好古①的态度，便发生了新意义。我们思慕古代不一定是尊敬祖先，也许只是喜欢小孩子，并非为敬老，也许是卖老。没有老头子肯承认自己是衰朽顽固的，所以我们也相信现代一切，在价值上、品格上都比古代进步。

这些感想是偶尔翻看《伊索寓言》②引起的。是的，《伊索寓言》大可看得。它至少给予我们三重安慰。第一，这是一本古代的书，读了可以增进我们对于现代文明的骄傲。第二，它是一本小孩子读物，看了愈觉得我们是成人了，已超出那些幼稚的见解。第三呢，这部书差不多都是讲禽兽的，从禽兽变到人，你看这中间需要多少进化历程！我们看到这许多蝙蝠、狐狸等的举动言论，大有发迹③后访穷朋友、衣锦还故乡④的感觉。但是穷朋友要我们帮助，小孩子该我们教导，所以我们看了《伊索寓言》，也觉得有好多浅薄的见解，非加以纠正不可。

例如蝙蝠的故事：蝙蝠碰见鸟就充作鸟，碰见兽就充作兽。人比蝙蝠就聪明多了。他会把蝙蝠的方法反过来施用：在鸟类里偏要充兽，表示脚踏实地；在兽类里偏要充鸟，表示高超出世。向武人卖弄风雅⑤，向文人装作英雄；在上流社会里他是又穷又硬的平民，到了平民中间，他又是屈尊下顾⑥的文化分子：这当然不是蝙蝠，这只是——人。

蚂蚁和促织的故事：一到冬天，蚂蚁出晒米粒；促织饿得半死，向蚂

---

① ［信而好古］笃信而喜爱古代文化。出自《论语·述而》："子曰：'述而不作，信而好古，窃比于我老彭。'"原意是传述而不创作，笃信而喜好古人之道，我私下把自己比作老彭。老彭，商朝的贤大夫。

② ［《伊索寓言》］是一部流传古希腊民间讽喻故事的寓言故事集。通过简短的小寓言故事来体现日常生活中那些不为我们所察知的真理，用丰富的想象，生动的故事情节，凝练的文字来表达深邃的哲理，融思想性和艺术性于一体。其中《农夫和蛇》、《狐狸和葡萄》、《狼和小羊》、《龟兔赛跑》、《牧童和狼》、《农夫和他的孩子们》等已成为全世界家喻户晓的故事。伊索寓言成为西方寓言文学的范本。亦是世界上流传最广的经典作品之一。

③ ［发迹］指人变得有钱有势。

④ ［衣锦还故乡］也指"衣锦还乡"，旧指做官以后，穿着锦绣的官服回到故乡，向亲友乡里夸耀。后泛指富贵后荣归故里。

⑤ ［卖弄风雅］指向别人显示、炫耀自己并不高明的文学素养。

⑥ ［屈尊下顾］表示请地位高的人降低身份来做某事。

蚁借粮，蚂蚁说："在夏天唱歌作乐的是你，到现在挨饿，活该！"这故事应该还有下文。据柏拉图①《对话篇·菲德洛斯》说，促织进化，变成诗人。照此推论，坐看着诗人穷饿、不肯借钱的人，前身无疑是蚂蚁了。促织饿死了，本身就做蚂蚁的粮食；同样，生前养不活自己的大作家，到了死后偏有一大批人靠他生活，譬如，写回忆怀念文字的亲戚和朋友，写研究论文的批评家和学者。

狗和它自己影子的故事：狗衔肉过桥，看见水里的影子，以为是另一只狗也衔着肉；因而放弃了嘴里的肉，跟影子打架，要抢影子衔的肉，结果把嘴里的肉都丢了。这篇寓言的本意是戒贪得，但是我们现在可以应用到旁的方面。据说每个人需要一面镜子，可以常常自照，知道自己是个什么东西。不过，能自知的人根本不用照镜子，不自知的东西，照了镜子也没有用——譬如这只衔肉的狗，照镜以后，反害他大叫大闹，空把自己的影子，当作攻击狂吠的对象。可见有些东西最好不要对镜自照。

天文家的故事：天文家仰面看星象，失足掉在井里，大叫"救命"；他的邻居听见了，叹气说："谁叫他只望着高处，不管地下呢！"只向高处看，不顾脚下的结果，有时是下井，有时是下野②或下台。不过，下去以后，决不说是不小心掉下去的，只说有意去做下层的调查和工作。譬如这位天文家就有很好的借口：坐井观天。真的，我们就是下去以后，眼睛还是向上看的。

乌鸦的故事：上帝要拣最美丽的鸟作禽类的王，乌鸦把孔雀的长毛披在身上，插在尾巴上，到上帝前面去应选，果然为上帝挑中，其他鸟类大怒，把它插上的毛羽都扯下来，依然现出乌鸦的本相。这就是说，披着长头发的，未必就真是艺术家；反过来说，秃顶无发的人，当然未必是学者或思想家，寸草也不生的头脑，你想还会产生什么旁的东西？这个寓言也不就此结束，这只乌鸦借来的羽毛全给人家拔去，现了原形，老羞成怒，提议索性大家把自己天生的羽毛也拔个干净，到那时候，大家光着身子，看真正的孔雀、天鹅等跟乌鸦有何分别。这个遮羞的方法至少人类是常用的。

牛跟蛙的故事：母蛙鼓足了气，问小蛙道："牛有我这样大么？"小蛙

---

① ［柏拉图（约公元前427年～前347年）］古希腊哲学家，他和老师苏格拉底，学生亚里士多德并称为古希腊三大哲学家。

② ［下野］当权的军政要人被解职。野，乡野，民间。

答说："请你不要涨了，当心肚子爆裂^①！"这母蛙真是笨坯^①！她不该跟牛比伟大的，她应该跟牛比娇小的。所以，我们每一种缺陷都有补偿，吝啬说是经济^②，愚蠢说是诚实，卑鄙说是灵活，无才便说是德。因此世界上没有自认为一无可爱的女人，没有自认为百不如人的男子。这样，彼此各得其所，当然会相安无事。

老婆子和母鸡的故事：老婆子养只母鸡，每天下一个蛋。老婆子贪心不足，希望她一天下两个蛋，加倍喂她。从此鸡愈吃愈肥，不下蛋了——所以戒之在贪。伊索错了！他该说：大胖子往往是小心眼。

狐狸和葡萄的故事：狐狸看见藤上一颗颗已熟的葡萄，用尽方法，弄不到嘴只好放弃，安慰自己说："这葡萄也许还是酸的，不吃也罢！"他就是吃到了，还要说："这葡萄果然是酸的。"假如他是一只不易满足的狐狸，这句话他对自己说，因为现实终"不够理想"。假如他是一只很感满意的狐狸，这句话他对旁人说，因为诉苦经可以免得旁人来分甜头。

驴子跟狼的故事：驴子见狼，假装腿上受伤，对狼说："脚上有刺，请你拔去了，免得你吃我时舌头被刺。"狼信以为真，专心寻刺，被驴子踢伤逃去，因此叹气说："天派我做送命的屠夫的，何苦做治病的医生呢！"这当然幼稚得可笑，他不知道医生也是屠夫的一种。

这几个例子可以证明《伊索寓言》是不宜做现代儿童读物的。卢梭^③在《爱弥儿》卷二里反对小孩子读寓言，认为有坏心术，举狐狸骗乌鸦嘴里的肉一则为例，说小孩子看了，不会同情被骗的乌鸦，反会羡慕善骗的狐狸。要是真这样，不就证明小孩子的居心本来欠好吗？小孩子该不该读寓言，全看我们成年人在造成一个什么世界、一个什么社会，给小孩子长大了来过活。卢梭认为寓言会把纯朴的小孩教得复杂了，失去了天真，所以要不得。我认为寓言要不得，因为它把纯朴的小孩教得愈简单了，愈幼稚了，以为人事里是非的分别、善恶的果报^④，也像在禽兽中间一样公平清楚，长

---

① ［笨坯（pī）］（方言）蠢货。

② ［经济］这里指用较少的人力、物力、时间获得较大的成果。

③ ［卢梭（1712～1778）］法国启蒙思想家、哲学家、教育家、文学家，18世纪法国大革命的思想先驱，启蒙运动最卓越的代表人物之一。主要著作有《论人类不平等的起源和基础》、《社会契约论》、《爱弥儿》、《忏悔录》等。

④ ［果报］因果报应，佛教的宿命论认为，今生种什么因，来生结什么果，善有善报，恶有恶报。

大了就处处碰壁上当。缘故是，卢梭是原始主义者，主张复古，而我是相信进步的人——虽然并不像寓言里所说的苍蝇，坐在车轮的轴心上，嗡嗡地叫到："车子的前进，都是我的力量。"

 练 习

一、根据字音写汉字。

怜 mǐn （　　）　　狂 fèi （　　）　　吝 sè （　　）　　笨 pī （　　）

衣 jǐn 还乡 （　　）

二、将词语补充完整并解释。

（　　）而好古

（　　）下顾

坐（　　）观天

（　　）羞成怒

各得其（　　）

（　　）无事

三、阅读课文，概括比较九个寓言原始的故事寓意以及作者讽刺现实中人的创新意义，填写下表。

故事名称	故事寓意	创新意义	讽刺的对象
蝙蝠的故事			
蚂蚁和促织的故事			
狗和它自己影子的故事			
天文家的故事			
乌鸦的故事			
牛跟蛙的故事			
老婆子和母鸡的故事			
狐狸和葡萄的故事			
驴子跟狼的故事			

四、理解课文回答下列问题。

1. 为什么说"时代愈古，愈在前，它的历史愈短；时代愈在后，它积

的阅历愈深，年龄愈多"？

2. 作者和卢梭都认为"寓言要不得"，他们观点的出发点一样吗？为什么？

3. "这个遮羞的方法至少人类是常用的。"就人类而言，"这个遮羞的方法"指什么方法？

4. "大胖子往往是小心眼"有什么含义？

5. 怎样理解"医生也是屠夫的一种"？

五、口述《龟兔赛跑》的故事并试着重新阐释它的寓意。

37 探春理家①

曹雪芹②

阅读提示

探春是《红楼梦》中塑造的一位品质完美的女性形象。她是贾政的妾赵姨娘所生，为人端庄美丽，精明干练，聪敏才高，有自己的人生抱负和政治理想，连凤姐也单惧她五分，但庶出的身份、女子的性别压制了她才干的发挥。在贾府家族摇摇欲坠之时，探春利用临时主持家政的机会，面对贾府的危机，敢于担当责任，在大观园内提出"承包责任制"的改革方案，开源节流，兴利除弊，实践自己的政治主张。这场改革在小范围内的确取得了一定的成效，但不能挽狂澜于既倒，正如作者的判词所概括的"才自精明志自高，生于末世运偏消"。"'探'春者，叹春一去不重来也。"探春注定是一个结局失败的改革者。

探春理家具有改革和创新的性质，故事情节自然展开，人物个性活灵活现，阅读时请仔细分析体会课文的精彩之处。

话说平儿陪着凤姐儿吃了饭，伏侍盥漱毕，方往探春处来。只见院中寂静，只有丫鬟婆子诸内壸③近人在窗外听候。

平儿进入厅中，他姊妹三人正议论些家务，说的便是年内赖大家请吃酒他家花园中事故。见他来了，探春便命他脚踏上坐了，因说道："我想的事不为别的，因想着我们一月有二两月银外，丫头们又另有月钱。前儿又有人回，要我们一月所用的头油脂粉，每人又是二两。这又同才刚学里的八两一样，重重叠叠，事虽小，钱有限，看起来也不妥当。你奶奶怎么就没

---

① 选自《红楼梦》第56回"敏探春兴利除宿弊，时宝钗小惠全大体"，标题是编者所加。

② ［曹雪芹（1715? ～1764?）］名霑，字梦阮，号雪芹、芹圃、芹溪。我国伟大的现实主义小说家。他"披阅十载，增删五次"写成巨著《红楼梦》。一般认为现存通行本《红楼梦》共120回，前80回为曹雪芹原作，后40回为高鹗续写。

③ ［内壸（kǔn）］即内室。壸，通"阃"。宫中的间道，引申为内宫的代称。

想到这个?"平儿笑道:"这有个原故:姑娘们所用的这些东西,自然是该有分例。每月买办买了,令女人们各房交与我们收管,不过预备姑娘们使用就罢了,没有一个我们天天各人拿钱找人买头油又是脂粉去的理。所以外头买办总领了去,按月使女人按房交与我们的。姑娘们的每月这二两,原不是为买这些的,原为的是一时当家的奶奶太太或不在,或不得闲,姑娘们偶然一时可巧要几个钱使,省得找人去。这原是恐怕姑娘们受委屈,可知这个钱并不是买这个才有的。如今我冷眼看着,各房里的我们的姊妹都是现拿钱买这些东西的,竟有一半。我就疑惑,不是买办脱了空,迟些日子,就是买的不是正经货,弄些使不得的东西来搪塞^①。"探春李纨都笑道:"你也留心看出来了。脱空是没有的,也不敢,只是迟些日子;催急了,不知那里弄些来,不过是个名儿,其实使不得,依然得现买。就用这二两银子,另叫别人的奶妈子的或是弟兄哥哥的儿子买了来才使得。若使了官中的人,依然是那一样的。不知他们是什么法子,是铺子里坏了不要的,他们都弄了来,单预备给我们?"平儿笑道:"买办买的是那样的,他买了好的来,买办岂肯和他善开交,又说他使坏心要夺这买办了。所以他们也只得如此,宁可得罪了里头,不肯得罪了外头办事的人。姑娘们只能可使奶妈妈们,他们也就不敢闲话了。"探春道:"因此我心中不自在。钱费两起,东西又白丢一半,通算起来,反费了两折子,不如竟把买办的每月蠲^②了为是。此是一件事。第二件,年里往赖大家去,你也去的,你看他那小园子比咱们这个如何?"平儿笑道:"还没有咱们这一半大,树木花草也少多了。"探春道:"我因和他家女儿说闲话儿,谁知那么个园子,除他们带的花、吃的笋菜鱼虾之外,一年还有人包了去,年终足有二百两银子剩。从那日我才知道,一个破荷叶,一根枯草根子,都是值钱的。"

宝钗笑道:"真真膏粱纨绔之谈^③。虽是千金小姐,原不知这事,但你们都念过书识字的,竟没看见朱夫子有一篇《不自弃文》^④ 不成?"探春笑道:"虽看过,那不过是勉人自励,虚比浮词,那里都真有的?"宝钗道:

---

① [搪塞] 敷衍;应付。

② [蠲 (juān)] 减免、除去。

③ [膏粱纨绔 (wánkù) 之谈] 指富贵子弟的议论。

④ [《不自弃文》] 见朱熹《朱子文集大全类编》卷21《庭训》,主张人不应怨天尤人、自暴自弃,而应保存和发展祖宗的基业。

"朱子都有虚比浮词？那句句都是有的。你才办了两天时事，就利欲熏心，把朱子都看虚浮了。你再出去见了那些利弊大事，越发把孔子也看虚了！"探春笑道："你这样一个通人，竟没看见子书？当日《姬子》有云：'登利禄之场，处运筹之界者，窃尧舜之词，背孔孟之道。'"宝钗笑道："底下一句呢？"探春笑道："如今只断章取意，念出底下一句，我自己骂我自己不成？"宝钗道："天下没有不可用的东西；既可用，便值钱。难为你是个聪敏人，这些正事大节目事竟没经历，也可惜迟了。"李纨笑道："叫了人家来，不说正事，且你们对讲学问。"宝钗道："学问中便是正事。此刻于小事上用学问一提，那小事越发作高一层了。不拿学问提着，便都流入市俗去了。"

三人只是取笑之谈，说了笑了一回，便仍谈正事。探春因又接说道："咱们这园子只算比他们的多一半，加一倍算，一年就有四百银子的利息。若此时也出脱①生发银子，自然小器，不是咱们这样人家的事。若派出两个一定的人来，既有许多值钱之物，一味任人作践，也似乎暴殄天物②。不如在园子里所有的老妈妈中，拣出几个本分老诚能知园圃的事，派准他们收拾料理，也不必要他们交租纳税，只问他们一年可以孝敬些什么。一则园子有专定之人修理，花木自有一年好似一年的，也不用临时忙乱；二则也不至作践，白辜负了东西；三则老妈妈们也可借此小补，不枉年日在园中辛苦；四则亦可以省了这些花儿匠山子匠打扫人等的工费。将此有余，以补不足，未为不可。"宝钗正在地下看壁上的字画，听如此说一则，便点一回头，说完，便笑道："善哉，三年之内无饥馑矣！"李纨笑道："好主意。这果一行，太太必喜欢。省钱事小，第一有人打扫，专司其职，又许他们去卖钱。使之以权，动之以利，再无不尽职的了。"平儿道："这件事须得姑娘说出来。我们奶奶虽有此心，也未必好出口。此刻姑娘们在园里住着，不能多弄些玩意儿去陪衬，反叫人去监管修理，图省钱，这话断不好出口。"宝钗忙走过来，摸着他的脸笑道："你张开嘴，我瞧瞧你的牙齿舌头是什么作的。从早起来到这会子，你说这些话，一套一个样子，也不奉承三姑娘，也没见你说奶奶才短想不到，也并没有三姑娘说一句，你就说一

---

① ［出脱］出手。
② ［暴殄（tiǎn）天物］残害、灭绝自然界的万物；任意糟蹋东西。殄，灭绝。

句是；横竖三姑娘一套话出，你就有一套话进去；总是三姑娘想的到的，你奶奶也想到了，只是必有个不可办的原故。这会子又是因姑娘住的园子，不好因省钱令人去监管。你们想想这话，若果真交与人弄钱去的，那人自然是一枝花也不许掐，一个果子也不许动了，姑娘们分中自然不敢，天天与小姑娘们就吵不清。他这远愁近虑，不亢不卑。他奶奶便不是和咱们好，听他这一番话，也必要自愧的变好了，不和也变和了。"探春笑道："我早起一肚子气，听他来了，忽然想起他主子来，素日当家使出来的好撒野的人，我见了他便生了气。谁知他来了，避猫鼠儿似的站了半日，怪可怜的。接着又说了那么些话，不说他主子待我好，倒说'不枉姑娘待我们奶奶素日的情意了。'这一句，不但没了气，我倒愧了，又伤起心来。我细想，我一个女孩儿家，自己还闹得没人疼没人顾的，我那里还有好处去待人。"口内说到这里，不免又流下泪来。李纨等见他说的恳切，又想他素日赵姨娘每生诽谤，在王夫人跟前亦为赵姨娘所累，亦都不免流下泪来，都忙劝道："趁今日清净，大家商议两件兴利剔弊的事，也不枉太太委托一场。又提这没要紧的事做什么？"平儿忙道："我已明白了。姑娘竟说谁好，竟一派人就完了。"探春道："虽如此说，也须得回你奶奶一声。我们这里搜剔小遗，已经不当，皆因你奶奶是个明白人，我才这样行，若是糊涂多蛊多妒①的，我也不肯，倒象抓他乖一般。岂可不商议了行。"平儿笑道："既这样，我去告诉一声。"说着去了，半日方回来，笑说："我说是白走一趟，这样好事，奶奶岂有不依的。"

探春听了，便和李纨命人将园中所有婆子的名单要来，大家参度，大概定了几个。又将他们一齐传来，李纨大概告诉与他们。众人听了，无不愿意，也有说："那一片竹子单交给我，一年工夫，明年又是一片。除了家里吃的笋，一年还可交些钱粮。"这一个说："那一片稻地交给我，一年这些顽的大小雀鸟的粮食不必动官中钱粮，我还可以交钱粮。"探春才要说话，人回："大夫来了，进园瞧姑娘。"众婆子只得去接大夫。平儿忙说："单你们，有一百个也不成个体统，难道没有两个管事的头脑带进大夫来？"回事的那人说："有，吴大娘和单大娘他两个在西南角上聚锦门等着呢。"平儿听说，方罢了。

---

① ［多蛊（gǔ）多妒］居心歹毒，多所猜疑和妒忌。蛊，毒虫。

众婆子去后，探春问宝钗如何。宝钗笑答道："幸于始者怠于终，缮其辞者嗜其利。"① 探春听了点头称赞，便向册上指出几人来与他三人看。平儿忙去取笔砚来。他三人说道："这一个老祝妈是个妥当的，况他老头子和他儿子代代都是管打扫竹子，如今竟把这所有的竹子交与他。这一个老田妈本是种庄稼的，稻香村一带凡有菜蔬稻稗之类，虽是顽意儿，不必认真大治大耕，也须得他去，再一按时加些培植，岂不更好？"探春又笑道："可惜，蘅芜苑和怡红院这两处大地方竟没有出利息之物。"李纨忙笑道："蘅芜苑更利害。如今香料铺并大市大庙卖的各处香料香草儿，都不是这些东西？算起来比别的利息更大。怡红院别说别的，单只说春夏天一季玫瑰花，共下多少花？还有一带篱笆上蔷薇、月季、宝相②、金银藤，单这没要紧的草花干了，卖到茶叶铺药铺去，也值几个钱。"探春笑道："原来如此。只是弄香草的没有在行的人。"平儿忙笑道："跟宝姑娘的莺儿他妈就是会弄这个的，上回他还采了些晒干了辫成花篮葫芦给我顽的，姑娘倒忘了不成？"宝钗笑道："我才赞你，你到来捉弄我了。"三人都诧异，都问这是为何。宝钗道："断断使不得！你们这里多少得用的人，一个一个闲着没事办，这会子我又弄个人来，叫那起人连我也看小了。我倒替你们想出一个人来：怡红院有个老叶妈，他就是茗烟的娘。那是个诚实老人家，他又和我们莺儿的娘极好，不如把这事交与叶妈。他有不知的，不必咱们说，他就找莺儿的娘去商议了。那怕叶妈全不管，竟交与那一个，那是他们私情儿，有人说闲话，也就怨不到咱们身上了。如此一行，你们办的又至公，于事又甚妥。"李纨平儿都道："是极。"探春笑道："虽如此，只怕他们见利忘义。"平儿笑道："不相干，前儿莺儿还认了叶妈做干娘，请吃饭吃酒，两家和厚的好的很呢。"探春听了，方罢了。又共同斟酌出几人来，俱是他四人素昔冷眼取中的，用笔圈出。

一时婆子们来回大夫已去，将药方送上去。三人看了，一面遣人送出去取药，监派调服，一面探春与李纨明示诸人：某人管某处，按四季除家中定例用多少外，余者任凭你们采取了去取利，年终算帐。探春笑道："我

---

① ［幸于始者怠于终，缮其辞者嗜其利］意思是开始因侥幸获利而兴头很高的人最终是会懈怠的；嘴上说得好听的人特别爱占便宜。幸，庆幸，这里指因有利可图而感到侥幸。缮，修补、整治。嗜，特殊爱好。

② ［宝相］花名，属蔷薇科。

又想起一件事：若年终算帐归钱时，自然归到帐房，仍是上头又添一层管主，还在他们手心里，又剥一层皮，这如今我们兴出这事来派了你们，已是跨过他们的头去了，心里有气，只说不出来；你们年终去归帐，他们还不捉弄你们等什么？再者，这一年间管什么的，主子有一全分，他们就得半分。这是家里的旧例，人所共知的，别的偷着的在外。如今这园子里是我的新创，竟别入他们手，每年归帐，竟归到里头来才好。"宝钗笑道："依我说，里头也不用归帐。这个多了那个少了，倒多了事。不如问他们谁领这一分的，他就揽一宗事去。不过是园里的人的动用。我替你们算出来了，有限的几宗事：不过是头油、胭粉、香、纸，每一位姑娘几个丫头，都是有定例的；再者，各处笤帚、撮簸①、掸子并大小禽鸟、鹿、兔吃的粮食。不过这几样，都是他们包了去，不用帐房去领钱。你算算，就省下多少来？"平儿笑道："这几宗虽小，一年通共算了，也省的下四百两银子。"宝钗笑道："却又来，一年四百，二年八百两，取租的房子也能看得了几间，薄地也可添几亩。虽然还有敷余的，但他们既辛苦闹一年，也要叫他们剩些，贴补贴补自家。虽是兴利节用为纲，然亦不可太啬。纵再省上二三百银子，失了大体统也不象。所以如此一行，外头帐房里一年少出四五百银子，也不觉得很艰啬了，他们里头却也得些小补。这些没营生的妈妈们也宽裕了，园子里花木，也可以每年滋长蕃盛，你们也得了可使之物。这庶几不失大体。若一味要省时，那里不搜寻出几个钱来。凡有些余利的，一概入了官中，那时里外怨声载道，岂不失了你们这样人家的大体？如今这园里几十个老妈妈们，若只给了这个，那剩的也必抱怨不公。我才说的，他们只供给这个几样，也未免太宽裕了。一年竟除了这个之外，他每人不论有余无余，只叫他拿出若干贯钱来，大家凑齐，单散与园中这些妈妈们。他们虽不料理这些，却日夜也是在园中照看当差之人，关门闭户，起早睡晚，大雨大雪，姑娘们出入，抬轿子，撑船，拉冰床②，一应粗糙活计，都是他们的差使。一年在园里辛苦到头，这园内既有出息，也是分内该沾带些的。还有一句至小的话，越发说破了：你们只管了自己宽裕，不分与他们些，他们虽不敢明怨，心里却都不服，只用假公济私的多摘你们几个果

---

① ［撮簸（cuōbò）］撮垃圾的小簸箕。
② ［冰床］一种在冰上滑行的游戏用具。

子，多掐几枝花儿，你们有冤还没处诉。他们也沾带了些利息，你们有照顾不到，他们就替你照顾了。"

众婆子听了这个议论，又去了账房受辖治，又不与凤姐儿去算帐，一年不过多拿出若干贯钱来，各个欢喜异常，都齐说："愿意。强如出去被他揉搓着，还得拿出钱来呢。"那不得管地的听了每年终又无故得分钱，也都喜欢起来，口内说："他们辛苦收拾，是该剩些钱贴补的。我们怎么好'稳坐吃三注'①的?"宝钗笑道："妈妈们也别推辞了，这原是分内应当的。你们只要日夜辛苦些，别躲懒纵放人吃酒赌钱就是了。不然，我也不该管这事;你们一般听见，姨娘亲口嘱托我三五回，说大奶奶如今又不得闲儿，别的姑娘又小，托我照看照看。我若不依，分明是叫姨娘操心。你们奶奶又多病多痛，家务也忙。我原是个闲人，便是个街坊邻居，也要帮着些，何况是亲姨娘托我。我免不得去小就大，讲不起众人嫌我。倘或我只顾了小分沽名钓誉，那时酒醉赌博生出事来，我怎么见姨娘? 你们那时后悔也迟了，就连你们素日的老脸也都丢了。这些姑娘小姐们，这么一所大花园，都是你们照看，皆因看得你们是三四代的老妈妈，最是循规遵矩的，原该大家齐心，顾些体统。你们反纵放别人任意吃酒赌博，姨娘听见了，教训一场犹可，倘若被那几个管家娘子听见了，他们也不用回姨娘，竟教导你们一番。你们这年老的反受了年小的教训，虽是他们是管家，管的着你们，何如自己存些体统，他们如何得来作践。所以我如今替你们想出这个额外的进益来，也为大家齐心把这园里周全的谨谨慎慎，使那些有权执事的看见这般严肃谨慎，且不用他们操心，他们心里岂不敬伏。也不枉替你们筹画进益，既能夺他们之权，生你们之利，岂不能行无为之治，分他们之忧。你们去细想想这话。"家人都欢声鼎沸说："姑娘说的很是。从此姑娘奶奶只管放心，姑娘奶奶这样疼顾我们，我们再要不体上情，天地也不容了。"

 **练 习**

一、词语填空。

---

① ［稳坐吃三注］不费气力而稳得多方钱财的意思。注，赌注，用来赌博的财物。三注，指押在上门、下门和天门三个位置上的赌注。

利欲（　）心　　　断章（　）（　）　　（　）（　）天物

（　）名（　）誉　　兴利（　）弊　　滋长（　）（　）

（　）（　）载道　　假（　）济（　）　　欢声（　）（　）

（　）规（　）矩　　见（　）忘（　）　　多（　）多（　）

（　）愁（　）虑　　不（　）不（　）　　专（　）其职

二、阅读课文回答探春理家主要做了哪几件大事？试着阐述这场改革的意义和局限所在。

三、品味课文个性化的人物语言，分析下列句子分别是什么人说的，表现人物什么性格。

1.“这又同才刚学里的八两一样，重重叠叠，事虽小，钱有限，看起来也不妥当。你奶奶怎么就没想到这个？”

2.“学问中便是正事。此刻于小事上用学问一提，那小事越发作高一层了。不拿学问提着，便都流入市俗去了。”

3.“好主意。这果一行，太太必喜欢。”

4.“这件事须得姑娘说出来。我们奶奶虽有此心，也未必好出口。”

四、课外阅读《红楼梦》中描写探春的第五十五回、七十四回，概括探春的性格。

38　《礼经》七则①

阅读提示

　　知书达礼是古代读书人的追求目标，俗话说读书可以明理，学礼可以修身。古人说的"修身"，含有修饰、雕琢自身品质的意思，可以说非常的确切。荀子在《强国》篇里说，如果把铸剑的模具做得特别的规正，铜和锡的质量良好，工匠的冶炼技术非常高妙，火候也掌握得十分适宜，这样就可以做出像"莫邪"那样的名剑。但是，如果不刮去它表面的残渣，不砥砺它的锋刃，那么这把剑就会连绳子也割不断。只要刮去生涩，磨砺好锋刃剥脱之，那么不管是用来劈盘割盂，还是宰牛杀马，都是轻而易举的事。对于一个国家的人来说，如果"不教诲，不调一，则入不可以守，出不可以战"，就没有战斗力。所以说，"彼国者亦有砥厉，礼义节奏是也"，礼义节奏的教育，就好比是对宝剑的砥砺，材质再好的人，也是不可以缺少的。

　　《曲礼》曰：毋不敬②，俨③若思，安定辞。安民哉！

　　敖④不可长，欲不可从，志不可满，乐不可极！

　　贤者狎⑤而敬之，畏而爱之。爱而知其恶⑥，憎而知其善。

　　临财毋苟得⑦，临难毋苟免⑧，很毋求胜⑨，分毋求多。疑事毋质⑩，

---

① 选自《礼经·曲礼上》
② ［敬］谨慎，恭敬。
③ ［俨］庄重，持重。
④ ［敖］傲慢。
⑤ ［狎（xiá）］亲近。
⑥ ［恶］不良行为。这里指不足，短处。
⑦ ［临财毋苟得］遇到财物之事不要不该得而得。临，遇到。苟得，不应得而得。
⑧ ［临难（nàn）毋苟免］难，危难。苟免，不应逃避而逃避。
⑨ ［很毋求胜］遇到意见相反的人不要要求超过他。很，相反，违逆。胜，超过。
⑩ ［质］责问，质问。

直①而勿有。

礼，不妄说②人，不辞费③。礼，不逾节④，不侵侮，不好狎。修身践言，谓之善行。修行言道，礼之质也。

太上贵⑤德，其次务⑥施报。礼尚⑦往来，往而不来，非礼也；来而不往，亦非礼也。

人生十年曰幼，学；二十曰弱，冠⑧；三十曰壮，有室；四十曰强，而仕；五十曰艾，服官政；六十曰耆⑨，指使；七十曰老，而传；八十九十曰耄；七年曰悼。悼与耄⑩，虽有罪，不加刑焉。百年曰期，颐⑪。

 练习

一、翻译下列加点字。

1. 俨若思

2. 贤者狎而敬之

3. 临难毋苟免

4. 礼，不妄说人

5. 礼尚往来

6. 百年曰期，颐

二、根据课文写出人生各个年龄段的称谓，比较孔子的说法填上相应的年份。

七年（ ）　十年（ ）　二十（ ）　三十（ ）　四十（ ）

五十（ ）　六十（ ）　七十（ ）　八十九十（ ）　百年（ ）

---

① ［直］这里指"无疑"。
② ［说］同"悦"，取悦于人。
③ ［费］无用的言辞。
④ ［逾节］逾，越过。节，节度。
⑤ ［贵］重视，崇尚。
⑥ ［务］致力，追求。
⑦ ［尚］崇尚，尊重。
⑧ ［冠（guàn）］行加冠之礼。
⑨ ［耆（qí）］六十岁以上的。
⑩ ［耄（mào）］八九十岁的；泛指年老。
⑪ ［颐］供养。

（　）而立　　（　）不惑　　（　）知天命　　（　）耳顺　　（　）不逾矩

三、将下列句子翻译成现代汉语。

1. 毋不敬，俨若思，安定辞。安民哉！

2. 敖不可长，欲不可从，志不可满，乐不可极！

3. 贤者狎而敬之，畏而爱之。爱而知其恶，憎而知其善。

4. 临财毋苟得，临难毋苟免，很毋求胜，分毋求多。

5. 修身践言，谓之善行。修行言道，礼之质也。

6. 礼尚往来，往而不来，非礼也；来而不往，亦非礼也。

四、阅读下面短文回答问题。

毋抟饭，毋放饭，毋流歠，毋咤食，毋啮骨，毋反鱼肉，毋投与狗骨，毋固获，毋扬饭，饭黍毋以箸，毋嚃羹，毋絮羹，毋刺齿，毋歠醢。客絮羹，主人辞不能亨；客歠醢，主人辞以窭。濡肉齿决，干肉不齿决，毋嘬炙。

【注释】

抟（tuán），用手团物。

歠（chuò），饮、喝。咤，发出声音。固获，专门就吃一种食物。

嚃（tā），不细嚼而吞咽。

絮（chù），调和食物。亨，通“烹”。

窭（jù），贫而简陋。

濡（rú），柔软。

嘬（chuài），吞食。

1. 请问这段话表述了关于什么方面的礼节？

2. 试着将短文翻译成现代汉语。

39　守望的天使[1]

三　毛[2]

阅读提示

　　父母对子女的爱是人世间最纯洁、最无私的情感，他们就像天使守护着自己的孩子，不求回报，终其一生。而很多孩子在孩童时代却无法体会这种情感的珍贵，有时甚至觉得这是他们与生俱来的权利，一直到有一天，当天使在人间消失，当孩子也变成守望的天使，他们才深深地感受到这种感情的崇高与伟大。三毛的《守望的天使》用简单对话的形式，质朴直白的语言将主题阐述得清楚明了。当汤米向家中跑去，那渐行渐去的背影留给我们的是似曾相识的体验与无止境的感伤。课文告诉我们当我们前行时请不要忘记回望，拥抱那永远关注你的目光。

　　耶诞节前几日，邻居的孩子拿了一个硬纸做成的天使来送我。

　　"这是假的，世界上没有天使，只好用纸做。"汤米把手臂扳住我的短木门，在花园外跟我谈话。

　　"其实，天使这种东西是有的，我就有两个。"我对孩子眨眨眼睛认真地说。

　　"在哪里？"汤米疑惑好奇的仰起头来问我。

　　"现在是看不见了，如果你早认识我几年，我还跟他们住在一起呢!"我拉拉孩子的头发。

　　"在哪里？他们现在在哪里？"汤米热烈的追问着。

　　"在那边，那颗星的下面住着他们。"

　　"真的，你没骗我？"

---

①　选自《稻草人手记》。

②　三毛（1943～1991），原名陈平，主要作品有《撒哈拉的故事》、《梦里花落知多少》、《万水千山走遍》，剧本《滚滚红尘》。

"真的。"

"如果是天使，你怎么会离开他们呢？我看还是骗人的。"

"那时候我不知道，不明白，不觉得这两个天使在守护着我，连夜间也不合眼的守护着呢！"

"哪有跟天使在一起过日子还不知不觉的人？"

"太多了，大部分都像我一样的不晓得哪！"

"都是小孩子吗？天使为什么要守着小孩呢？"

"因为上帝分小孩子给天使们之前，先悄悄的把天使的心装到孩子身上去了，孩子还没分到，天使们一听到他们孩子心跳的声音，都感动得哭了起来。"

"天使是悲伤的吗？你说他们哭着？"

"他们常常流泪的，因为太爱他们守护着的孩子，所以往往流了一生的眼泪，流着泪还不能擦啊，因为翅膀要护着孩子。即使是一秒钟也舍不得放下来找手帕，怕孩子吹了风淋了雨要生病。"

"你胡说的，哪有那么笨的天使。"汤米听得笑了起来，很开心地把自己挂在木栅上晃来晃去。

"有一天，被守护着的孩子总算长大了，孩子对天使说——要走了。又对天使们说——请你们不要跟着来，这是很讨人嫌的。"

"天使怎么说？"汤米问着。

"天使吗？彼此对望了一眼，什么都不说，他们把身边最好最珍贵的东西都给了要走的孩子，这孩子把包袱一背，头也不回地走了。"

"天使关上门哭着，是吧？"

"天使们哪里来得及哭，他们连忙飞到高一点的地方去看孩子，孩子越走越快，越走越远，天使们都老了，还是挣扎着拼命向上飞，想再看孩子最后一眼。孩子变成了一个小黑点，渐渐的小黑点也看不到了，这时候，两个天使才慢慢的飞回家去，关上门，熄了灯，在黑暗中静静地流下泪来。"

"小孩到哪里去了？"汤米问。

"去哪里都不要紧，可怜的是两个老天使，他们失去了孩子，也失去了心，翅膀下没有了要他们庇护的东西，终于可以休息休息了。可是撑了那么久的翅膀，已经僵了，硬了，再也放不下来了。"

"走掉的孩子呢？难道真不想念守护他的天使吗？"

"啊！刮风、下雨的时候，他自然会想到有翅膀的好处，也会想念得哭一阵呢！"

"你是说，那个孩子只想念翅膀的好处，并不真想念那两个天使本身啊？"

为着汤米的这句问话，我呆住了好久好久，捏着他做的纸天使，望着黄昏的海面说不出话来。

"后来也会真想天使的。"我慢慢地说。

"什么时候？"

"当孩子知道，他永远回不去了的那一天开始，他会日日夜夜的想念着老天使们了啊！"

"为什么回不去了？"

"因为离家的孩子，突然在一个早晨醒来，发现自己也长了翅膀，自己也正在变成天使了。"

"有了翅膀还不好，可以飞回去了！"

"这种守望的天使是不会飞的，他们的翅膀是用来遮风蔽雨的，不会飞了。"

"翅膀下面是什么？新天使的工作是不是不一样啊？"

"一样的，翅膀下面是一个小房子，是家，是新来的小孩。是爱，也是眼泪。"

"做这种天使很苦！"汤米严肃的下了结论。

"是很苦，可是他们以为这是最最幸福的工作。"

汤米动也不动的盯住我，又问："你说，你真的有两个这样的天使？"

"真的。"我对他肯定地点点头。

"你为什么不去跟他们在一起？"

"我以前说过，这种天使们，要回不去了，一个人的眼睛才亮了，发觉原来他们是天使，以前是不知道的啊！"

"不懂你在说什么！"汤米耸耸肩。

"你有一天大了就会懂，现在不可能让你知道的。有一天，你爸爸，妈妈——"

汤米突然打断了我的话，他大声地说："我爸爸白天在银行上班，晚上在学校教书，从来不在家，不跟我们玩；我妈妈一天到晚在洗衣煮饭扫地，又总是在骂我们这些小孩，我的爸爸妈妈一点意思也没有。"

说到这儿，汤米的母亲站在远远的家门。高呼着："汤米，回来吃晚饭，你在哪里？"

"你看，噜不噜苏，一天到晚找我吃饭，吃饭，讨厌透了。"

汤米从木栅门上跳下来，对我点点头，往家的方向跑去，嘴里说着："如果我也有你所说的那两个天使就好了，我是不会有这种好运气的。"

汤米，你现在不知道，你将来知道的时候，已经太晚了。

 练 习

一、理解下列句子。

1. 因为上帝分小孩子给天使们之前，先悄悄的把天使的心装到孩子身上去了，孩子还没分到，天使们一听到他们孩子心跳的声音，都感动得哭了起来。

2. 他们常常流泪的，因为太爱他们守护着的孩子，所以往往流了一生的眼泪，流着泪还不能擦啊，因为翅膀要护着孩子。即使是一秒钟也舍不得放下来找手帕，怕孩子吹了风淋了雨要生病。

3. 孩子对天使说——要走了。又对天使们说——请你们不要跟着来，这是很讨人嫌的。

4. 天使们哪里来得及哭，他们连忙飞到高一点的地方去看孩子，孩子越走越快，越走越远，天使们都老了，还是挣扎着拼命向上飞，想再看孩子最后一眼。孩子变成了一个小黑点，渐渐的小黑点也看不到了，这时候，两个天使才慢慢的飞回家去，关上门，熄了灯，在黑暗中静静地流下泪来。

5. 你是说，那个孩子只想念翅膀的好处，并不真想念那两个天使本身啊？

6. 是很苦，可是他们以为这是最最幸福的工作。

二、阅读课文思考为什么"我"一直到最后也没有直接告诉汤米"守望的天使"是谁？

三、请用一段话描述你的父母或令人最感动的故事。

40　心　与　手[①]

欧·亨利

阅读提示

　　警察与罪犯历来是水火不容的对立，一个代表着正义，一个意味着邪恶。但课文把原先用冰冷的手铐连接在一起的两种对立关系用人性的光环、以人为本的理念和善意的谎言融合在一起，重新诠释，构建一种和谐的人际关系。小说中的人物生动鲜明，脸色阴沉但性格善良的警长，年轻英俊却误入歧途的埃斯顿先生，性格反差巨大，体现了作家幽默风趣的创作风格，而出人意料之外的戏剧性的结尾也是欧·亨利小说中的经典设计，结尾用旁人的议论揭示了事实的真相，使主题更加鲜明。

　　在丹佛车站，一帮旅客拥进开往东部方向的 b&m 公司的快车车厢。在一节车厢里坐着一位衣着华丽的年轻女子，身边摆满有经验的旅行者才会携带的豪华物品。在新上车的旅客中走来了两个人。一位年轻英俊，神态举止显得果敢而又坦率；另一位则脸色阴沉，行动拖沓。他们被手铐铐在一起。

　　两个人穿过车厢过道，一张背向的位子是唯一空着的，而且正对着那位迷人的女人。他们就在这张空位子上坐了下来。年轻的女子看到他们，脸上即刻浮现出妩媚的笑颜，圆润的双颊也有些发红。接着只见她伸出那戴着灰色手套的手与来客握手。她开口说话的声音听上去甜美而又舒缓，让人感到她是一位爱好交谈的人。

　　她说道："噢，埃斯顿先生，怎么，他乡异地，连老朋友也不认识了？"

　　年轻英俊的那位听到她的声音，立刻强烈地一怔，显得局促不安起来，

---

　　① 选自《欧亨利短篇小说集》，欧·亨利（1862～1910），原名威廉·西德尼·波特（William Sydney Porter），美国著名批判现实主义作家，世界短篇小说大师之一，曾被评论界誉为"美国现代短篇小说之父"。

然后他用左手握住了她的手。

"费尔吉德小姐，"他笑着说，"我请求您原谅我不能用另一只手来握手，因为它现在正派用场呢。"

他微微地提起右手，只见一副闪亮的"手镯"正把他的右手腕和同伴的左手腕扣在一起。年轻姑娘眼中的兴奋神情渐渐地变成一种惶惑的恐惧，脸颊上的红色也消退了。她不解地张开双唇，力图缓解难过的心情。埃斯顿微微一笑，好像是这位小姐的样子使他发笑一样。他刚要开口解释，他的同伴抢先说话了。这位脸色阴沉的人一直用他那锐利机敏的眼睛偷偷地察看着姑娘的表情。

"请允许我说话，小姐。我看得出您和这位警长一定很熟悉，如果您让他在判罪的时候替我说几句好话，那我的处境一定会好多了。他正送我去内森维茨监狱，我将因伪造罪在那儿被判处 7 年徒刑。"

"噢，"姑娘舒了口气，脸色恢复了自然，"那么这就是你现在做的差事，当个警长。"

"亲爱的费尔吉德小姐，"埃斯顿平静地说道，"我不得不找个差事来做。钱总是生翅而飞的。你也清楚在华盛顿是要有钱才能和别人一样地生活。我发现西部有个赚钱的好去处，所以——，当然警长的地位自然比不上大使，但是——"

"大使，"姑娘兴奋地说道，"你可别再提大使了，大使可不需要做这种事情，这点你应该是知道的。你现在既然成了一名勇敢的西部英雄，骑马，打枪，经历各种危险，那么生活也一定和在华盛顿时大不一样。你可再也不和老朋友们一道了。"

姑娘的眼光再次被吸引到了那副亮闪闪的手铐上，她睁大了眼睛。

"请别在意，小姐，"另外那位来客又说道，"为了不让犯人逃跑，所有的警长都把自己和犯人铐在一起，埃斯顿先生是懂得这一点的。"

"要过多久我们才能在华盛顿见面？"姑娘问。

"我想不会是马上，"埃斯顿回答，"我想恐怕我是不会有轻松自在的日子过了。"

"我喜爱西部，"姑娘不在意地说着，眼光温柔地闪动着。看着车窗外，她坦率自然，毫不掩饰地告诉他说："妈妈和我在西部度过了整个夏天，因为父亲生病，她一星期前回去了。我在西部过得很愉快，我想这儿的空气适合于我。金钱可代表不了一切，但人们常在这点上出差错，并执迷不悟地——"

"我说警长先生，"脸色阴沉的那位粗声地说道，"这太不公平了，我需要喝点酒，我一天没抽烟了。你们谈够了吗？现在带我去抽烟室好吗？我真想过过瘾。"

这两位系在一起的旅行者站起身来，埃斯顿脸上依旧挂着迟钝的微笑。

"我可不能拒绝一个抽烟的请求，"他轻声说，"这是一位不走运的朋友。再见，费尔吉德小姐，工作需要，你能理解。"他伸手来握别。

"你现在去不了东部太遗憾了。"她一面说着，一面重新整理好衣裳，恢复起仪态，"但我想你一定会继续旅行到内森维茨的。"

"是的，"埃斯顿回答，"我要去内森维茨。"

两位来客小心翼翼地穿过车厢过道进入吸烟室。

另外两个坐在一旁的旅客几乎听到他们的全部谈话，其中一个说道："那个警长真是条好汉，很多西部人都这样棒。"

"如此年轻的小伙子就担任一个这么大的职务，是吗?"另一个问道。

"年轻!"第一个人大叫道，"为什么——噢！你真地看准了吗？我是说——你见过把犯人铐在自己右手上的警官吗?"

 练 习

一、阅读课文，思考为什么警长要为埃斯顿先生作掩护，这样有可能会对他的一生产生什么样的影响？

二、课外阅读欧·亨利的作品。

41　容忍与自由①

胡　适②

阅读提示

　　"生命诚可贵，爱情价更高，若为自由故，二者皆可抛"，每个人都向往自由、追求自由。但胡适先生却终其一生的经验体会得出"没有容忍，就没有自由"这样精辟深刻的论断。世间人对彼此之间的种种差异都绝不能容忍，常常要强迫别人完全认同或顺从自己的一切思想言行或主张。而这样的威权终究不能长久，特别在思想领域、学术领域更应该同中求异、同异同存，通过平等善意的沟通、交流与讨论，互相弥补，取长补短，才能逐渐靠近真理的顶峰。如果用简单的非黑即白，非此即彼的绝对观来处理面对问题，否定他人，社会便不会在和平与发展中获得更大的进步。有容乃大、海纳百川，才能百花齐放，谋求人类的共同发展。课文从作者自身经历，以及宗教发展史，思想发展史和政治发展史等方面引用大量材料来证明容忍比自由重要，人应该戒律自己。

　　十七八年前，我最后一次会见了母校康耐尔大学的史学大师布尔先生（George Lincoln Burr）。我们谈到英国史学大师阿克顿（Lord Acton）一生准备要著作一部"自由之史"，没有完成他就死了。布尔先生那天谈话很多，有一句话我至今没有忘记。他说，"我年纪越大，越感觉到容忍（tolerance）比自由更重要"。

　　布尔先生死了十多年了，他这句话我越想越觉得是一句不可磨灭的格言。我自己也有"年纪越大，越觉得容忍比自由还更重要"的感想。有时我竟觉得容忍是一切自由的根本；没有容忍，就没有自由。

---

　　①　本篇原刊于台湾省出版的《自由中国》1959年3月14日第26卷第6期。选入《中国新文学大系》（1949～1976）《杂文卷》，1997年11月第1版，上海文艺出版社。

　　②　[胡适（1891～1962）] 原名胡洪骍，字适之，安徽绩溪人。白话文和五四文化的倡导者。现代文、史、哲著名学者，思想家，教育家。

我十七岁的时候（1908）曾在《竞业旬报》上发表几条"无鬼丛话"，其中有一条是痛骂小说《西游记》和《封神榜》的，我说：

《王制》① 有之："假于鬼神时日卜筮以疑众②，杀。"吾独怪夫数千年来之掌治权者，之以济世明道自期者③，乃懵然④不之注意，惑世诬民之学说得以大行，遂举我神州民族投诸极黑暗之世界！……

这是一个小孩子很不容忍的"卫道"态度⑤。我那时候已是一个无鬼论者，所以发出那样摧除迷信的狂论，要实行《王制》的"假于鬼神时日卜筮以疑众，杀"的一条经典！

我在那时候当然没有梦想到说这话的小孩子在十五年后（1923）会很热心的给《西游记》作两万字的考证！我在那时候当然更没有想到那个小孩子在二三十年后还时时留心搜求可以考证《封神榜》的作者的材料！我在那时候也完全没有想想《王制》那句话的历史意义。那一段《王制》的全文是这样的：

析言破律，乱名改作，执左道以乱政⑥，杀。作淫声异服奇技奇器以疑众⑦，杀。行伪而坚，言伪而辩，学非而博，顺非而泽以疑众⑧，杀。假于鬼神时日卜筮以疑众，杀。此四诛者，不以听⑨。

我在五十年前，完全没有懂得这一段说的"诛"正是中国专制体制下禁止新思想、新学术、新信仰、新艺术的经典的根据。我在那时候抱着

---

① ［《王制》］儒家经典《礼记》中的一篇。

② ［假于鬼神时日卜筮（shì）以疑众］意思是假借鬼神的名义，经常用蓍（shi）草占卜的迷信举动来摇惑群众。

③ ［以济世明道自期者］意思是期望自己能够裨补时艰，阐明道理的人，即以关怀世事通明道理而自我期许的人。

④ ［懵（měng）然］糊涂，不明事理。

⑤ ［卫道］保卫自己所信其实未必都对的道理。贬义。

⑥ ［析言破律，乱名改作，执左道以乱政］意思是这种剖析言辞，破坏法律，实际是在舞文弄法；变乱名物，擅改制度，诸如此类，都是持其不合正道的思想来搞乱政治。左道，旁门左道的思想道路。

⑦ ［作淫声异服奇技奇器以疑众］意思是倡导放荡的音乐、奇异的服装和怪诞的技法与器物借以摇惑群众。因此都不合"先王之道"。

⑧ ［行伪而坚，言伪而辩，学非而博，顺非而泽以疑众］意思是行为虚伪却坚持不改，言论虚伪却能说会道，学识不正却大肆夸口，顺从错误却文过饰非，如此摇惑群众。

⑨ ［此四诛者，不以听］意思是对凡犯了这四种该杀之罪的人，应该决然杀掉，不必再审问，听取什么意见。

"破除迷信"的热心，所以拥护那"四诛"之中的第四诛，"假于鬼神时日卜筮以疑众，杀。"我当时完全没有想到第四诛的"假于鬼神……以疑众"和第一诛的"执左道以乱政"的两条罪名都可以用来摧残宗教信仰的自由。我当时也完全没有注意到郑玄注里用了公输般作"奇技异器"的例子①，更没有注意到孔颖达《正义》里举了"孔子为鲁司寇七日而诛少正卯"② 的例子来解释"行伪而坚，言伪而辩，学非而博，顺非而泽以疑众，杀"。故第二诛可以用来禁绝艺术创作的自由，也可以用来"杀"许多发明"奇技异器"的科学家。故第三诛可以用来摧残思想的自由，言论的自由，著作出版的自由。

我在五十年前引用《王制》第四诛，要"杀"《西游记》《封神榜》的作者。那时候我当然没有梦想到十年之后我在北京大学教书时就有一些同样"卫道"的正人君子也想引用《王制》的第三诛，要"杀"我和我的朋友，当年我要"杀"人，后来人要"杀"我；动机是一样的：都是因为动了一点正义的火气，就都失掉容忍的度量了。

我自己叙述五十年前主张"假于鬼神时日卜筮以疑众，杀"的故事，为的是要说明我年纪越大，越觉得"容忍"比"自由"还更重要。

我到今天还是一个无神论者，我不信有一个有意志的神，我也不信灵魂不朽的说法。

我自己总觉得，这个国家，这个社会，这个世界，绝大多数人是信神的，居然能有这雅量，能容忍我的无神论，能容忍我这个不信神不信灵魂不灭的人，能容忍我在国内和国外自由发表我的无神论的思想，从没有人因此用石头掷我，把我关在监狱里，或把我捆在柴堆上用火烧死。我在这个世界里居然享受了四十多年的容忍与自由。我觉得这个国家，这个社会，这个世界对我的容忍态度是可爱的，是可以感激的。

所以我自己总觉得我应该用容忍的态度来报答社会对我的容忍。所以

---

① ［郑玄注里用了公输般作"奇技异器"的例子］汉代郑玄有《礼记注》一书，书里用了公输般的例子作解释。公输般，春秋时期鲁国人，通称为鲁班，古代建筑大师，被后代奉为木工的祖师，传说创造过许多非常奇巧的木制工具。

② ［孔子为鲁司寇七日而诛少正卯］《荀子·宥坐》记载，传说孔子在鲁国摄政，朝七日而杀少正卯，因少正卯犯有上述《王制》里的四诛等罪恶，不可杀。清代学者考证，多否定其事，认为记录孔子言行的古代典籍中均未记载，胡适似乎当时尚以为有此事，其主要意思是以"四诛"为理由杀人是极端错误的。

我自己不信神，但我能诚心的谅解一切信神的人，也能诚心的容忍并且敬重一切信仰有神的宗教。

我要用容忍的态度来报答社会对我的容忍，因为我年纪越大，我越觉得容忍的重要意义。若社会没有这点容忍的气度，我决不能享受四十多年的大胆怀疑的自由，公开主张无神论的自由了。

在宗教自由史上，在思想自由史上，在政治自由史上，我们都可以看见容忍的态度是最难得、最稀有的态度。人类的习惯是喜同而恶异的，总不喜欢和自己不同的信仰、思想、行为。这就是不容忍的根源。不容忍只是不能容忍和我自己不同的新思想和新信仰。一个宗教团体总相信自己的宗教信仰是对的，是不会错的，所以它总相信那些和自己不同的宗教信仰必定是错的，必定是异端、邪教。一个政治团体总相信自己的政治主张是对的，是不会错的，所以它总相信那些和自己不同的政治见解必定是错的，必定是敌人。

一切对异端的迫害，一切对"异己"的摧残，一切宗教自由的禁止，一切思想言论的被压迫，都由于这一点深信自己是不会错的心理。因为深信自己是不会错的，所以不能容忍任何和自己不同的思想信仰了。

试看欧洲的宗教革新运动的历史①。马丁·路德（Martin Luther）和约翰·高尔文（John Calvin）② 等人起来革新宗教，本来是因为他们不满意于罗马旧教的种种不容忍，种种不自由。但是新教在中欧、北欧胜利之后，新教的领袖们又都渐渐走上了不容忍的路上去，也不容许别人起来批评他们的新教条了。高尔文在日内瓦掌握了宗教大权，居然会把一个敢独立思想、敢批评高尔文的教条的学者塞维图斯（Servetus）定了"异端邪说"的罪名，把他用铁链锁在木桩上，堆起柴来，慢慢的活烧死。这是 1553 年 10 月 23 日的事。

---

① ［欧洲的宗教革新运动］16 世纪欧洲新兴的资产阶级在宗教改革的旗帜下对以教皇为首的天主教会发动的一次大规模、反封建的社会政治运动。

② ［马丁·路德和约翰·高尔文］1517 年，德国宗教改革家马丁·路德（1483～1546）发表《95 条论纲》，反对教皇对各国教会的控制，要求建立适合君主专制的新教会和教义，深得市民上层和一部分德国诸侯的支持。法国人高尔文（1509～1564）受马丁·路德的影响，1533 年改信新教，1541 年后长期定居日内瓦，建立新教教会，废除主教制，代之以长老制，在日内瓦建成政教合一的神权体制，成为一个宗教独裁者，主张与信条适合资产阶级激进派的要求。后曾以异端罪名处死西班牙科学家塞维图斯（1511～1553）等多人。高尔文或译为加尔文，塞维图斯或译为塞尔维特。

这个殉道者①塞维图斯的惨史，最值得人们的追念和反省。宗教革新运动原来的目标是要争取"基督教的人的自由"和"良心的自由"。何以高尔文和他的信徒们居然会把一位独立思想的新教徒用慢慢的火烧死呢？何以高尔文的门徒（后来继任高尔文为日内瓦的宗教独裁者）柏时（Beze）竟会宣言"良心的自由是魔鬼的教条"呢？

基本的原因还是那一点深信我自己是"不会错的"的心理。像高尔文那样虔诚的宗教改革家，他自己深信他的良心确是代表上帝的命令，他的口和他的笔确是代表上帝的意志，那么他的意见还会错吗？他还有错误的可能吗？在塞维图斯被烧死之后，高尔文曾受到不少人的批评，1554年，高尔文发表一篇文字为他自己辩护，他毫不迟疑地说："严厉惩治邪说者的权威是无可疑的，因为这就是上帝自己的说话。……这工作是为上帝的光荣的战斗。"

上帝自己的说话，还会错吗？为上帝的光荣作战，还会错吗？这一点"我不会错"的心理，就是一切不容忍的根苗。深信我自己的信念没有错误的可能（infallible），我的意见就是"正义"，反对我的人当然都是"邪说"了。我的意见代表上帝的意旨，反对我的人的意见当然都是"魔鬼的教条"了。

这是宗教自由史给我们的教训：容忍是一切自由的根本；没有容忍"异己"的雅量，就不会承认"异己"的宗教信仰可以享受自由。但因为不容忍的态度是基于"我们的信念不会错"的心理习惯，所以容忍"异己"是最难得，最不容易养成的雅量。

在政治思想上，在社会问题的讨论上，我们同样的感觉到不容忍是常见的，而容忍总是很稀有的。我试举一个死了的老朋友的故事作例子。四十多年前，我们在《新青年》杂志上开始提倡白话文学的运动，我曾从美国寄信给陈独秀②，我说：

---

① ［殉道者］不惜为维护自己所崇信的道理而牺牲自己生命的人。

② ［陈独秀（1879～1942）］字仲甫，安徽怀宁人。早年留学日本。1915年起主编《新青年》杂志，1917年任北京大学文科学长，积极提倡民主与科学、文学革命，反对封建主义，是五四新文化运动的代表人物之一。五四运动后他接受和宣传马克思主义，1920年发起组织中国共产党。1921年被选为中央局书记、总书记。大革命后期，被党内认为犯了右倾投降主义，1929年终被开除出党。1932年被国民党政府逮捕，1937年6月出狱，1942年在四川江津逝世。

此事之是非，非一朝一夕所能定，亦非一二人所能定。甚愿国中人士能平心静气与吾辈同力研究此问题。讨论既熟，是非自明。各辈已张革命之旗，虽不容退缩，然亦决不敢以吾辈所主张为必是而不容他人之匡正也。

独秀在《新青年》上答我道：

鄙意容纳异议，自由讨论，固为学术发达之原则，独于改良中国文学当以白话为正宗之说，其是非甚明，必不容反对者有讨论之余地；必以吾辈所主张者为绝对之是，而不容他人之匡正也。

我当时就觉得这是很武断的态度。现在四十多年之后，我还忘不了独秀这一句话，我还觉得这种"必以吾辈所主张者为绝对之是"的态度是很不容忍的态度，是最容易引起别人的恶感，是最容易引起反对的。

我曾说过，我应该用容忍的态度来报答社会对我的容忍。现在常常想，我们还得戒律①自己：我们若想别人容忍谅解我们的见解，我们必须先养成能够容忍谅解别人的见解的度量。至少我们应该戒约自己决不可"以吾辈所主张者为绝对之是"。我们受过实验主义的训练的人，本来就不承认有"绝对之是"，更不可以"以吾辈所主张者为绝对之是"。

 练 习

一、请对课文中陈独秀认为自己是"正宗"，"其是非甚明，必不容反对者有讨论之余地，必以吾辈所主张者为绝对之是，而不容他人之匡正也。"的观点谈谈自己的看法。

二、联系自身实际，试简要阐述容忍与自由的辩证关系。

---

① 〔戒律〕意思是应该严肃地警戒自己不要再违犯。

42　麦当劳中的中国文化表达

翁乃群

阅读提示

　　本文是一篇文化随笔。改革开放以后进入中国市场的美国麦当劳连锁快餐店以迅雷不及掩耳的速度在中华大地上迅速蔓延。自1990年麦当劳公司在深圳开设了中国第一家餐厅以来，目前国内的麦当劳餐厅已经有700多家。麦当劳之所以能快速地在中国市场上站稳脚跟，发展迅速，和公司能将麦当劳的美国快餐文化理念与中国特色的本土文化相融合分不开，它为我们展现了两种不同文化之间的冲撞与融合，带来了人类文化的繁荣与发展。

　　在美国，以快捷、价廉取胜，并被大众所广泛接受的麦当劳，虽然在北京也受到了热烈的欢迎，但其中被赋予的意义与其美国祖源地却有很大的不同。在北京，麦当劳的"快捷"慢了下来。光顾北京麦当劳的中国顾客平均就餐的时间远远长于在美国麦当劳顾客平均就餐的时间。作为美国便捷快餐店象征的麦当劳，在其北京的许多顾客眼里是悠闲消遣的好场所。麦当劳店堂里宜人的温控环境和悦耳的轻音乐，使不少中国顾客把麦当劳作为闲聊、会友、亲朋团聚、举行个人或家庭庆典仪式甚至某些学者读书写作的好地方。被美国大众视为价廉的麦当劳餐食，在北京则成为正在形成的中产阶级群体常常可以就餐的地方，而对收入不高的大多数中国人来说只是偶尔可以光顾的地方。对北京和中国老百姓来说，麦当劳作为美国文化的符号意义比它作为快餐符号意义更为重要。

　　对于讲究面子的中国人来说，在麦当劳就餐与在中式餐馆就餐的感受是很不同的。在麦当劳，菜单品种有限且品种之间价格差别不大，从而使就餐者消费差异不大，餐厅服务员提供的服务也无大差别。低收入者的偶尔光顾，不会因此露穷；而高收入者的经常涉足，也难于因此显富。与麦当劳不同，在中式餐馆菜单品种繁多且品种价格差别巨大，加上餐厅设有雅座或单间，受到的服务有很大差异，使就餐者消费反差显露无余。正是通过上述不同感受的比较，一些顾客体会到麦当劳餐厅里平等、民主的氛围。

不少中国顾客指出，麦当劳的就餐环境和优良服务是吸引他们来就餐的重要原因。在一些中国年轻人看来，麦当劳的就餐环境既浪漫又舒服。很多顾客把在麦当劳吃东西看成是很有意义的一种饮食和文化经验。对那些有着高收入并希望多接触外边世界的年轻中国人来说，光顾麦当劳成为他们新生活方式的一部分，同时也是他们参与跨国文化体系的一个途径。对于儿童来说，到麦当劳吃东西是最高兴，且值得向伙伴们炫耀的事情。它也是少年儿童与朋友一起庆祝自己生日的好地方。

麦当劳不仅把中国人带进一种新的餐饮方式，还使他们接受一种新的行为举止。包括一些衣着入时的年轻人在内的一些常客，通过观察外国顾客在就餐后将自己餐桌上的垃圾倒入垃圾箱的举止，模仿了他们的行为，并因此感到自己比其他同胞顾客更为"文明"。在麦当劳餐厅里，顾客的行为举止比在同等或更高档次的中国式餐厅的顾客行为更加自律。通常他们说话的声调更低，对待他人更有礼貌。这些行为举止表明，他们在接受麦当劳快餐的同时，也逐步接受伴随而来的外国餐桌行为文化。

当美国消费者对麦当劳餐食的营养价值及其汉堡包中脂肪含量表示疑虑之时，北京的老百姓则正在接受麦当劳餐食是富有营养和健康的媒体报道和经营管理者的宣传。他们相信麦当劳餐食是根据人们日常所需的主要营养成分进行科学的配料设计，并按照科学的烹饪方法制作出来的，是具有"现代性"象征的食品。而麦当劳所宣扬的企业哲学，即质量、服务、洁净和价格，则又是中国政府倡导的企业现代化努力方向的典范之一。

麦当劳在北京的经营管理者虽然在饮食品种、服务和管理上仍保持其美国式，但为了扩大营销，他们力促适应中国文化环境。他们努力在中国百姓面前把北京麦当劳塑造成中国的麦当劳公司，即地方企业的形象。不仅员工的绝大多数是中国人，而且制作食品的原材料大部分也是产自本地。为了表现本身是地方公司，麦当劳快餐店积极主动参与社区活动。与地方学校以及街道组织建立特殊关系。向附近学校一年级新生赠送帽子和文具。向前一学年成绩优秀的学生发放奖学金。在教师节期间，麦当劳派店员代表到附近学校慰问教师，并向他们赠送礼品。在交通高峰时段，派员工帮助交警维持交通。原在北京王府井南口的分店，每天早晨还升中国国旗。

1994 年临近国庆时，该店还举行了庆祝国庆的升旗仪式。

为了适应中国年轻恋人的需要，北京的麦当劳还专门在店堂相对僻静的地方设有被人们称之为"情人角"的区域。在该区域里的餐桌，均为两人桌。除此之外，在北京所有的麦当劳店内，都为儿童顾客隔有被称之为"儿童乐园"的专门区域。北京儿童通常是最忠实的麦当劳迷。让一些店员充当"麦当劳阿姨"或"麦当劳叔叔"的角色，专门接待儿童顾客，与他们建立密切的关系，是北京麦当劳的一个重要营销策略。为了使中国文化的意义得以在他们店里得到更多的表达，他们在店堂里努力营造中国式家庭气氛。如雇佣不同年龄层的人当店员，而让年龄稍长的店员负责接待工作。每逢周末或节假日北京麦当劳常常成为那些没有和子女家庭住在一起的老年夫妇与子女家庭团聚共餐的地方。为了吸引更多的家庭来聚餐，北京麦当劳把"欢聚麦当劳，共享家庭乐"作为他们主要的广告词之一。总之，在中国消费者、麦当劳的经营管理者和店员的互动中，北京麦当劳成为具有中国文化特色的"美国文化"。

其实，麦当劳地方化过程，何尝不是人类历史上和现实社会生活中经常发生或正在发生的社会文化变迁过程中的重要内容之一。想想历史上所有其他外来文化的传入，不都有着相似的过程吗？不论是外来的有形器物或是外来的无形思想，不论是硬件或是软件都有被本土化的过程。中国的火药传到西方就被变成了制作快枪利炮的材料。中国的指南针传到西方就成为他们远航殖民扩张的工具。中国百姓日常用的箬帚到了西方往往变成挂在墙上的艺术品。当汽车传到中国，车窗上被挂上帘子，而现在则又由帘子发展到贴膜。80 年代初，当西服重新在国内出现时，被赋予了开放的符号意义。穿不穿西服则有了保守和开放的政治含义。这和本世纪初，源于西方的中山服被赋予革命的象征有其相似之处。

"全球化"是 20 世纪 90 年代最时髦的词之一。"全球化"指的是一种社会文化过程。它不是一种口号、一种主张或者一种信仰。它指的是世界上各种文化更加广泛、更加频繁、更加激烈、更加深入地相互接触和冲撞，并且是多向的、多层次的文化互动和吸纳。人类不同文化的接触和互动与人类社会有着同样长的历史。近代以来随着航海技术和交通的发展，不同文化接触和互动的地域距离障碍变得越来越小。殖民主义时期以及后来的二次世界大战，都在暴力冲突下伴随有较大范围的不同文化冲撞。但是作为不同的文化冲撞和互动的规模，即其广度和深度，都没有"二战"以后，尤其是 20 世纪 60 年代以后更广大、更深远。80 年代以来，经济全球化的迅猛趋势和现代信息技术的飞速发展，使不同文化的冲撞和互动达到了空前的规模。

文化冲撞所引起的变动从来就不是单向的。文化冲撞中，并非有哪一个文化是完全被动的。对麦当劳的研究，给人们提供了非常生动的例证。由此可见，"全盘西化"之说，不论对反对者或者提倡者来说，都是一种虚幻的东西。它从来就不是，也不可能是一个事实。没有一个人可以找到这样一个历史事实。作为生物体的人，或许在不久的将来可以被克隆，但作为人创造的文化则永远是不可能被克隆的。

 练 习

一、阅读课文指出课文描述的麦当劳企业中的中国文化元素？

二、试举出现实生活中几个东西方文化和谐交融的例子，体验人类文化的冲击、碰撞、融合与发展？

三、假如你是中国传统文化的传播者，你最想将哪些传统文化推向世界？

 **单元实践活动**

和谐创意大赛

一、活动设计目的

能触发学生对和谐和创新话题的关注，并用实际参与的方式真正思考创意人生，构建和谐的主题，提供一次专业实践机会，提高学生的专业实际水平。

二、活动内容

以"和谐"为主题在各个专业举行作品创意设计比赛。作品按专业特点来规定。比如：

广告专业可以以"和谐"为主题举办平面广告设计、POP 设计、文案设计等相关比赛等；

营销专业可以进行另类创意推销，面对"最带刺"的推销群体的应对比赛等；

公关文秘专业可以进行以"和谐与创新"为题的征文或演讲比赛；

计算机相关专业可以进行计算机网络维护的攻守比赛等。无论哪一种专业都可以结合自己的专业特点对"和谐""创新"有全新的阐释。

会计专业可以进行左右手数字录入比赛；算盘计算比赛。

也可以跨越专业来组织。

工科类专业可以举办相关产品制作的一体化，展现团队精神的竞赛。

三、活动过程指导

1. 由各专业教研室制定比赛计划和相关细则，并拟写比赛通知。

2. 宣传比赛规程及评选办法。

3. 鼓励学生积极参与，并按专业随行指导。

4. 公示评审结果，由专业教师进行活动经验总结，并对学生进行反馈。